REISE-

In der vorderen Umschlagklappe: Übersichtskarte von Goa

In der hinteren Umschlagklappe: Stadtplan von Panjim

Alexandra Ardeleanu-Jansen

Goa

DUMONT

Umschlagvorderseite: Früchteverkäuferin am Colva Beach
Vordere Umschlaginnenklappe: Inderinnen am Strand von Anjuna
Vignette: Gewürze auf dem Markt in Margao
Abbildung S. 2/3: Landschaft am Chapora River
Hintere Umschlaginnenklappe: Calangute Beach
Umschlagrückseite oben: Kirche Our Lady of Miracles in Mapusa
Umschlagrückseite unten: Fischkörbe werden am Strand bereitgestellt

Über die Autorin: Alexandra Ardeleanu-Jansen, promovierte Bauhistorikerin, war mehrere Jahre in verschiedenen Ländern des indischen Subkontinents im Rahmen archäologischer Forschungsprojekte tätig. Heute arbeitet sie als wissenschaftliche Angestellte in Aachen.

Fremde Kulturen kennenlernen und gastfreundlichen Menschen begegnen – wie sehr genießen wir das auf Reisen. Zu Hause bei uns jedoch wird mancher Ausländer von einer kleinen Minderheit beschimpft, bedroht und sogar mißhandelt. Alle, die in fremden Ländern Gastrecht genossen haben, tragen hier besondere Verantwortung. Deshalb: Lassen Sie es nicht zu, daß Ausländer diffamiert und angegriffen werden. Lassen Sie uns gemeinsam für die Würde des Menschen einstehen.

Verlagsleitung und Mitarbeiter des DuMont Buchverlages

© DuMont Buchverlag, Köln
2., aktualisierte Auflage 1997
Alle Rechte vorbehalten
Satz und Druck: Rasch, Bramsche
Buchbinderische Verarbeitung: Bramscher Buchbinder Betriebe

Printed in Germany   ISBN 3-7701-2774-9

Inhalt

Land und Leute

Goa im Überblick

Landschaft	12
›Steckbrief‹ Goa	14
Klima	15
Flora	15
Thema: Die Kokospalme – Ein Baum des Lebens	17
Fauna	18
Wirtschaft	20
Staat und Verwaltung	23
Thema: Freedom Fighter – Der Kampf der Goaner um Unabhängigkeit	24
Daten zur Geschichte	28
Thema: Fremdherrschaft und Invasion	29
Thema: Die Portugiesen in Goa	34

Alltag, Religion und Kultur

Bevölkerung	42
Bildungs- und Gesundheitswesen	46
Ehe und Familie	47
Religion	49
Thema: Religiöse Feste	50
Thema: Francisco Xavier – Ein Jesuit in Goa	54
Thema: Topiwalas und Tulsi-Bäume – Vom Zusammenleben der Hindus und Christen	57
Brauchtum	59
Thema: Wenn König Momo regiert – Der goanische Karneval	60

Inhalt

Thema: Der Mando – Ein Stück von Goas Seele   63
Die goanische Küche   64
Kunst und Kultur   66
  *Thema: Lusitanische Villen –
Ein Erbe der Portugiesen*   70

Unterwegs in Goa

Panjim und Alt-Goa

Panjim   78
  Thema: Abbé Faria und der Graf von Monte Christo   82
Ausflüge in die Umgebung   89
Alt-Goa   91
  Thema: Stadtchronik   92
  Thema: Luís Vaz de Camões in Goa   97
  Thema: Die Inquisition in Goa   102
Goa Velha   105
Talauli   106

Der Norden

Der Distrikt Bardez   110
Fort Aguada   110
Candolim   112
Fort Reis Magos   114
Calangute   114
  *Thema: Liebespaare und Rheumakranke –
Inder als Touristen in Goa*   115
Anjuna   119
Chapora Fort und Vagator-Strand   123
Mapusa   124

Der Distrikt Pernem   126
Terekhol Fort   127
  Thema: Der Cashew-Baum   129
Der Arambol-Strand   130
Pernem   130

Inhalt

Der Distrikt Bicholim 131
Bicholim und der Mayem-See 132
Lamgao 134
Narve 134
Die Höhlen von Arvalem 135
Thema: Helden- und Witwensteine –
Denkmäler der Tugend 136
Sanquelim 139

Der Distrikt Satari 139
Thema: Die Ranes von Satari 140
Valpoi 140
Carambolim 140

Von Ponda bis zu den West-Ghats

Der Distrikt Ponda 144
Ponda 146
Candepar 147
Bondla Park 147
Bandora 148
Thema: Die Ost-West-Connection –
Gewürze, Spezereien und fremde Früchte 150
Priol 152
Velinga 155
Queula 155
Borim und Siddanath-Hügel 156
Siroda 156

Der Distrikt Sanguem 157
Dudhsagar 158
Bhagwan Mahaveer Sanctuary 159
Tambdi Surla 161
Rivona 163

Von Vasco da Gama bis tief in den Süden

Der Distrikt Mormugao 166
Mormugao und Vasco da Gama 166
Bogmalo 168

Inhalt

Der Distrikt Salcete   168
Margao   168
Majorda   173
Colva   175
Benaulim   177
Varca   178
Cavelossim und Mobor   179
Chandor   182
   Thema: Rebell mit der Feder –
   Luis de Menezes Bragança   183
Chandranath Hill   185
Rachol-Seminar   185

Der Distrikt Quepem   187

Der Distrikt Canacona   189
Cabo de Rama   190
Palolem   191
   Thema: Toddy-Zapfer und Feni-Schmuggler   192
Cotigao-Naturschutzpark   195
Partagal und Shristhal   197

Erläuterung ausgewählter Fachbegriffe (Glossar)   198
Abbildungs- und Quellennachweis   203

Tips und Adressen   205
Register   225

Zur Schreibweise der Orts- und Eigennamen

Daß die Schreibweise der goanischen Orts- und Tempelnamen recht unterschiedlich ausfallen kann, liegt an ihrer Transkribierung in unser lateinisches Schriftsystem. Je nachdem, ob sie ins Englische oder Portugiesische übersetzt wurden, wird man auf Schildern und Karten einen Manguesh- oder einen Manguexi-Tempel bzw. einen Shanta Durga- oder einen Xanta Durga-Tempel vorfinden. In diesem Buch sind die Orts- und Tempelnamen der englischen Schreibweise entsprechend vereinheitlicht worden.

Land
und Leute

»Frühmorgens, ungestüm geweckt
von unserer Neugier, gingen wir an
Deck, um den berühmten Ausblick auf
den Rio de Goa zu genießen. Die Luft
war weich und feucht und zugleich
hinreichend kühl, um angenehm zu
sein. Ein feiner Dunst lag auf den
Niederungen und kroch langsam die
Hügel hinauf, den Blick freigebend auf
die palmenbedeckten Anhöhen im
silbernen Licht der Dämmerung.«

Richard F. Burton, Goa and the Blue
Mountains, London 1851

Goa im Überblick

Landschaftsvielfalt auf kleinem Raum

Zwischen Meer und Ghats: Flora und Fauna

Goa, das jüngste Mitglied der Indischen Union

Daten und Fakten zur 4000jährigen Geschichte

Blick auf Vagator Beach

Die Landschaft

Goa, der mit 3702 km² kleinste der 25 indischen Bundesstaaten, liegt an der Westküste des Subkontinents. Panjim, die Hauptstadt, und Khartoum im Sudan befinden sich etwa auf demselben Breitengrad. Die maximale Ausdehnung beträgt von Westen nach Osten 65 km, von Norden nach Süden 105 km. Im Norden wird Goa vom indischen Bundesstaat Maharashtra, im Osten und Süden von Karnataka begrenzt. Die gut 100 km lange, vom Arabischen Meer umspülte Küste bildete jahrhundertelang die Lebensgrundlage für die dort wohnenden Fischer und war Ausgangspunkt sowie Ziel weltweiter Seefahrt, bis in den späten 60er Jahren die zahlreichen ›Traumstränder‹ von Touristen entdeckt wurden.

Im Landesinnern, hinter den zum Teil über 20 km langen, von Palmenhainen gesäumten Stränden, erheben sich terrassenförmige Hochplateaus aus Lateritgestein, die im Osten in die West-Ghats der Sahyadris übergehen. In dieser etwa 125 km langen und durchschnittlich 800 m hohen Gebirgskette, deren einzelne Bergspitzen bis auf über 1000 m Höhe ansteigen, entspringen die meisten Flüsse Goas.

Geologisch gesehen gehört der größte Teil des Landes zu den basaltischen Ausflüssen der Dekkhan-Lava und hat deshalb viel mit den benachbarten Regionen der West-

küste Indiens gemein. Typisch sind in der Landesmitte die kargen Hochplateaus, die zwischen 30 und 100 m über dem Meeresspiegel liegen. Ihre Bergrücken sind vergleichsweise eben, aber durchfurcht von Erosionsgullies, durch Verwitterung entstandene Senken, die oft steil zur alluvialen Ebene hin abfallen. Während sich auf den Tafelbergen wegen der dünnen Humusschicht nur eine spärliche Vegetation durchsetzen kann, findet man entlang der Talhänge monsunabhängige Wälder und Cashewnuß-Plantagen.

Zahlreiche Flüsse gliedern die Küste Goas, die im Norden und Süden durch den Verlauf des Terekhol-Flusses sowie des Sal begrenzt wird. Auf der über 100 km langen Strecke bietet sie eine abwechslungsreiche Landschaft aus Deltas und Mangrovensümpfen, aus felsigen Landzungen der auskragenden Lateritplateaus, auf denen bisweilen ein trutziges portugiesisches Fort oder ein Leuchtturm thront, und feinsandigen Buchten.

Unmittelbar hinter den flachen Sanddünen geben kultivierte Kokospalmenhaine den Hütten und Häusern von Fischern und Bauern schattenspendenden Schutz. Auch wenn sich dort im Verlauf der letzten Jahrzehnte – vor allem in den Distrikten Bardez und Salcete – Pensionen, Restaurants und Hotels angesiedelt haben, steht aufgrund der fruchtbaren Böden neben der Fischerei traditionell die Landwirtschaft noch im Vordergrund. Sattgrüne Reisfelder, Gemüsegärten, uralte, riesige Mangobäume, frei umherlaufende Kühe, Schweine, Hühner und Ziegen, in Tümpeln und Wasserläufen badende Wasserbüffel sowie nicht zuletzt weißgetünchte Kirchen und herrschaftliche lusitanische Villen spiegeln den Reichtum des dörflichen Lebens wider.

Im hinter der Küste ansteigenden Tafelland herrschen weite, unbewohnte und unkultivierte Flächen vor. Auf kahlen Berghöhen kann man strahlend weiße Wegkreuze und Kirchen schon von fern erkennen. Trotz vereinzelter Vegetationsnischen und meist erst in jüngerer Zeit entstandener Neubausiedlungen mit kleinen Vorgärten, ist der überwiegende Farbeindruck, den diese Landschaft aufgrund ihrer Bodenbeschaffenheit hinterläßt, rot. Der eisen- und manganhaltige Lateritboden ist durch menschliche Eingriffe an vielen Stellen angenagt und ausgehöhlt, wodurch pink- bis dunkelrotfarbene Wunden entstanden. Örtlich als *jamba* bezeichnet, wird das weiche und leicht abbaubare Lateritgestein seit Jahrhunderten als Baumaterial verwendet.

Die Sahyadries gehören zur Bergkette der indischen West-Ghats, die sich über 1600 km parallel zur Westküste Indiens erstrecken. Der Übergang vom zentralen Tafelland von Goa zu den Bergen der Sahyadries ist abrupt. Das 600 km² große und nur dünn besiedelte Gebiet ist zu über 50 % mit einem dichten Vegetationsteppich aus tropischen

Küste bei Anjuna

›Steckbrief‹ Goa

Fläche: 3702 km^2 (Mallorca 3680 km^2)
Bevölkerung: 1 168 622 Einwohner (Mallorca 620 000)
Bevölkerungszuwachs pro Jahr: 1,6 %
Bevölkerungsdichte: 316 Einwohner pro km^2 (Mallorca 168 Einwohner pro km^2)
Ethnische Minderheiten: 2–3 % Gaudas und Kunbis, Mundastämmige Ureinwohner, die sowohl der christlichen als auch der hinduistischen Religion angehören
Stadtbevölkerung: 41 %
Hauptstadt: Panjim (Panaji) mit 80 000 Einwohnern
Analphabetenrate: 25 % (bei Männern 16 %, bei Frauen 32 %)
Regierungsform: Parlamentarische Demokratie
Religionen: 66 % Hindus, 29,3 % Katholiken, 4,5 % Muslime sowie, jeweils mit weniger als 1 %, Sikhs, Jains und Buddhisten
Sprachen: 90 % Konkani, außerdem Hindi, Marathi, Englisch, Portugiesisch
Inflationsrate: 13 %
Pro-Kopf-Einkommen: 7634 Rupien im Jahr
Durchschnittliche Familiengröße: 5,1 Personen (Gesamtindien 5,6 Personen)
Anteil der Beschäftigten: 35,3 %; davon in der Landwirtschaft 49 %, in der Industrie 18,5 %, im Tourismus 15 %, in sonstigen Branchen 17,5 %
Landwirtschaftliche Nutzfläche: 36,16 %
Wichtigste Exportgüter: Eisen- und Manganerze, Cashew-Nüsse, Kopra
Touristen (1995): 1,1 Mio., davon: indische Urlauber 877 982, ausländische Reisende 229 163

Wäldern bedeckt, die für den Erhalt der Flora und Fauna sowie die Stabilität des Wasserhaushalts unschätzbaren Wert haben. Drei der insgesamt vier Naturschutz-Reservate sind dort zu finden: der Bondla Park (8 km^2), das Bhagwan Mahaveer Wild Life Sanctuary, Molem (240 km^2), und das Cotigao Wild Life Sanctuary (105 km^2) im Distrikt Canacona.

Zahlreiche schiffbare Gewässer durchziehen das Land. Zu den wichtigsten Wasserverkehrswegen gehören die Flüsse Terekhol und Chapora im Norden, der Mandovi und der Zuari in der Landesmitte sowie der Sal und der Talpona im

Süden. Die meisten Seen Goas sind künstlich, da sie durch Eindämmungen kleinerer Flußtäler entstanden. Sie werden in der trockenen Jahreszeit als Wasserreservoirs sowohl für den Feldbau als auch zur Trinkwasserversorgung genutzt. Zu den wichtigsten Seen gehören der Mayem-See, der ein beliebtes Ausflugsziel indischer Touristen ist, sowie der Chimbel-, der Carambolim-, der Calapur-, der Cacora- und der Curcholem-See.

Klima

Klimatisch kann man in Goa drei Jahreszeiten unterscheiden. Ende Oktober beginnt die trockene Saison, die im März endet. Die heiße Jahreszeit erstreckt sich von Ende März bis zur ersten Junihälfte, kurz bevor die Monsunzeit beginnt. Der Südwest-Monsun, der etwa Mitte Juni einsetzt, bringt die größten Niederschlagsmengen im Juni/Juli und verwandelt das Land in einen tropischen, sattgrünen Garten. Mit dem Monsunregen beginnt auch die Pflanzzeit des *kharif,* wenn vornehmlich Reis angebaut wird. Die *kharif*-Saat wird mit Beginn der Regenfälle auf die Äcker gebracht und nach Ende des Monsun geerntet. Im *kharif*-Feldbau kultiviert man in Indien vor allem Reis, Hirse und Mais. Im Westen des Landes betragen die durchschnittlichen Niederschläge 2800–3500 mm, im Osten ist der Monsun weitaus heftiger, so daß hier bis zu 7500 mm niedergehen können.

In Goa herrscht das ganze Jahr über ein tropisch-feuchtes, aber angenehmes Klima. Die durchschnittliche Tagestemperatur beträgt etwa 26° C, die maximale Temperatur von 33° C – 34° C im April/Mai wird nur selten überschritten. Durch die Meeresnähe hat Goa, außer während Monsunzeiten, eine gleichbleibende Luftfeuchtigkeit von ca. 60 %. Am angenehmsten wird zumeist das Wetter von Oktober bis April empfunden, wobei die Monate November bis März zur Hauptreisesaison zählen.

Flora

Die natürliche Pflanzenwelt Goas unterscheidet sich entsprechend der geophysikalischen Gegebenheiten in vier verschiedene Vegetationszonen: die Gebiete entlang der Flußmündungen, welche Mangrovenwäldern ideale Voraussetzungen bieten; die Küstenstreifen mit Strandvegetation, die von der Meeresspiegelhöhe bis auf 50 m anzutreffen ist; die Hochplateaugebiete mit niedrigwüchsigen Akazien- und Grasgewächsen sowie die West-Ghats mit laubwechselnden und immergrünen Waldbeständen ab einer Höhe über 500 m.

Die für die Flußmündungen und die stehenden Küstengewässer typischen Mangrovenwälder bringen ein einzigartiges tropisches Ökosystem hervor, das für die Entwicklung der Garnelen- und Fischbrut sowie für die dort lebende Vogelwelt große Bedeutung hat. Zudem dienen die Mangroven als Uferbefestigung. Etwa 2000 ha der Meeresbuchten und Flußmündungen in Goa sind von 15 verschiedenen Mangrovenarten bedeckt, aber zunehmender Raubbau an den Beständen, der durch unkontrollierte Abholzung für Bau- und Brennmaterialien sowie zur Rohstoffgewinnung für die Gerbereiwirtschaft hervorgerufen wird, gefährdet sowohl die Fischerei als auch die Kü-

Cashewfrüchte mit Nüssen

ste. Seit 1985 hat die Regierung Schritte unternommen, die zu Aufforstungsprogrammen geführt haben, bestimmte Gebiete wurden zu Naturschutzparks erklärt.

Die Vegetation entlang der Strände besteht aus verschiedenen, salzresistenten Grasarten und wild wachsenden Strauch- und Baumexoten wie Pongamia, Thespesia Cerbera, Hartheugewächsen wie dem immergrünen Schönblattbaum, der auch als ›indisches Mahagoni‹ bekannt ist, und Schraubenpalmen. Zu den angebauten Nutzpflanzen gehören Kokospalmen und die hartholzige Sumpfeiche, auch Känguruhbaum genannt.

Die Pflanzenwelt der Hochplateaus hat in der Vergangenheit unter verschiedenen Faktoren wie dem Manganerzabbau, der Brandrodung *(kumeri)*, dem Lateritabbau und der Übergrasung gelitten. Offene Buschwerkdschungel findet man dennoch in Höhenlagen zwischen 50 und 200 m vor. Sie bestehen aus Wachsbäumen, Lianen, Verben- bzw. Eisenkrautgewächsen wie Wandelröschen und Mönchspfeffer sowie Lindengewächsen, Kletterpflanzen und Liliengewächsen. Daneben werden Cashew-Bäume in Plantagen entlang der Berghänge extensiv kultiviert. In Höhenlagen von 200 bis 500 m trifft man laubwechselnde Waldbestände aus Rubiazeen, Begoniengewächsen, Anacardien- bzw. Sumachgewächsen, Seifenbaumpflanzen, Hülsenfrüchtlern wie Johannisbrotgewächsen sowie Mimosengewächse an.

Die Kokospalme

Ein Baum des Lebens

Die Vorstellung von schlanken, hohen, sich dem Seewind entgegenstemmenden Palmen erweckt Fernweh bei Mitteleuropäern. Sind wir aber nach langen Flugstunden am Ziel unserer Sehnsucht angelangt, nehmen wir diese strubbelköpfigen Bäume möglicherweise nur noch als pittoreskes Beiwerk der ohnehin exotischen Umgebung wahr. Damit zeichnen wir uns aber als unwissende Fremde aus, denn für die Menschen der Subtropen ist die Kokospalme ein Baum des Lebens.

Der Bestand an Kokosnußpalmen in Goa wird auf weit über 2 Mio. geschätzt. Nach den Cashew-Bäumen nehmen Kokospalmen die zweite Stelle in der Gartenbauproduktion ein. Unter den insgesamt über 3400 Palmenpflanzen mit 236 Gattungen ist die Kokosnußpalme weltweit die wirtschaftlich wichtigste. In den Subtropen ist sie die bedeutendste Nutzpflanze, weil ihre Nüsse als wichtige Fett- und Eiweißquelle dienen. Ferner kann man den nahrhaften Saft des Stamms (*toddy*) in verschiedenen Verarbeitungsstadien genießen, und schließlich läßt sich praktisch jede Faser der Pflanze verarbeiten.

Schon frühe Reisende aus Europa, wie Duarte Barbosa (1500–1517 in Indien), waren von den Nutzungsmöglichkeiten dieses Baums tief beeindruckt. Der Portugiese beschrieb seine Beobachtungen an der südlich von Goa gelegenen Malabar-Küste wie folgt: »Ein jeder an der Malabar-Küste besitzt solche Palmbäume und dies ist der Grund dafür, daß es den Menschen hier an nichts mangelt, selbst wenn sie über keine anderen Lebensmittel verfügen. Man stellt zehn oder zwölf höchst nützliche Dinge aus den Pflanzen her, die das ganze Jahr über einen großen Profit einbringen.« Tatsächlich blühen und fruchten die weiblichen und männlichen Blütenstände das ganze Jahr hindurch. Im monatlichen Turnus liefert ein Baum immer neue Fruchtstände mit zehn bis 15 Nüssen, die neun bis zehn Monate zur Reife benötigen. Somit kann ein ausgewachsener Baum je nach Beschaffenheit des Bodens jährlich zwischen 60 und weit über 100 Nüsse produzieren. Die durchschnittliche Jahresproduktion an Kokosnüssen beträgt in Goa etwa 70 Mio.

Im unreifen Zustand liefert die Kokosnuß vornehmlich das erfrischende und mineralienreiche Fruchtwasser, während die ausgereifte Frucht nur noch wenig Flüssigkeit enthält, aber dafür den weißen, protein- und fetthaltigen Nußkern. Dieses Fruchtfleisch kann frisch verzehrt, in Curries oder Süßspeisen verarbeitet oder zur Lagerung über einen längeren Zeitraum getrocknet werden. Dann nennt man es Kopra.

Das wichtigste an der Kopra ist ihr Ölgehalt, der in Dorf- oder Industriemühlen herausgepreßt wird. Die restlichen 20 % der Kopra bestehen aus Eiweiß, das man als Viehfutter verwertet. Es gibt ganz unterschiedliche Qualitäten des Kokosöls, das zum Kochen und Backen oder auch zur Körperpflege benutzt wird. Minderwertige Öle werden industriell zu Seifen, Kosmetika und Kerzen verarbeitet.

Mit der Ausbeutung des Nußinhalts ist die Nützlichkeit der Frucht jedoch noch keineswegs erschöpft. Die Fasern der Schale, aufgrund ihres Kieselgehalts sehr widerstandsfähig, werden nach gründlichen Vorbereitungsarbeiten – sie müssen mehrere Monate möglichst in Seewasser getränkt werden – zu Coir-Garn verarbeitet. Hieraus entstehen Teppiche, Matten, Seilerwaren, Bürsten, Netze, Taschen oder Säcke. Die nackten Schalen schließlich werden nicht fortgeworfen, werden aus ihnen keine Löffel, Gefäße oder Souvenirs produziert, nimmt sie die sparsame Hausfrau zumindest als Feuermaterial mit nach Hause.

Die Gewinnung des Palmensafts und die damit verbundene Feni-Produktion (vgl. S. 127, 142 f.), für die Hunderttausende von Palmen angezapft werden, macht für Goa immerhin einen jährlichen Wirtschaftsfaktor von über 2 Mio. l Kokos-Feni aus. Aber nicht nur Feni wird aus dem *toddy* gewonnen, sondern auch Zucker und Essig.

Professionelle Männer, die mit akrobatischer Geschicklichkeit die hohen Bäume erklimmen, ernten die Kokosnüsse. Ist ein fruchttragen-

Die laubwechselnde bis immergrüne Vegetation entlang der oberen Ghats bringt die größte Vielfalt innerhalb der Pflanzenwelt von Goa hervor. Neben großen Baumbeständen aus Magnoliengewächsen, Strahlengriffelgewächsen, verschiedenen Feigenarten wie dem Pipal und dem Banyan-Baum sowie St.-Bartholomäus-Bäumen findet man dort wilde Bananenstauden, Mango- und Zimtbäume, Bambus und Zuckerrohr sowie verschiedene Lianen-, Orchideen- und Farnarten.

Fauna

Über ein Drittel der staatlichen Waldbesitzungen Goas wurde in den vergangenen Jahrzehnten zu

der Zweig heruntergeworfen, so markiert man dies zur Kontrolle für den Besitzer mit einer Einkerbung am unteren Stamm. Während der Ernte wird die Baumkrone inspiziert und gepflegt. Abgestorbene Blattzweige müssen entfernt werden. Indes bleiben auch diese nicht ungenutzt am Boden liegen, denn immerhin ist ein Palmwedel mindestens noch eine Rupie wert. Daraus lassen sich Körbe, Taschen und Matten flechten, und man benötigt sie zum Haus- und Hüttenbau.

Auch wenn eine Kokospalme über 100 bis 120 Jahre alt werden kann, läßt ihr Ertrag nach dem 60. Lebensjahr deutlich nach, und mit 80 Jahren wird die Pflege unwirtschaftlich. Hat man rechtzeitig neue Setzlinge angepflanzt, fällt man den überalterten Baumbestand. Die stabilen Stämme finden im Hausbau Verwendung, aus ihnen lassen sich Möbel tischlern, und auch für den Schiffsbau sind sie zu gebrauchen. Selbst aus den Wurzeln läßt sich, getrocknet, geröstet und zerstoßen, ein Ausgangsprodukt für die Zahnpastaherstellung gewinnen.

Naturschutzparks erklärt. Sie bieten 40 Säugetierarten, über 180 Vogelarten und 24 verschiedenen Reptilienarten Schutz. Unter den Wildtieren sind in den Parks von Cotigao und Molem mit etwas Glück nachts Leoparden zu beobachten. Häufiger hingegen kommen Zibetkatzen sowie Palmenroller, Musangs und Rohrkatzen bzw. Sumpfluchse vor. Unter den Halbaffen trifft man gelegentlich auf den Schlanklori,

auch Dünnleib genannt, ein scheues Nachtgeschöpf, das zu den sogenannten Greifkletterern gehört. Affen der Makaken-Familie (*makake* portugiesisch ›Affe‹) – wie der sogenannte Hulman- oder Hanuman-Affe beschränken sich indes nicht auf die Naturschutzparks, sondern sind fast in allen ländlichen Gegenden von Goa heimisch.

Wilde Bisonherden – der Gaur ist das Staatstier Goas – können am

Ländliches Idyll am Zuari

besten in der Morgen- und Abend-
dämmerung beobachtet werden,
wenn sie zur Äsung aus den dichten Dschungeln kommen. Der
rückläufigen Population von Sam-
barhirsch, Chital- oder Axishirsch,
Schweinshirsch und Muntjakhirsch
konnte durch die Naturschutzge-
setzgebung in den letzten Jahren
Einhalt geboten werden. Ein Ärger-
nis für die um ihre Ernte besorgten
Landwirte sind die Wildschweine.

Schakale wie der gemeine Gold-
schakal leben genauso im Dschungel wie Hyänen, Kragenbären,
Riesenhörnchen, Rennmäuse, Stachelschweine und Mungos, die
sich jedoch auch bevorzugt in der
Nähe von Siedlungen aufhalten.

Der Mungo gilt als größter Feind
aller Schlangen und scheut auch
vor der gefürchteten Kobra nicht
zurück. Kobras und Königskobras
ziehen indes die menschenleeren
Dschungelwälder vor. Neben etwa
20 ungiftigen Schlangenarten gibt
es über zehn giftige.

Wirtschaft

Der durchschnittliche Jahresver-
dienst der fast 1,2 Mio. Goaner
liegt bei 8000 Rupien, das Spargut-
haben bei 14 000 Rupien pro Kopf.
Damit gehören die Goaner hinter
den Punjabis zu den reicheren Indern.

Gut 36 % der Fläche Goas werden landwirtschaftlich genutzt. Das

wichtigste Agrarprodukt ist mit einer Ernte von ca. 90 000 t Reis. Er wird hauptsächlich im *kharif*-Feldbau kultiviert (vgl. S. 15). An nächster Stelle in der Statistik stehen die Früchte des Cashew-Baums, die jährlich ca. 1 Mio. l Cashew-Feni erbringen. Zwar liegt die Kokospalme in dieser Erhebung nur an dritter Stelle, doch im Vergleich zu den vorhergenannten Früchten übertreffen ihre Produkte, darunter Kokos-Feni und Kopra, den landwirtschaftlichen sowie staatlichen Gewinn wahrscheinlich um ein Vielfaches. Weitere wichtige Agrarprodukte stammen aus dem Gemüseanbau. Unter den Früchten stehen Mangos weit vor Bananen.

Fisch gehört neben Reis für 90 % der Goaner zu den Hauptnahrungsmitteln. Mit einer gezielten Motorisierung der etwa 2000 traditionellen, nur bis zu 15 m langen Fischerboote sowie einer Ausweitung der Hochseefischerei haben die Fischereibehörden in den letzten Jahren eine Erhöhung der Erträge erreicht. Obwohl die mittlerweile gefangene Menge von 65 000 t jährlich den Bedarf der Bevölkerung bei weitem deckt, werden zugunsten der fischverarbeitenden Industrie die Küstengebiete vor Goa systematisch überfischt.

Den Hauptanteil am Fischfang machen Sardinen und Makrelen aus. Danach folgen Welse, indische Fadenfische, Haie und Brachsenmakrelen, die inzwischen zu überhöhten Preisen auf den lokalen Markt kommen, weil sie bevorzugt von ausländischen Touristen verspeist werden. Shrimps sind mit knapp 3000 t jährlich ein nicht unwesentlicher Faktor im Fischexport.

Vor dem Anschluß Goas an die Indische Union im Jahre 1961 gab es bis auf einige Seifen- und Konserven-, Getränke- und Kerzenfabriken, Reismühlen und cashewnußverarbeitende Betriebe sowie eine Mangalore-Dachziegel- und eine Streichholzfabrik keine nennenswerte Industrie. Heute verfügt Goa neben einer gummi- und plastikverarbeitenden Industrie über Dependenzen größerer Chemie-Konzerne, die Pharmazeutika, Düngemittel und Pestizide herstellen. In jüngster Zeit hat sich auch eine Computerindustrie etabliert.

Die industrielle Entwicklung von Goa muß vor dem Hintergrund einer ständigen Stromknappheit gesehen werden. Der Hauptanteil der konsumierten Elektrizität wird aus den Nachbarstaaten Maharashtra und Karnataka bezogen. Nicht selten kommt es zu Einschränkungen in der Stromversorgung, weil der Staat seinen Zahlungsverpflichtungen an die Nachbarn nicht rechtzeitig Folge leistete. Unter diesen *power cuts* hat vor allem die Bevölkerung zu leiden, aber auch die Industrie, die großen Hotels indes besitzen eigene Generatoren. Der Bau eines Kernkraftwerks im Distrikt Canacona und die Nutzung von Sonnen- und Windenergie sind als Lösungsmöglichkeiten für das Energieproblem im Gespräch.

Zu den wichtigsten devisenbringenden Exportgütern Goas gehören Eisen- und Manganerze. Die Erzförderung, die 1949 mit 11 385 t begann, hat inzwischen über 13 Mio. t jährlich erreicht. Zu den wichtigsten Handelspartnern gehören Japan, Italien, Süd-Korea und Rumänien. Der Erzabbau führt aber zu großen Umweltbelastungen. Die meisten Abbaugebiete liegen in bewaldeten Zonen, die zunächst abgeholzt werden müssen. Zudem produziert die Förderung von nur 1 t Erz einen Aushub von 2,5 t Schutt. Die Monsunregen führen zu Erosionen an den Abfallhalden, verschmutzen auf diese Weise das

tiefer gelegene Ackerland sowie die Flüsse und durchsetzen das Trinkwasser mit mineralischen Stoffen. Bereits 1979 errechnete man, daß bei einer jährlichen Förderung von 12 bis 13 Mio. t die Minen in 50 bis 60 Jahren ausgebeutet sein werden. Wenn darüber hinaus nicht sofort mit den lange geforderten Aufforstungsprogrammen und einer wissenschaftlich durchdachten Lagerung des Aushubs begonnen wird, ist eine landschaftliche und ökologische Katastrophe vorprogrammiert.

Die Tourismusindustrie erbringt rund ein Fünftel des gesamten staatlichen Nettoeinkommens. Vor dem Hintergrund der wirtschaftlichen und infrastrukturellen Gegebenheiten des Landes ist es naheliegend, daß man sich zunehmend auf das ökonomische Potential der

Der Tourismus hat neue Arbeitsplätze geschaffen, doch ein Großteil der Goaner lebt noch von der Landwirtschaft …

...und dem Fischfang

ständlicherweise möchten sich viele Goaner auch ein Stück von dem Kuchen abschneiden, doch abgesehen von den infrastruktuellen Schwierigkeiten (z.B. bei der Abwasserentsorgung), die damit einhergehen, gerät so langfristig auch die Sozialstruktur in den vormals friedlichen Dörfer ins Wanken.

Seit einigen Jahren gibt es in Goa verschiedene Bürgerinitiativen und Umweltgruppen. Citizens Concerned about Tourism, die Jagrut Goenkaranchi Fauz – was soviel wie ›Armee der wachsamen Goaner‹ heißt –, das Environment Safety Committee und die Watchdog Environment Group, Goa Foundation, haben sowohl manchen Hotelkonzernen und kleineren Hotelbesitzern das Leben schwer gemacht, als auch peinliche Fragen an die Regierenden und Behörden gestellt, wenn es um den Umweltschutz ging.

Fremdenverkehrsbranche konzentriert. Dabei setzt man mittlerweile verstärkt auf die ausländischen, devisenbringenden Gäste, für die man eine Reihe von Luxusherbergen errichtet hat.

Der Versuch der Behörden, die Entwicklung des Tourismus an den infrastrukturellen und ökologischen Gegebenheiten auszurichten, will nicht recht gelingen. Die Bodenspekulation kennt mittlerweile keine Grenzen mehr. Neben den Hotelriesen der großen Konzerne, die Unmengen an Strom und Süßwasser benötigen, werden hektisch kleinere – zum Teil architektonisch unerfreuliche – Hotels, Gästehäuser und Restaurants errichtet. Ver-

Staat und Verwaltung

Goa gehört seit 1987 als gleichberechtigter, fünfundzwanzigster Unionsstaat zu Indien. Die Indische Union (Bharat) wird oft als ›größte Demokratie der Welt‹ bezeichnet. Nach der 1950 verabschiedeten Verfassung ist diese Union eine parlamentarische Republik mit einem von beiden Häusern des Parlaments für fünf Jahre gewählten Staatspräsidenten, der

Freedom Fighter

Der Kampf der Goaner um Unabhängigkeit

In den ersten Jahren nach dem Anschluß Goas an die Indische Union nahm die politische Auseinandersetzung um den Status der ehemaligen portugiesischen Kolonie innerhalb Indiens dramatische Formen an. Die Maharashtravadi Gomantak Party (MGP), die nach der ersten freien Wahl zur legislativen Wahlversammlung im Jahre 1963 mit 14 von 30 Sitzen die Regierung bilden konnte, setzte ihren Parteivorsitzenden D. B. Bandodkar als Ministerpräsidenten ein. Das proklamierte Ziel der MGP war der Anschluß Goas an den Nachbarstaat Maharashtra. Daman und Diu sollten im gleichen Zug mit dem Bundesstaat Gujarat vereint werden.

›Nationale Interessen‹ zählten zu den Hauptargumenten, die für dieses Ansinnen ins Feld geführt wurden. Ein so kleines Land wie Goa sollte sich nicht mit einem überflüssigen Regierungs- und Verwaltungsapparat belasten, sondern um seiner raschen Entwicklung Willen einem erfahrenen großen Bruder anvertrauen.

Als 1965 durch eine Resolution des Parlaments von Maharashtra eine sofortige Eingliederung Goas gefordert wurde und die politischen Agitationen sowie die Zuwanderung von Bürgern aus Maharashtra nach Goa so stark zunahm, daß auch die Arbeitsplätze für die goanische Bevölkerung knapper wurden, fühlte sich schließlich die breite Masse unter Druck gesetzt. Die Menschen wurden sich bewußt, daß die Diskussion um das Für und Wider der Integration auch ihre Sache war. Hinzu kam ein Sprachenstreit zwischen den in der Minderheit stehenden Anhängern des Maharati, das hauptsächlich in Maharashtra gesprochen wird, und der Konkani sprechenden Mehrheit im Lande.

Zwar war es der Regierungspartei gelungen, das entwicklungsbedürftige Schulsystem auszubauen, aber sie hatte die Gelegenheit für ihre Interessen zu nutzen verstanden, indem das Maharati als erste Sprache eingeführt wurde. So blieb Schülern und Eltern der zu 90 % Konkani sprechenden Bevölkerung keine andere Wahl, als diese Schulen anzunehmen und Maharati zu lernen.

Die in der Opposition stehende United Goan's Party (UGP) strebte die Unabhängigkeit Goas an. Dieser Partei gehörten vornehmlich Christen und hochkastige Hindus an, die ihre traditionelle Vorrangstellung innerhalb der Gesellschaft durch eine Eingliederung in den Bundesstaat Maharashtra gefährdet sahen. Nachdem die Argumente der UGP zunehmend auf breiter Ebene Gehör gefunden hatten, besann man sich auf den großen Mahatma Gandhi. Ein gewisser Ravindra Kelekar gründete den Council of Action und rief zum passiven Widerstand auf. Vom 16. bis 31. Oktober 1966 demonstrierten unter dem Motto *Oust Bandodkar Satyagraha* Tausende von Goanern aller Klassen, Kasten und Landesteile in Panjim gegen die Regierung. Zum ersten Mal in der Geschichte Goas nahm auch die weibliche Bevölkerung engagiert an einer Massenbewegung teil. Am Ende der 14tägigen Aktion waren über 2000 Demonstranten von der Polizei verhaftet worden, unter ihnen mehr als 1000 Frauen.

Von der anschließenden Reise nach New Delhi brachte der Widerstandskämpfer Ravindra Kelekar das Angebot der Regierung mit nach Hause, unter den Goanern eine Volksabstimmung durchführen zu lassen. Widerwillig mußte die Regierung in Panjim am 17. Oktober 1966 diesen Vorschlag annehmen. Die Vorbereitungen zur Volksabstimmung gingen indes nicht ohne Skandale und öffentliche Auseinandersetzungen vonstatten. Mit allen Tricks, Betrügereien und Argumenten versuchten Politiker und Lobbyisten das Abstimmungsergebnis der Volksbefragung auf die pro-Maharashtra-Lösung zu manipulieren. So brachte die Maharashtravadi Gomantak Party 1000 Reservepolizisten aus Maharashtra ins Land, die in die Wählerlisten eingetragen wurden. Die Opposition fand heraus, daß annähernd 30 000 Goaner überhaupt keine Wahlbenachrichtigung bekommen hatten und die Wahlausweise von anderen Bürgern derart unzulänglich ausgestellt waren, daß es den betreffenden Personen unmöglich gewesen wäre, sich als Wahlberechtigte auszuweisen.

Der Wahltag am 16. Januar 1967 brachte nach einem Monat der öffentlichen Meinungsbildung mit etwa 1200 Veranstaltungen und über 800 Demonstrationen schließlich 82 % der wahlberechtigten Bevölkerung an die Urnen. Keine der beiden rivalisierenden Gruppierungen hatte es sich dabei nehmen lassen, auch nur eine der erreichbaren Stimmen dem Gegner zu schenken. Kranke wurden aus den Hospitälern in die Wahllokale gefahren, Lahme und Alte trug man auf Bahren an die Urnen. Nach drei Tagen war das Ergebnis schließlich ausgezählt und wurde der auf 50 000 Menschen geschätzten wartenden Menge in Panjim verkündet: 54 % hatten sich für die Unabhängigkeit Goas entschieden und nur 43 % waren für eine Vereinigung mit Maharashtra.

den Premierminister ernennt. Das Parlament besteht aus dem Oberhaus (Staatenrat *Raja Sabha*, dem Bundesrat vergleichbar) mit den etwa 250 von den Bundesstaaten indirekt gewählten Vertretern und dem Unterhaus (Haus des Volkes, *Lok Sabha*) mit ungefähr 520, von den wahlberechtigten Bürgern (Wahlrecht ab dem 18. Lebensjahr) für fünf Jahre direkt gewählten Abgeordneten.

Der Legislative der einzelnen Bundesstaaten mit gesetzgebender

Versammlung und Staatsrat steht der vom Staatspräsidenten ernannte Gouverneur vor, der jedoch nicht aus dem Staate stammen darf, den er vertritt. Der erste in Goa eingesetzte Gouverneur stammte aus dem Nachbarstaat Maharashtra, was in der Zeit des Ringens um die Statusfrage Goas innerhalb der Indischen Union zu großer Unzufriedenheit in weiten Teilen der Bevölkerung führte.

Die Verwaltung der einzelnen Bundesstaaten ist in Distrikte (in Goa *Talukas* genannt), Kreise und Gemeinden unterteilt. Die örtliche Selbstverwaltung wird von städtischen Körperschaften wie Stadtgemeinden und Stadtgebietskomitees

Am Tag der Republik spielt die Goanische Polizeikapelle auf

sowie den ländlichen Panchayats (Fünferräten) angeführt.

Administrativ ist Goa seit alters in elf *Talukas* gegliedert, die, unter portugiesischer Herrschaft als *Concelhos* bezeichnet, ihre Funktion als Kreise mit den dazugehörigen Distrikthauptstädten behalten haben. Von Norden nach Süden sind dies: Pernem, Bardez, Bicholim, Satari, Tiswadi, Ponda, Mormugao, Sanguem, Salcete, Quepem und Canacona. Tiswadi und Salcete mit den Hauptstädten Panjim und Margao gehören zu den am dichtesten besiedelten Kreisen. Landeshauptstadt ist Panaji, umgangssprachlich Panjim genannt, im *Taluka Tiswadi*.

Je nach Größe eines Dorfs können fünf bis neun Kandidaten für vier Jahre in den *Panchayat*-Rat gewählt werden, wobei ein Sitz einer weiblichen Kandidatin vorbehalten ist. Der Zuständigkeitsbereich eines Panchayats umfaßt sämtliche sozialen Einrichtungen und infrastrukturellen Maßnahmen wie Schulen, Gemeinschaftseinrichtungen für die Landwirtschaft, Elektrizitäts- und Wasserver- bzw. -entsorgung, Straßenbau etc.

Seit der Unabhängigkeit Indiens im Jahre 1947 ist die Kongreßpartei die stärkste politische Kraft innerhalb der Indischen Union. Bereits wenige Monate nach der Befreiung Goas von der Kolonialmacht Portugal wurde in Goa eine Dependance der Kongreßpartei gegründet, der National Congress Goa. Diesem schlossen sich unabhängig von der politischen Couleur zunächst die meisten goanischen Freiheitskämpfer und politischen Führer an. Die Frage, ob Goa an Maharashtra angegliedert werden solle oder nicht (vgl. S. 24 f.), führte aber zur Gründung verschiedener lokaler Parteien, wie der Maharashtravadi Gomantak Party (MGP), die für eine Angliederung eintrat, und der United Goans' Party (UGP), die sich für die Selbständigkeit Goas stark machte.

Erst 1977 kam es zu einem Ende der regional ausgerichteten Parteienlandschaft. Verschiedene Mitglieder und Abgeordnete der MGP und der UGP verließen ihre Parteien und schlossen sich der sozialistisch ausgerichteten Janata Party oder der Kongreßpartei an. Nach einem niederschmetternden Wahlverlust löste sich die UGP kurze Zeit später auf.

1980 gewann die Kongreßpartei, Congress I, auch in Goa die Wahlen. Im Jahre 1983 spaltete sich von ihr die eher rechtslastige, konservativ-katholische Goa Congress Party ab. In den letzten Jahren formierten sich weitere Parteien, wie etwa die Goans' People's Party (GPP), doch blieben die Congress I und die MGP die stärksten politischen Kräfte.

Aus den 1994 abgehaltenen Wahlen, an denen sich zum Teil recht kleine Splitterparteien beteiligten, ging die Congress I wieder als überlegener Sieger hervor und verwies die MGP sowie den Goa Congress in die Opposition.

Daten zur Geschichte

um 2000 v. Chr. Neolithische Siedler lassen sich an den Küstenstreifen Goas in Felsenhöhlen nieder und fangen an, Feldbau und Viehzucht zu betreiben. Sie produzieren Keramik und arbeiten mit lithischem Gerät – Steinklingen und Steinäxten –, die Herstellung von Metall ist ihnen noch nicht bekannt

ca. 500 v. Chr. Die »Purânas« (›alte‹ heilige Schriften) beschreiben, daß Vishnu in seiner sechsten Inkarnation als Parashurama das Land Gomanta – Goa – der See abgetrotzt und dort einige Arier- und Brahmanen-Stämme angesiedelt hat. Archäologisch ist diese mythische Geschichtsschreibung nicht belegbar, ebenso wie die Einwanderung der vedischen Arier nach Indien (um ca. 1500 v. Chr.) der Archäologie noch Schwierigkeiten bereitet

3. Jh. v. Chr. Man nimmt an, daß Goa unter dem Namen Aparanta, was so viel wie ›über die Grenzen hinaus‹ bedeutet, in das Königreich des großen Ashoka integriert war. Aus Felsinschriften des berühmten Maurya-Herrschers geht zumindest hervor, daß Dynastien wie die der Bhojas in Chandrapur, dem heutigen Chandor, über Teile der Konkan-Küste regierten und die Moralvorschriften des Ashoka befolgten

232 v. Chr. Tod des Ashoka, sein Reich zerfällt in kleinere Königreiche, Goa gerät unter die Herrschaft der Satavahana-Dynastie (auch als Andhras bekannt), die das Territorium der Bhojas aus Chandrapur gegen Ende des 2. Jh. annektiert, aber die Bhojas als Vasallen einsetzt

3. Jh. n. Chr.– 6. Jh. n. Chr. Die erstarkende Abhira-Dynastie beherrscht das Konkan gegen 250 n. Chr. Als Lehnsherren der Abhiras regieren die Traikutakas in Goa. Danach folgen die Kalachuris, die wiederum Maurya-Herrscher (Konkan-Maurya) als Vasallen einsetzen

6.–8. Jh. Die frühen Chalukyas von Badami, die sogenannten Western Chalukyas, beginnen in der ersten Hälfte des 6. Jh. ihre Herrschaft über das Dekkhan auszudehnen und vertreiben die alte Maurya-Dynastie. 754 unterliegen sie jedoch Krishna I. aus der Dynastie der Rashtrakutas

8.–11. Jh. Ein mit der Rashtrakuta-Dynastie verschwägerter Herrscher der Silharas wird von Krishna I. als Vasallenkönig

Fremdherrschaft und Invasion

Wenn auch die längste Besatzung Goas von den Portugiesen ausgeübt wurde, waren die europäischen Welteroberer keineswegs die ersten, die von den strategischen Vorteilen des Küstenlands am Arabischen Meer angezogen waren. Bereits um 2000 v. Chr. soll es den Sumerern als Seehandelsstation unter dem Namen Gubi bekannt gewesen sein.

Bis zum Ende des 10. Jh. war Goa nie ein selbständiges politisches Gebilde, Teile des Territoriums, das heute als Goa einen Bundesstaat der Indischen Union bildet, gehörten in der wechselvollen Geschichte des Subkontinents zu verschiedenen Hindu-Herrscherdynastien. Als es dem Kadamba-Herrscher Shashtadeva I. (ca. 960–1088) gelang, sich in der Hauptstadt Chandrapur, dem heutigen Chandor, als legitimer Nachkömmling des Gottes Shiva zu inthronisieren, konnte Goa erstmals eine gewisse politische Unabhängigkeit erlangen.

Die ihm nachfolgenden Kadamba-Herrscher machten Goa zu einem prosperierenden Land, dessen Reichtum sich auf den Seehandel begründete. Die Kadamba-Fürsten hatten es verstanden, die seit langem ansässigen arabischen Handelshäuser in ihre politischen und wirtschaftlichen Aktivitäten zu integrieren. Das arabische Handelsnetz, das sich von Bahrain bis Java ausdehnte, versorgte über die Häfen von Gopakkapattana (Goa) viele indische Herrscherdynastien mit arabischen Pferden. Auch wenn der Stern des Kadamba-Herrscherhauses Mitte des 12. Jh. zusehends zu verblassen begann und seine Thronfolger sich mit Statthalterrollen unter der Vormachtstellung anderer Dynastien zufriedengeben mußten, begann sich eine wirklich dramatische Wende erst am Anfang des 14. Jh. anzukündigen.

Es war der zunehmende Druck des Sultanats von Delhi, das schon im späten 10. Jh. unter Mahmud von Ghazni (998–1030) plündernd in den Nordwesten des Subkontinents eingefallen war und nun den Hindufürsten und Königen auf dem Dekkhan zunehmend das Leben schwerer machte. Der erste, der Goa bedrohte, war General Malik Kafur. Für seinen Sultan Ala-ud-din Khalji unternahm er seit 1309 mehrere Kampagnen in den Süden des Subkontinents und belagerte 1312 Govapuri, die zweite Hauptstadt von Goa am Zuari. Ging dies noch einigermaßen glimpflich für Goa aus, so machte schließlich Muhammad-ibn-Tughluq (1325–51) um 1328 die wieder besiedelte älteste Hauptstadt Goas, Chandrapur, dem Erdboden gleich. Nachdem der Machtanspruch von Muhammad-ibn-Tughluq 1347 durch die Gründung der Bahamiden-Dynastie des Ala-ud-din Hasan in Daulatabad gebrochen war, kam es 1356 zu einer weiteren Eroberung von Goa durch die Muslime, die nun mit religiösem Eifer viele Tempel zerstörten und die Hindus verfolgten. In der nachfolgenden Zeit brachen auf dem Dekkhan und im Konkan immer wieder erbitterte Kämpfe zwischen den Armeen des 1336 gegründeten Hindu-Fürstenverbunds von Vijayanagar und den islamischen Invasoren aus. Keine der Parteien machte vor Pogromen gegen die andersgläubige Bevölkerung halt.

Als 1380 schließlich die Bahamiden aus Goa vertrieben werden konnten, kehrte unter der Verwaltung der Vizekönige aus Vijayanagar annähernd ein Jahrhundert lang Frieden in Goa ein. Goas Seefahrt und Handel erblühten erneut, und den Rajas von Vijayanagar war nun der Nachschub arabischer Pferde sicher. 1472 stand den Goanern eine weitere Invasion bevor. Mahmud Gawan, Minister im Dienste der Bahamiden, konnte Goa und das ganze Konkan zurückerobern.

Als Ende des 15. Jh. das Bahamiden-Sultanat (1347–1527) in fünf Nachfolgesultanate zu zerfallen begann, trat das shiitische Sultanat der Adil Shahis von Bijapur (1490–1686) die Vorherrschaft über Goa an. Daß Yusuf Adil Shah in Ela, dem späteren Velha Goa (Alt-Goa) der Portugiesen, einen prachtvollen Palast für sich errichten ließ und die Stadt neben Bijapur als zweiten Hauptsitz seines Reiches ansah, mußte den Herrschern in Vijayanagar ein Dorn im Auge sein. Somit kamen ihnen die Portugiesen, die 1498 vor der Westküste auftauchten und gegen die ›Mohren‹ ins Felde zogen, gerade recht.

Als Alfonso de Albuquerque 1510 Calicut erobert hatte, bot sich Krishna Deva Raja von Vijayanagar als Verbündeter gegen die muslimischen Machthaber in Goa an. Albuquerque versprach dem König das Monopol im Pferdehandel mit Hormus und bekam als Gegenleistung den erfahrensten Seefahrer des Vijayanagar-Reiches, Timmaya, zur Seite gestellt. Mit dessen Hilfe gelang der portugiesischen Armada 1510 die Eroberung des Adil Shah-Palasts in Panjim, im gleichen Jahr mußte auch die Stadt Ela vor der europäischen Übermacht kapitulieren.

Somit waren die Portugiesen lange vor den Engländern die ersten Kolonialherren auf dem indischen Subkontinent und konnten von dort das Monopol des arabischen Seehandels brechen. Dabei vergaßen sie das Krishna Deva gegebene Versprechen schnell. Nachdem sie 1515 auch Hormus eingenommen hatten, lag der Pferdehandel fest in ihren Händen, und die Rajas von Vijayanagar mußten jährlich 30 000 Curzados für ihren Pferdenachschub bezahlen.

in Goa eingesetzt. Die Silharas, die in den folgenden 250 Jahren (ca. 765–1015) zehn Herrscher stellen, machen aus Goa ein blühendes Zentrum des Seehandels mit der Arabischen Halbinsel

973–1162 973 gewinnen die Chalukyas ihre Herrschaft über das Dekkhan zurück. Während der Umstrukturierung der politischen Macht auf dem Dekkhan ergreifen indes die Kadambas die Gelegenheit, Goa an sich zu reißen. Shashtadeva I. (auch Kantakacharya, ca. 960–1008?), läßt sich in Chandrapur (heutiges Chandor), der alten Hauptstadt der Bhojas nieder und nennt sein neues Reich Gopakkapattana. Seit jener Zeit taucht Goa zum ersten Mal als eigenständige politische Einheit auf, die von dem Rest des Konkan getrennt verwaltet wird

ca. 1049 Die Söhne von Shashtadeva II. (ca. 1008–42), der den Seehandel mit Sansibar, Bengalen und Ceylon zur Blüte brachte, Viravarmadeva (ca. 1042–54) und Jayakeshi I. (ca. 1052–80), verlagern die Hauptstadt von Chandrapur nach Gopaka/Govapuri an den Zuari-Fluß, wo heute Vodlem Goem/Goa Velha liegt. Govapuri entwickelt sich schnell zu einer prosperierenden Stadt mit Tempeln und Palästen sowie sozialen Institutionen, die vom Herrscherhaus ins Leben gerufen werden

ca. 1104–48 Unter Jayakeshi II. erreicht die Kadamba-Herrschaft ihren Zenith. Der Ehrgeiz des Königs, die Vorherrschaft der Chalukyas auf dem Dekkhan abzuschütteln und sich selbst als Herr des Konkan zu bezeichnen, hat die Unterwerfung des Jayakeshi II. durch Sinda Permadi I. von Yelburga und die Anerkennung des Chalukya-Supremats zur Konsequenz

1237 Eine Invasion der Yadavas endet mit dem Tod des Kadamba-Herrschers Tribhuvanalla (ca. 1212–38). Sein Nachfolger, Shashtadeva III. (ca. 1247–64), ist nur noch ein Vasall der neuen Eroberer

1310–67 Die Yadavas werden von den Muslimen des Sultanats von Delhi durch General Malik Kafur vertrieben, und Kamadeva (ca. 1262–1310), ein Schwager des Kadamba-Königs Shashtadeva III., kann einen Teil der Souveränität des früheren Kadamba-Reichs zurückgewinnen. Er gibt Gopaka/Govapuri, das möglicherweise bereits 1312 von den Truppen des Sultans von Delhi, Ala-ud-din, zerstört worden war, auf und zieht wieder nach Chandra-

	pur, wo er die Fortifikation gegen drohende weitere Angriffe der Muslime verstärkt
1325	Muhammad-Ibn-Tughluq (Muhammad Shah, 1325–51) besteigt den Thron des Sultanats von Delhi und dehnt seinen Einfluß weiter auf das Dekkhan aus
ca. 1328	Chandrapur wird von Muhammad-ibn-Tughluq zerstört
1327–44	Harihar I., der Mitbegründer des hinduistischen Vijayanagar-Reiches, wird von Muhammad-ibn-Tughluq als Gouverneur über weite Teile des Dekkhan inklusive der Westküste eingesetzt
1347	Der Afghane Ala-ud-din Hasan begründet durch seine Krönung in Daulatabad die sogenannte Bahmani- oder Gulburga-Dynastie (1347–1489), die in der Folgezeit gegen das Vijayanagar-Reich um die Vorherrschaft auf dem Dekkhan und im Konkan kämpfen wird
1356	Ala-ud-din Hasan belagert Goa
1358–75	Mahmud Shah Bahmani I. verfolgt den Hindu-Glauben. Die Statue von Saptakotesvar, der Familiengottheit der Kadambas, wird aus dem Tempel in Naroa (Divar-Insel) entfernt und in einem Reisfeld vergraben, um das Kultbild vor Zerstörung zu bewahren. Viele Hindus müssen fliehen
1380	Madhav, ein Minister des Königs von Vijayanagar, sichert Goa gegen die Muslime. Annähernd 100 Jahre lang kann das Vijayanagar-Herrscherhaus Vizekönige in Goa einsetzen. Damit stehen die Seehäfen und Handelsstädte, die für Vijayanagar wegen des Nachschubs arabischer Pferde wichtig sind, unter direktem Einfluß der großen Hindu-Dynastie
1472	Mahmud Gawan, Staatsminister und Mitregent im Bahmani-Haus, erobert Goa
1489	Yusuf Adil Shah von Bijapur (1489–1510) begründet das Herrscherhaus von Bijapur. Die Vorherrschaft der Bahmani-Dynastie ist gebrochen, Belgaum, Goa und benachbarte Gebiete fallen an Yusuf Adil Shah. Govapuri wird zu seiner zweiten Hauptstadt. In Ela, dem heutigen Alt-Goa, läßt er einen Palast errichten, der später unter den Portugiesen traurige Berühmtheit als ›Palast der Inquisition‹ erlangen wird
1488	Bartolomëus Dias umsegelt das Kap der Guten Hoffnung
1498	Vasco da Gama landet in Calicut und führt dem arabischen Seehandelsmonopol einen schweren Schlag zu

Markttag in Goa im 16. Jh. (Kupferstich)

1502 Zweite Expedition von Vasco da Gama an die indische Westküste. Eine Handelsniederlassung in Cochin und eine Palisadenbefestigung in Cannanore sind das Ergebnis diplomatischer Beziehungen mit den dort herrschenden Rajas, die sich von den Portugiesen Unterstützung in ihrem Bestreben nach Unabhängigkeit von dem Herrscher Calicuts erhoffen. Da Gama läßt vor seiner Heimreise eine kleine Flotte zur Kontrolle der Küste zurück. Eines dieser Schiffe wird von Alfonso de Albuquerque befehligt

1510 Alfonso de Albuquerque verbündet sich mit Krishna Deva Raja von Vijayanagar gegen die muslimischen Herrscher von Bijapur und Calicut. Mit Hilfe des Flottenkommandeurs der Vijayanagar-Armada, Timmaya, kann Albuquerque Ende Februar 1510 Panjim und Ela (Alt-Goa) zunächst ohne größeren Widerstand einnehmen. Nachdem Yusuf Adil Shah verstorben ist, übernimmt der Staatsminister Kamal Khan die Regierungsgeschäfte des Herrscherhauses Bijapur. Kamal Khan befiehlt die Rückeroberung von Goa, und es gelingt seinen Truppen zunächst, die Portugiesen auf ihre Schiffe zurückzuschla-

Die Portugiesen in Goa

Portugal war die erste europäische Kolonialmacht auf dem Subkontinent. Wie nach ihnen die Briten waren auch die Portugiesen gekommen, um Handelsposten und Faktoreien zu errichten. Binnen kürzester Zeit hatten sie ihre Handelsrouten nach Asien abgesteckt, das Monopol für Gewürze, Luxusartikel und Sklaven lag nun bei ihnen. Was jedoch im 16. Jh. so vielversprechend begonnen hatte, fing schon nach einigen Jahrzehnten an zu zerfallen.

Die Personalunion mit Spanien (1580–1640) führte dazu, daß Portugal in die spanischen Kriege hineingezogen wurde und sich die portugiesische Handelsflotte zunehmend Attacken und Plünderungen der Feinde Spaniens, der Niederländer und Engländer, ausgesetzt sah. Die portugiesische Vormachtstellung in Asien wurde durch die Verluste von Malakka, Sri Lanka, Cochin, Malabar, Hormus sowie der Molukken stark geschwächt. Ende des 17. Jh. waren in Indien den Portugiesen nur noch Goa, Daman und Diu verblieben, doch diese Restterritorien verteidigten sie bis weit in das 20. Jh. hinein.

Als im 19. Jh. mehr als die Hälfte von Indien fest in Händen der Engländer lag, war die portugiesische Kolonie so unwirtschaftlich geworden, daß sie als ein Zusatzgeschäft galt. Es wäre für die Briten ein leichtes gewesen, die Portugiesen aus ihrer verschlafenen Enklave zu vertreiben, statt dessen jedoch boten sie 1839 für den Kauf von Goa 500 000 Pfund – allerdings vergeblich.

Nachdem Alfonso de Albuquerque 1510 die Stadt Ela (später Alt-Goa) erobert hatte, war er von der hinduistischen Bevölkerung zunächst als Befreier vom muslimischen Joch gefeiert worden. In der Tat hatten die mitkämpfenden Hindu-Truppen und Portugiesen während der Schlacht eine fürchterliche Metzelei unter der muslimischen Bevölkerung angerichtet; die wenigen Überlebenden waren außer Landes geflüchtet. Soweit es die hinduistische Bevölkerung anging, war die Politik der Besatzer zunächst darauf bedacht, deren Sitten und Gebräuche zu schützen und gleichzeitig die eroberten Gebiete fest an sich zu binden. Anders als die Briten, die in ihren Kolonien auf Abstand zu den Einheimischen bedacht waren, unterstützten die Portugiesen daher auch Ehen ihrer Soldaten mit einheimischen Frauen durch Zuschüsse zu Mitgiften und Landschenkungen. Man glaubte, daß aus den Abkömmlingen dieser Seßhaften *(casados)* loyale Staatsdiener und gute Christen würden. Ein weiterer Grund für dieses Vorgehen war, daß die Portugiesen zahlenmäßig nicht in der Lage waren, allein die weltweit besetzten Gebiete zu kontrollieren oder gar zu besiedeln. Die große Seefahrernation war mit 1,5 Mio. Einwohnern Anfang des 16. Jh. ein relativ kleines Volk, das nach unproportional viel Land und Reichtum strebte.

Wurden die anfangs vielleicht noch als moderat zu bezeichnenden Kolonisierungsmethoden auch zunehmend aufgegeben, wozu die katholische Kirche mit ihrem Sendungsbewußtsein einen erheblichen Beitrag leistete, so blieb die unterschwellige Kulturvermischung in den portugiesischen Kolonien doch Alltäglichkeit. Zwar wurden spätestens seit 1541 die Hindu-Tempel in den ›alten Besitzungen‹ systematisch zerstört und ›nicht konvertierbare‹ Brahmanen des Landes verwiesen, aber das diplomatisch-militärische und kaufmännische Denken war weit genug verbreitet, um sich mit Hindu-Herrschern und muslimischen Khanen zu arrangieren oder Geschäfte mit Hindus und Juden zu machen.

1961 waren die Portugiesen die letzten, die Indien kleinlaut wieder verlassen mußten. Ihrer Herrschaft – sie währte insgesamt 451 Jahre – wird in Goa mit einer zum Teil merkwürdigen Nostalgie gedacht. Zumindest viele ältere Goaner sinnieren mit Wehmut über alte Zeiten, auch wenn die Kolonialherren zuletzt so gut wie nichts mehr ins Land investierten.

Ein portugiesischer Offizier in Goa läßt sich in einer Sänfte tragen, Stich aus dem Jahre 1599

gen. Mit Unterstützung weiterer Schiffe, die frisch aus Portugal eingetroffen sind, kann Albuquerque am St.-Katharinen-Tag, dem 25. 11. 1510, Ela (Alt-Goa) nach kurzem, heftigem Gefecht wieder einnehmen

1511   Alfonso de Albuquerque erobert Malacca

1512   Alfonso de Albuquerque greift eine weitere der Bastionen der Bijapuris in Goa, Banastarim, an und baut die Festung aus

1515   Hormus fällt an die Portugiesen, wodurch deren Vormachtstellung über das Arabische Meer besiegelt ist. Nach seinem Sieg über Hormus stirbt Alfonso de Albuquerque in Goa und wird dort zunächst in der Kirche Nossa Senhora de Serra beigesetzt, bis seine sterbliche Hülle 1556 nach Lissabon überführt wird

1534   Die Portugiesen erobern Diu. Goa wird Hauptstadt des portugiesischen Imperiums in Asien

1542   Der Mitbegründer des Jesuitenordens Francisco Xavier besucht Goa für etwa zehn Monate, bevor er sich auf verschiedene Missionsreisen, u.a. nach China, begibt

1543   Die Distrikte Salcete und Bardez fallen an die Portugiesen, nachdem Ibrahim Adil Shah von Bijapur geschlagen wurde

1556   Jesuiten stellen die erste Druckerpresse Indiens in Goa auf. Gedruckt werden von Francisco Xavier verfaßte Schriften, Werke des Dichters Luís Vaz de Camões, eine Grammatik des Konkani sowie ins Konkani und Marathi übersetzte Bibeltexte

1557   Macao wird in die Besitzungen Portugals eingereiht. Goa wird Erzbischofssitz

1560   Einführung der Inquisition in Goa

1565   Ein Zusammenschluß und gemeinsamer Angriff der fünf Bahmani-Sultanate führt zur völligen Zerstörung von Vijayanagar

1571   Ein Vertrag zwischen Portugal und den Bahmani-Sultanen Adil Shah und Nizam Shah sichert Tiswadi (Ilhas), Bardez und Salcete als Besitzungen der europäischen Kolonialmacht. Diese Distrikte werden landläufig als ›alte Besitzungen‹, *Velhas Conquistas,* bezeichnet

1580–1640   Portugal untersteht der spanischen Krone. Die Schwächung Portugals verleitet die Holländer dazu, nach den portugiesischen Besitzungen zu greifen. Eine holländische Blockade von Goa kann 1603 durchbrochen werden, doch ist der vergebliche Angriff holländischer Flotten 1639 weniger der großen Wehrhaftigkeit Goas als dem längeren Durchhaltevermögen zuzuschreiben. Im Laufe der Jahre verliert Portugal wichtige Besitzungen in Asien, lediglich Goa, Daman und Diu sowie Macao bleiben der einst so großen Welthandelsmacht erhalten (s. S. 34 f.). Der langsame Niedergang des vormals ›Goldenen Goa‹, der Stadt Velha Goa (Alt-Goa) als Hauptstadt Portugiesisch-Indiens, ist damit eingeleitet

1667–83 Die Marathen unter Shivaji und später unter dessen Sohn Sambhaji weiten ihre Macht bedrohlich aus. Sie annektieren das vormalige Reich der Bijapuris und greifen Besitzungen der Groß-Moghuln aus Delhi an. Nördliche Bereiche von Goa werden von Sambhaji belagert und zerstört. Die Einnahme des unterlegenen Goa durch Sambhaji kann nur durch den Angriff der Moghul-Armee auf die Marathen-Truppen verhindert werden

1695 Die Residenz des Vizekönigs wird von Velha Goa (Alt-Goa) nach Panelim (auf der halben Strecke zwischen Alt-Goa und Panjim) verlagert

1737–39 Erneute kriegerische Auseinandersetzungen mit den Marathen. Margao wird von den Marathen eingenommen, Rachol belagert und die Distrikte Bardez und Salcete werden überrannt. Der Rückzug der Marathen-Armee und ein Friedensvertrag müssen mit großen Geldsummen erkauft werden

1759 Der Vizekönig zieht in den Idalcao in Panjim

1774 Unter Marquês de Pombal (1750–77), dem ersten Berater des Königs, wird die Inquisition in Goa abgeschafft

1768 Die Jesuiten werden aus Goa vertrieben, ihre Besitzungen vom Staat annektiert

1778 Die Königin-Witwe Maria I. (1777–1816) setzt die Inquisition wieder ein

1787 Die Revolte der Pintos de Candolim hat die Abschaffung der portugiesischen Macht und die Ausrufung einer freien Republik zum Ziel. Ausgelöst durch die immer noch rassistische Personalpolitik der Kirche, an der auch die Reformen des Marquês de Pombal nicht viel ändern konnten, und beflügelt vom Geist der sich ankündigenden Französischen Revolution, waren es vornehmlich einheimische Geistliche, die sich mit Laien zusammenschlossen, um die Regierung zu stürzen. Die ›Verschwö-

	rung‹ wird vorzeitig aufgedeckt, 75 Personen werden verhaftet
1791	Die ›neuen Besitzungen‹ mit den Distrikten Bicholim (1781), Satari (1782), Pernem (1788), Ponda (1791), Quepem (1791), Sanguem (1791) und Canacona (1791) werden nach einem Teilungs- und Beistandsvertrag mit dem König von Sunda der portugiesischen Krone zugeteilt. Goa lag in seinen heutigen Grenzen fest
1797–1813	Als Napoleon plant, mit Hilfe des Tipu Sultan Goa in Besitz zu nehmen, bieten die Briten Portugal ihren Schutz an. Englische Truppen werden im Fort Aguada, in Mormugao und im Cabo Raj Niwas stationiert
1814	Unter dem Druck der Engländer wird die Inquisition abgeschafft
1821–35	Die Parlamentarische Monarchie macht es möglich, daß sechs Abgeordnete aus Goa im portugiesischen Parlament vertreten sind
1843	Panjim wird zur neuen Hauptstadt (Nova Goa) erklärt
1910	Am 5. 10. 1910 wird in Portugal die Republik ausgerufen. Offiziell sind Staat und Kirche nun getrennt, in Goa erhalten auch Hindus die Religionsfreiheit
1926	Die Auflösung des portugiesischen Parlaments läßt auch in Goa der jungen Demokratie keine Chance
1928	Gründung des Goa Congress Committee in Anlehnung an den Indian National Congress im Kampf für Demokratie und Freiheit im Lande
1933	Unter der Regierung von António de Oliveira Salazar (1932–68) wird in Portugal ein Ständestaat nach faschistischem Vorbild ausgerufen. In den Kolonien werden mit Sanktion des Vatikans die christlichen Missionen wieder zu Instrumenten der staatlichen Kolonialmacht
1939–45	Im Zweiten Weltkrieg bleibt Portugal in enger Verbindung zu Spanien und in Freundschaft mit England neutral. Die Entlassung Indiens in die Unabhängigkeit 1947 schwächt die Position der Kolonialmacht Portugal
1946–58	Die Jai Hind-Bewegung führt zu Massendemonstrationen für die Unabhängigkeit Goas. 1500 Goaner werden verhaftet, die politischen Führer deportiert
1961	Am 19. 12. 1961 marschieren unter der Losung Operation Vijaya indische Truppen in Goa ein
1963	Erste freie Wahlen für 30 Unterhaussitze und zwei Parlamentssitze

In den Jahren 1946–58 und 1966–67 kam es in Goa häufig zu Massendemonstrationen. Auch heutzutage gehen Goaner gelegentlich auf die Straße, um ihren Forderungen Nachdruck zu verleihen

1967　Volksabstimmung über die Selbständigkeit Goas als *Union Territory* innerhalb der Indischen Union. Die Bevölkerung entscheidet sich gegen eine Anbindung Goas an den Bundesstaat Maharashtra (s. S. 24 f.).

1974　Erster offizieller Besuch des portugiesischen Außenministers Mario Soares in Goa. Anerkennung der Angliederung Goas an die Indische Union

1985　Die Goa University in Bambolim wird eröffnet

1986　Papst Johannes Paul II. besucht Goa, 500 000 Gläubige strömen zusammen

1987　Goa wird zum 25. Staat der Indischen Union

1989　Die Wahlen in Goa ergeben eine Koalition zwischen der Congress I-Partei und der Maharashtravadi Gomantak Party

1994　Aus den Wahlen geht die Congress I-Partei als Siegerin hervor

Alltag, Religion und Kultur

Bevölkerung: Auch die
Nachbarn zieht's nach Goa

Bildungs- und Gesundheits-
wesen: Beides kann sich
sehen lassen

Haus an Haus: Hindus,
Christen und Muslime

Traditionelles Brauchtum
und goanische Küche

Kunst und Kultur:
Das portugiesische Erbe

Vielseitig verwendbar: aus Palmwedeln
geflochtene Korbwaren

Bevölkerung

Eine Volkszählung Anfang der 90er Jahre ergab, daß in Goa knapp 1,1 Mio. Menschen leben. Etwa 35 % davon sind mittlerweile Zugereiste aus anderen indischen Bundesstaaten. Mit 100 000 Einwanderern liegt die Volksgruppe der Kannadigans, der Einwohner aus Karnataka, an der Spitze. Sie verrichten hauptsächlich die Knochenarbeit im Hafen von Mormugao und sind im Baugewerbe beschäftigt. Danach folgen die Keraliten mit 20 000 und die Gujaratis mit 15 000 Zugehörigen.

Mit dem Anfertigen von Blumengirlanden verdient sich manche Goanerin ein Zubrot

In Goa lebt eine kleine Gruppe von etwa 25 000 Ureinwohnern, die landläufig als Gaudas bezeichnet werden. Man nennt sie auch Kunbi, Goankar oder Velip. Schon in grauer Vorzeit wanderten die Gaudas aus Südostasien nach Indien ein und ließen sich in Goa noch vor den vedischen Ariern nieder. Die meisten Gaudas, unter denen es sowohl Hindus als auch Christen sowie rekonvertierte Neu-Hindus gibt, leben in ländlichen Gebieten vom Ackerbau. Einige, die *mith*-(Salz-)Gaudas sind auf die Salzgewinnung spezialisiert.

Die Lebensweise der Gaudas ist noch sehr den alten Traditionen verhaftet, die meisten essen nur Fleisch von gejagtem Wild oder Vögeln, jedoch nicht von Haustieren. Als gläubige Hindus verehren sie das Rind, und Christen sichern sich ein offenes Hintertürchen,

wenn sie auch Hindu-Gottheiten ihre Reverenz erweisen. Sieht man eine Frau auf dem Markt oder im Feld, die keine Bluse *(choli)* unter ihrem Sari trägt, so kann man recht sicher sein, eine Angehörige der Gaudas vor sich zu haben. Im Jahre 1940 hatten die portugiesischen Behörden den Gauda-Frauen verboten, sich in der Öffentlichkeit ohne *choli* zu bewegen. Die Arbeitskleidung der Männer besteht oft lediglich aus einem Lendenschurz. Die meisten goanischen Gaudas sprechen Konkani.

Die jährliche Bevölkerungszuwachsrate von 1,6 % in Goa liegt deutlich unter dem indischen Durchschnitt, der gut 2 % beträgt. ›Spitzenreiter‹ innerhalb der Indischen Union ist dabei Nagaland mit 5 %, ›Schlußlicht‹ Kerala mit 1 % Bevölkerungszuwachs.

Auffällig ist, daß der Anstieg der Bevölkerung seit den 60er Jahren, das heißt seit dem Anschluß von Goa an die Indische Union, deutlich zugenommen hat. Waren in der ersten Hälfte dieses Jahrhunderts lediglich jährliche Wachstumsraten von 0,12 % bis 0,7 % zu verzeichnen, so stieg seit dem Abzug der portugiesischen Kolonialmacht die Population erheblich an: von 1961 bis 1971 jährlich um durchschnittlich 3,5 % und von 1971 bis 1981 um 2,6 % im Jahr. Erklären läßt sich dies in erster Linie durch die Einwanderung von indischen Bevölkerungsgruppen aus anderen Ländern der Union, was vor 1961 nicht möglich war.

Die Zahl der Auslands-Goaner ist im Vergleich zur Gesamtpopulation außerordentlich hoch. Prozentual gesehen leben weit mehr Goaner außerhalb des Landes als es für andere indische Volksgemeinschaften üblich ist. Man kann sie als Bankangestellte in Karachi treffen, als Köche und Matrosen auf griechischen Schiffen, als Ärzte in London oder Boston oder als Arbeiter in den Ölscheichtümern. Allein in Pakistan leben 10 000 Goaner. Die meisten Auslands-Goaner besuchen ihre Heimat regelmäßig und lassen sich, sobald es ihre finanzielle Situation erlaubt, wieder in Goa nieder. Im allgemeinen ist die Tendenz, im Ausland das Glück zu suchen, jedoch rückläufig.

Etwa 41 % der Goaner leben in sogenannten urbanen Zonen, wobei die höchste Populationsdichte von 4216 Einwohnern pro km^2 in dem stark industrialisierten Distrikt Mormugao zu verzeichnen ist. Die zweitdichtest besiedelte Region ist Margao mit 2990 Bewohnern pro km^2, danach folgt die Stadt Panjim mit 1854 Menschen pro km^2.

Viele Goaner sprechen mehrere Sprachen. Im Jahre 1987 wurde nach langen, zum Teil blutigen Auseinandersetzungen das von der Mehrzahl der Bevölkerung gesprochene Konkani und nicht das Marathi zur offiziellen Amtssprache

Dicht gedrängte Menschenmenge auf dem Freitagsmarkt in Mapusa ▷

Bildungs- und Gesundheitswesen

Nach der Eingliederung Goas in die Indische Union hat sich die Alphabetisierungsrate deutlich verbessert: Lag sie vor 1961 noch bei nur 30 %, so ist sie inzwischen mit fast 80 % (Gesamtindien: 52 %) erfreulich hoch, was sicherlich auch mit der Prosperität Goas zu tun hat. Indes ist immer noch ein deutlicher Bildungsunterschied zwischen den Geschlechtern zu verzeichnen. Die Alphabetisierungsrate der weiblichen Bevölkerung liegt bei nur 68 %, die der männlichen Einwohnerschaft dagegen bei 85 %.

erklärt. Das Konkani ist eine Sprache, die sich wie das Marathi aus dem Sanskrit entwickelte, aber mit portugiesischen Lehnwörtern durchsetzt ist und sowohl in Devanagri, in Sanskrit-Lettern, als auch in römischen Buchstaben geschrieben werden kann. Das Bestreben der christlichen Bevölkerung von Goa, das Schriftsystem des Konkani in römische Buchstaben mit einer von den Portugiesen entwickelten Orthographie festzulegen, mußte indes scheitern. Das Portugiesische, die offizielle Amtssprache bis 1961, ist inzwischen stark zurückgegangen. Nur noch wenige traditionelle christliche Familien pflegen diese Sprache und geben sie an ihre Kinder weiter. Die meisten Jugendlichen, auch aus den höheren Schichten, ziehen es vor, als erste Fremdsprache Englisch zu lernen.

Anfang der 90er Jahre zählte man in Goa 1285 Grundschulen, 441 Mittelschulen sowie 388 höhere Schulen, deren Abschluß die Schüler auf einen Besuch der 32 Colleges vorbereitet, wobei die meisten der höheren Schulen (85 %) in privaten – das heißt auch kirchlichen – Händen liegen. 97 % aller schulpflichtigen Kinder besuchen heutzutage die Grundschule. Am 30. 6. 1985 wurde die Goa-Universität in Bambolim feierlich eingeweiht. Ihre Grundlage war bereits durch das Dhempe College in Panjim und das Chowgule College in Margao im Jahre 1962 geschaffen. Das Medical College in Panjim ist 1963 aus der Medizin- und Pharmazie-Hochschule hervorgegangen.

Die öffentliche Gesundheitsversorgung ist in Goa, verglichen mit der im übrigen Indien, recht weit vorangeschritten. Es gibt insgesamt 127 Krankenhäuser im Lande, von denen 31 in staatlicher Hand liegen. Die meisten Hospitäler sind jedoch Privatkliniken. In Goa betreut ein Arzt durchschnittlich 842 Patienten, ein gesamtindisch recht gutes Mittel (Mitte der 80er Jahre lag das Verhältnis im restlichen Indien bei 1 : 2530). Auf dem Land, wo das Gesundheitsnetz weniger dicht ist als in der Stadt, vertraut sich die Landbevölkerung in Krankheitsfällen meist ayurvedisch und homöopathisch geschulten Heilern (Ayurveden) an, die ihr Wissen aus einer uralten indischen Tradition der Naturheilverfahren schöpfen. Man kann diese Männer sehr oft auf den Wochenmärkten antreffen, wo sie inmitten der Verkaufsstände ihr Können anbieten.

Die staatliche Gesundheitsvorsorge garantiert allen Familien, deren Jahreseinkommen unter 50 000 Rupien liegt, eine kostenlose ärztliche Behandlung in allen anerkannten staatlichen und privaten Kliniken, auch außerhalb von Goa, jedoch nicht im Ausland. Die vergleichsweise niedrige Geburtenrate in Goa zeigt, daß die Programme der Regierung zur Familienplanung greifen.

Ehe und Familie

Das Leben im Großfamilienverband wie es auf dem indischen Subkontinent seit Jahrhunderten Tradition ist, war bis vor kurzem auch in Goa üblich – und dies sowohl in Hindu- als auch in Katholikenkreisen. Mit wachsendem Lebensstandard lockern sich jedoch die überlieferten Sitten, insbesondere unter katholischen Brautpaaren kann man zunehmend nach der Hochzeit die Gründung eines eigenen Hausstands beobachten.

Die Alphabetisierungsrate liegt in Goa deutlich höher als in anderen indischen Bundesstaaten

In Hindu-Familien und auch in konservativen Christenkreisen ist es jedoch nach wie vor üblich, daß die Brauteltern die Ehe arrangieren – eine sogenannte Liebesheirat kennt man nicht. Kriterien für die Wahl sind neben gesellschaftlichem Ansehen – der Kastenzugehörigkeit –, Vermögen, Bildung und charakterlichen Eigenschaften auch eine gute Horoskopkonstellation der Brautleute. Danach wird durch einen Priester die Zustimmung der Familiengottheit eingeholt. Zwar fördert der Staat durch Prämien Eheschließungen von Mitgliedern unterschiedlicher Kasten, doch ist die Überwindung derartiger gesellschaftlicher Barrieren unter Hindus so gut wie unüblich, bei der christlichen Bevölkerung der

Städte allerdings zunehmend zu beobachten.

Der Status von Frauen war wie fast überall auf der Welt auch in Goa seit alters dem der Männer untergeordnet. Auch wenn die Portugiesen bald nach ihrer Landnahme den Brauch der Witwenverbrennung *(sati)* verboten und in ihrer Gesetzgebung – etwa durch das Erbrecht – die weibliche Bevölkerung gleichzustellen versuchten, sollte es bis zum Abzug der Kolonialmacht dauern, bis Frauen auch eine gleichberechtigte Schulbildung ermöglicht wurde.

Obwohl schon 1846 die erste Mädchenschule in Goa ihre Türen öffnete, begann die schulische Breitenbildung der weiblichen Bevölkerung praktisch erst vor 50 Jah-

Wenn viele Goanerinnen auch noch die traditionelle Rolle als Hausfrau und Mutter übernehmen, ist in den letzten Jahren doch der Anteil der berufstätigen Frauen stetig gestiegen

ren. 1962 war es Mädchen erstmals möglich, auch höhere Schulen zu besuchen. Heute sind 48 % der College-Studenten weiblich, während Gesamtindien lediglich einen Prozentsatz von 28 % erreicht.

Die Berufstätigkeit ist für goanische Frauen der Mittelschicht schon seit langem eine Selbstverständlichkeit. Sie arbeiten in Regierungsbehörden, in der Verwaltung, in Banken, in der Fremdenverkehrsindustrie oder als Lehrerinnen. Für die weiblichen Mitglieder sozial schlechter gestellter Gesellschaftsgruppen, etwa der Bauern und Fischer, war es von jeher notwendig, für das Auskommen der Familie mitzusorgen. Sie arbeiten auf dem Feld, helfen beim Einbringen des Fischfangs, sorgen sich um die sachgerechte Trocknung von Dörrfisch und verkaufen ihre Produkte auf dem Markt.

Im Straßenverkehr wird Besuchern auffallen, daß es in Goa weitaus mehr weibliche Auto- und Motorradfahrer gibt als in anderen Teilen Indiens. Wenn auch in Großstädten wie Bombay und in dem seit einiger Zeit sich rapide entwickelnden Bangalore vergleichbare Sitten herrschen, zeugt die Selbstverständlichkeit der Frauen in Goa, mit der sie an allen öffentlichen Lebensbereichen teilnehmen davon, daß die engen traditionellen Wertvorstellungen der indischen Gesellschaft in Goa längst nicht so ›eng‹ gesehen werden wie anderswo.

Religion

Hindus machen mit gut 60 % die Mehrheit der Bevölkerung aus. Danach folgen römisch-katholische Christen, die 1981 noch mit 29 % in der Gesamtbevölkerung vertreten waren, durch den Zuzug von Hindus aus den Nachbarstaaten ist jedoch ihr statistischer Anteil rückläufig. Unter den anderen Religionsgemeinschaften zählte der Zensus gut 4 % Muslime. Sikhs, Jains und Buddhisten haben jeweils einen Anteil unter 1 %.

Obwohl 1955/56 das Kastensystem (Kaste von portugiesisch *casta, casto* – rein) offiziell in Indien abgeschafft wurde, existiert es de facto immer noch. Selbst dort, wo es sich im Laufe der Geschichte durch Fremdherrschaft, Überlagerung sowie Bekehrung zu anderen Religionen wie dem Islam oder dem Christentum eigentlich hätte auflösen müssen, ist das Kastensystem eine subtile Realität. Zwar werden in den offiziellen Statistiken keine Zahlen genannt, aber auch in Goa kennt jeder seine Kaste. Selbst die zum Christentum konvertierten Hindus behielten ihre Kastendifferenzierung über die Jahrhunderte bei, und insbesondere bei der Wahl des Ehepartners wird auch heute noch auf eine adäquate Familienverbindung Wert gelegt.

Der Hinduismus hat trotz aller Verfolgungen die 450 Jahre Christentum in Goa überlebt und ist in

Religiöse Feste

In den christlichen Gemeinden der ›alten Besitzungen‹ gibt es in jedem noch so kleinen Dorf eine Kirche. Zu Ehren des Patronatsheiligen und anderer Heiliger werden jährlich mehrere Feste begangen. Darüber hinaus ziehen an bestimmten Feiertagen einige Pilgerorte die Gläubigen aus allen Teilen Goas an. Hierzu gehören insbesondere der Todestag des hl. Francisco Xavier, dem jeweils am 3. 12. in der Bom Jesus-Kirche in Alt-Goa gedacht wird.

Am Dreikönigstag (6. 1.) findet eine große Prozession in Verem (Reis Magos), Bardez, statt. In der den Heiligen Drei Königen Kaspar, Melchior und Balthasar geweihten Kirche von Reis Magos versammeln sich zahlreiche Gläubige ebenso wie in Chandor im Taluka Salcete und Cansaulim, unweit des Majorda-Strands. Weitere Anziehungspunkte sind die Kapelle des Jesus von Nazareth in Siridao im Distrikt Tiswadi am ersten Sonntag nach Ostern, das Fest Unserer Wundertätigen Frau in Mapusa am zweiten Montag nach Ostern und die große Heiligenprozession in Goa Velha, der alten Kadamba-Hauptstadt, am fünften Montag in der Fastenzeit. Dabei werden 30 lebensgroße Heiligenstatuen von der Kirche St. Andreas aus durch die Straßen getragen.

Zu den Hauptfeiertagen der Christen gehören natürlich Weihnachten, der Neujahrstag, Karfreitag und Ostern. Nach den Messen, die meist spät am Abend oder um Mitternacht beginnen, finden vielerorts große Bälle, zum Teil auch unter freiem Himmel statt. An den Feiern des Karnevals nehmen nicht nur die Christen teil.

Neben den individuellen Tempelfesten, die oft mehrere Tage dauern und mit kirmesartigen Märkten (*melas* oder *jatras*) einhergehen, gibt es im Hindu-Kalender große bedeutende Feiertage, die im ganzen Land begangen werden. Holi, in Goa Shigmo genannt, ist ein mehrere Tage dauerndes, ausgelassenes Frühlingsfest, in gewisser Weise dem Karneval vergleichbar. Der Beginn des übermütigen Treibens hängt jeweils mit dem Vollmond im Hindu-Monat *phalguna* (ca. März) zusammen. Am Abend des ersten Tages werden in vielen Dörfern große Feuer entfacht. In den folgenden Tagen finden, abgesehen von verschiedenen Ritualen in den Tempeln, Tanzvorführungen statt (Hanpet – kriegerischer Schwertertanz, Dekhni – Frauenvolkstanz, Goff – Männertanz in den Distrikten Sanguem, Ponda, Canacona und Pernem, Dhalo, Fugdi – Frauentänze). Gruppen von Musikanten und Tänzern

Familie bei einem Fest im Shri Ramnath-Tempel (Distrikt Ponda)

ziehen von Haus zu Haus und sammeln Geld für ihre Darbietungen *(tali)*. Während des Holi-Shigmo ist fast jeder Unsinn erlaubt. Auf den Straßen kann es passieren, daß man von ausgelassenen Jugendlichen mit Farbpulver *(gulal,* rotes Pulver; *neel,* blaues Pulver) oder eingefärbtem Wasser bespritzt wird.

Das Gulal- oder Shigmo-Fest in Zambaulim im Taluka Sanguem, das zu Ehren des Gottes Damodar abgehalten wird, ist in ganz Goa berühmt. Sieben Tage lang wird dort ein großes Volksfest mit Musik, Tanz und Theateraufführungen veranstaltet. Die Gulal-Zeremonie findet immer dienstags statt.

Nach Dussera, einem zehntägigen Fest zu Ehren der Göttin Durga im September/Oktober, ist Diwali ein weiteres großes Ereignis im Herbst (Oktober/November), das seine Tradition in ganz Indien hat. Während des Lichterfests werden Öllampen, Kerzen und elektrische Lichter in den Häusern aufgestellt und Knall- und Feuerwerkskörper angezündet.

Das Geburtstagsfest des elefantenköpfigen Gottes Ganesha im September heißt Ganesh Chaturthi. Heiligenbilder des dickbäuchigen Gottes, aus Terrakotta oder Papier und Pappe, werden im Haus aufgestellt und mit Blumengirlanden geschmückt. Dort verehren die Gläubigen es mehrere Tage lang, bis das Kultbild der Gottheit in einer feierlichen Prozession im Wasser (Fluß, Meer, Brunnen) versenkt wird.

den letzten Jahrzehnten wieder zur vorherrschenden Religionsform der Bewohner des Landes geworden. Unvorbereiteten Besuchern mag der Hinduismus mit dem schier unendlich erscheinenden Pantheon als eine kaum durchschaubare Religion erscheinen. Die vielen Geschichten und Inkarnationen, in denen sich die hinduistische Götterwelt manifestiert hat, die verschiedenen Aspekte, die ein und dieselbe Gottheit in sich birgt, sind für viele Andersgläubige seit je schwer verständlich gewesen. Engstirnige Christen und Muslime haben den Hindus daher auch stets ›Vielgötterei‹ vorgeworfen. Sie haben sie verfehmt, ihre Götterbilder und Tempel zerstört und sie zu bekehren versucht, ohne offenbar auch nur im entferntesten zu verstehen, daß die hinduistische Götterwelt lediglich die Vielfältigkeit des großen Einen, des Göttlichen repräsentiert.

Der Hinduismus als Religionsform hat sich im Laufe der Zeit aus dem Vedismus (ca. 1200 v. Chr.) entwickelt, der als eine Art Naturreligion mit seinen höchsten Götterhelden Indra (Regen/Donner), Agni (Feuer), Surya (Sonne) und anderen vergöttlichten Naturgewalten eine gewisse Ähnlichkeit mit dem iranischen Awesta aufweist. Dem Vedismus folgte der Brahmanismus, der die Opferrituale und die Kastenteilung der Gesellschaft (1. Brahmanen – Priester, 2. Kshatriyas – Krieger, 3. Vaisyas – Bauern und Händler, 4. Sudras – Knechte,

5. Parias – Kastenlose) dogmatisch in seinen Schriften festlegte.

Für einen Hindu ist die Welt ewig und befindet sich in einem ununterbrochenen Prozeß des Werdens und Vergehens. Hier hat auch die Vorstellung von der Wiedergeburt und vom *karma* (Tat) ihren Platz. Seinen Taten entsprechend, wird der Gläubige in seinem nächsten Leben als Pflanze, als Tier oder Mensch wiedergeboren. Das höchste Ziel, das ewige Gesetz der sich immer wieder reinkarnierenden Seelen zu überwinden, können Hindus nur schrittweise erreichen, indem sie ein tugendvolles, dem Gebot ihrer Kaste entsprechendes Leben führen.

Das vielgestaltige Hindu-Pantheon, das auch Dorfgottheiten, Geister und Dämone einschließen kann, wird überragt von der Götterdreiheit Brahma, Vishnu und Shiva. Während die Bedeutung des Schöpfergottes Brahma im Laufe der Jahrhunderte zurückgetreten ist, kann man heute vereinfachend zwei Hauptrichtungen unterscheiden: den Vishnuismus und den Shivaismus. Vishnu ist der ›Erhalter‹, der in neun Hauptinkarnationen (*avataras*: 1. Matsya – Fisch, 2. Kurma – Schildkröte, 3. Varaha – Eber, 4. Narasimha – Löwenmensch, 5. Vamana – Zwerg, 6. Parashurama – Rama mit der Streitaxt, 7. Rama – Königsheld des Ramayana-Epos, 8. Krishna – Mitstreiter der Pandavas im »Mahabharata« und Verkünder der »Bhagavadgita«, 9. Buddha – Gautama Siddhar-

Meist unzertrennlich: Shiva und sein
Vahana (Reittier), der Stier Nandi

lichen Partners Shiva. Sie kann als
Devi schön und sanft, aber als Durga
oder Kali auch äußerst grausam
sein.

Ganesha und Karttikeja (auch
Skanda oder Kumara) sind Söhne
von Shiva und Parvati bzw. Durga.
Der elefantenköpfige Ganesha, für
die Überwindung von Hindernissen zuständig, ist Beschützer der
Gelehrsamkeit. Der sechsgesichtige Kriegsgott Karttikeja wird vor allem in Süd-Indien verehrt, aber von
Frauen gemieden, weil er sie zu
Witwen machen könnte.

Die meisten Hauptgottheiten
des Hindu-Pantheons werden auch
in Goa verehrt, nur haben sie dort

Ganesha, der elefantenköpfige Sohn
von Shiva und Parvati

tha Buddha) die Welt vor dem Untergang errettet hat. Shiva ist der
›Zerstörer‹ und ›Wiederhervorbringer‹. In seinem kosmischen Tanz
als Nataraja vernichtet und erschafft Shiva zugleich. Symbol seiner Schaffenskraft ist der *linga*. Den
männlichen Göttern sind weibliche ›Ergänzungen‹ zur Seite gestellt. Sarasvati, die Göttin der
Weisheit, Wissenschaft und Kunst,
ist die Gattin des Brahma. Lakshmi,
die Glücksgöttin, die für Schönheit
und Reichtum zuständig ist, gehört
zu Vishnu. Die Identität von Parvati, der Gemahlin des Shiva,
ist ebenso vielschichtig und scheinbar
widersprüchlich wie die ihres gött-

Francisco Xavier

Ein Jesuit in Goa

Francisco Xavier y Jassu, am 7. 4. 1506 in Navarra in eine Adelsfamilie hineingeboren, war während seiner Studienzeit an der Sorbonne Kommilitone des Ignatius von Loyola (1491–1556), dem berühmten Ordensgründer der Gesellschaft Jesu (Societas Jesu, abgekürzt SJ). Im Jahre 1534 schlossen sich Loyola und Xavier mit fünf weiteren Geistlichen zu einer Priestergesellschaft zusammen, aus der 1540 die von Papst Paul III. anerkannte Gesellschaft Jesu wurde. Im Zeitalter der Gegenreformation hatte die Bruderschaft sich die bedingungslose Loyalität gegenüber dem Papst und die rigorose Bekämpfung des Ketzer- und Heidentums auf ihre Banner geschrieben. Julius III. stattete 1543 den Orden mit Vorrechten aus, wie sie keiner anderen Bruderschaft je zuteil wurden. Die Privilegien des Papstes und vieler europäischer Herrscherhäuser, die militärisch-autoritäre Ausrichtung der Ordensstruktur und nicht zuletzt die Mischung aus schwärmerischer Frömmigkeit und dem Willen zur politischen Macht ließ die Gesellschaft Jesu zu einer der stärksten und gefürchtetsten religiösen Bruderschaften werden.

Kurz nachdem die Portugiesen an der indischen Westküste Fuß gefaßt hatten, war es Miguel Vaz Coutinho in nur zwei Jahren (1535–37) gelungen, unzählige Perlenfischer im Süden Indiens zum Christentum zu bekehren. Es schien die Stunde der Jesuiten zu sein. Hatten sie zuvor noch all ihre Aufmerksamkeit auf das Morgenland gerichtet, taten sich nun in den neuen Kolonien ungeahnte Möglichkeiten auf.

Auf Anraten von João III. (1521–57) und mit ausdrücklicher Unterstützung des Papstes konnte Ignatius von Loyola Missionare in die frisch eroberten Überseegebiete entsenden. Einer von ihnen war Francisco Xavier. Der Missionar erreichte Goa am 6. 5. 1542. Auf Wunsch von Miguel Vaz lehrte er einige Monate am St. Paulus-Kollegium in Alt-Goa, aber noch im selben Jahr zog es ihn in den Süden. Unter den Fischern von Kerala soll Xavier innerhalb kürzester Zeit 30 000 Menschen bekehrt und getauft haben.

1545 reiste Xavier nach Malakka weiter, wo er das Evangelium ins Malaische übersetzen ließ. Drei Jahre später kehrte er nach Goa zurück, um 1549 von dort zu seiner großen Japan-Expedition aufzubrechen. In Goa bereitete er 1552 auch seine letzte große Reise vor, die ihn nach China führte. Ohne daß er die Erlaubnis erhalten hatte, das

Reich der Mitte zu betreten, starb Xavier am 3. 12. 1552 nur 46jährig vor der chinesischen Küste auf der kleinen Insel Sancian bei Kanton, wo er von einem seiner Begleiter beeerdigt wurde. Als einige Monate später ein Mitbruder nach Sancian kam und das Grab öffnete, um Xavier noch einmal zu sehen, fand er die sterbliche Hülle so unversehrt vor, als schliefe der Tote nur. Diese Sensation drang bis Goa vor, und 1554 brachte man den Leichnam nach Alt-Goa, wo er im Paulus-Kollegium aufgebahrt wurde. Tausende von Gläubigen strömten zusammen, um von dem Verehrungswürdigen Abschied zu nehmen. 1613 wurde Xavier feierlich in die Bom Jesus-Kirche überführt. Bei dieser Gelegenheit erbat sich auch der Papst eine Reliquie. Man schickte ihm den rechten Unterarm, der seit 1615 in Il Gesù in Rom ruht. 1622 sprach Papst Gregor XV. Francisco Xavier und Ignatius von Loyola als erste Mitglieder des Jesuitenordens heilig. Noch heute ist Xavier der Patron der Seefahrer und Glaubensboten. Seit 1636/37 liegen die Gebeine des Heiligen in einem prächtigen Silberreliquiar, das von goanischen Silberschmieden hergestellt wurde (vgl. S. 98). Der Sarkophag, über dem das Reliquiar steht, wurde vom toskanischen Herzog Cosmas III. Medici gestiftet und 1698 in der Kapelle aufgestellt.

Xaviers Berühmtheit in Goa ist sicher auch einer guten Kirchenpropaganda zuzuschreiben, er hatte sich ja kaum in Goa aufgehalten. Gerne wird er als aufopfernder Gottesdiener dargestellt, der – bescheiden und gütig – die Dörfer der Armen und Unterprivilegierten aufgesucht und dort das Evangelium verbreitet habe. Ganz so sanftmütig darf man sich den Missionar indes nicht vorstellen. Es ist bekannt, daß Xavier sich 1545 in einem Schreiben an König João III. für die Einführung der Inquisition in Indien einsetzte. Kirchenpolitisch war seine Arbeit zweifellos von großer Bedeutung. Seine Expeditionen in das ferne Asien ermöglichten nicht zuletzt die bessere Planung weiterer Missionskampagnen.

Alle zehn Jahre werden die Gebeine Xaviers in der Sé-Kathedrale aufgebahrt; 1994 kamen mehrere 100 000 Gläubige zu diesem Ereignis nach Goa. Unter ihnen sollen 25 % Hindus gewesen sein.

andere Namen als landläufig bekannt. Vielfach repräsentieren die Benennungen ganz bestimmte Aspekte einer Gottheit. So kann Shiva in Goa als Saptakoteshwara, als Mahadeva, Mangueshwar, Nangesh, Bhairava oder Betal verehrt werden. Parvati, der Gemahlin von Shiva, sind in Goa mehrere Tempel unter dem Namen Shanta Durga geweiht. Als Shanta Durga ist sie die Friedensgöttin, die einen Kampf zwischen Shiva und Vishnu schlichtete. Durga-Kali kann auch Kalikadevi oder Vijayadurga genannt werden. Hinter den Bezeichnungen Narayan, Narasinha oder Vitthala verbirgt sich Vishnu. Seine Gemahlin Lakshmi wird in Goa auch als Mahalakshmi, Mahalsa oder Gajalakshmi bezeichnet. Der elefantenköpfige Sohn von Shiva und Parvati, Ganesha, heißt in Goa wie in Süd-Indien Ganapati.

Die kulturelle Vielfalt eines so kleinen Landes wie Goa läßt sich auch dadurch erklären, daß die sogenannten ›neuen Besitzungen‹ erst im späten 18. Jh. fest in portugiesische Hände übergingen. Lange Zeit konnten sich daher durch das Mit- und Gegeneinander sehr verschiedener politischer und religiöser Kräfte unterschiedliche Traditionen entwickeln.

Hinzu kommt, daß selbst dort, wo die Kolonialmacht und ihre Kirche alles fest im Griff zu haben glaubte, die volkstümlichen Bräuche, die traditionellen Glaubensinhalte, die alten Feste, Lieder und Tänze weiterlebten. Wo es nicht anders ging, hatte man ihnen lediglich ein christliches Mäntelchen übergeworfen, die Tradition selbst blieb aber erhalten. So ist es zu erklären, daß mitunter hinduistische Gottheiten auch einen Platz im goanischen Christentum behaupten. Zumindest haben manche Neu-Christen ihre alten Hausgottheiten und ihre Kastenzugehörigkeit nicht vergessen. Den Gottheiten wird schon mal ein Opfer dargebracht, und sich im Tempel von Brahmanen die Zukunft voraussagen zu lassen, kann schließlich auch nicht schaden. Auch die Familienfeste der Christen, wie Hochzeiten oder Beerdigungen, sind teilweise noch von alten Traditionen durchdrungen. So ist die Trauerfarbe der Christen üblicherweise Schwarz, die der Hindus Weiß. Hat jedoch ein Christ seinen Ehepartner verloren, trägt er in Goa ebenfalls ein weißes Gewand.

Wenn auch der katholische Klerus immer wieder von Zeit zu Zeit Verbote erließ, die dem ›Durcheinander‹ von Hinduismus und Christentum Einhalt gebieten sollten, was sogar so weit führte, bestimmte Musikinstrumente bei Familienfeiern zu verbieten, hat dies speziell in den ländlichen Gebieten nicht viel genutzt. Einen schon fast rührend anmutenden Aspekt dieser kulturellen Durchdringung kann man in den frischen Blumengirlanden erkennen, die allenthalben an Wegkreuzen hängen oder unter die christlichen Andachtsbildchen gelegt werden.

Topiwalas und Tulsi-Bäume

Vom Zusammenleben der Hindus und Christen

Ob ein Haus von Christen oder von Hindus bewohnt wird, kann man in Goa häufig schon von fern erkennen. Auf vielen der Christenhäuser im Norden Goas kann man eine Dachreiterfigur aus Terrakotta erkennen, die einen Mann in Safari-Uniform mit Tropenhelm darstellt. Es handelt sich um einen Topiwala. Zuweilen ist seine rechte Hand zum militärischen Gruß erhoben, oder die Plastik ist martialischer, weil mit einem angelegten Gewehr ausgestattet. Ein Topiwala ist – allgemein übersetzt – ein Mann *(wala)* mit Hut *(topi)* und bezeichnet zumeist einen Europäer oder einen Menschen, der sich für einen solchen ausgeben will. Ursprünglich wurde der Begriff nur für Portugiesen und deren Nachfahren verwendet, die sich mit den Einheimischen vermischt hatten. Später wurde die Bezeichnung allgemeiner auf alle Menschen mit einem Hut, einer traditionell nicht-indischen Kopfbedeckung, übertragen. Der Topiwala als Fassadenrequisit ist ein Symbol der Wachsamkeit. Nicht selten wird er durch eine Hahnenfigur ergänzt, die auf den Dächern der Katholiken wohl eine ähnliche Bedeutung hat, wie die Turmhähne auf unseren Kirchen, wo sie den gläubigen Christen zur Einkehr mahnen. Als aufmerksamer Rufer und als Verteidiger seiner Hennenschar ist zwischen der christlichen und profanen Symbolik der Hahnenfigur schwer eine Grenze zu ziehen.

Der heilige Tulsi-Baum (Sanskrit *tulsi* oder *tulasi*), eine Basilikumpflanze, gehört in der Regel zum Vorbereich eines jeden Hindu-Hauses und Tempels. Die kleinen Bäumchen werden in Töpfe gepflanzt und auf einem Pedestal aufgestellt, das oft sehr bunt angestrichen oder weiß getüncht ist. Das Ganze hat Altarfunktion, mindestens einmal am Tag finden sich die Gläubigen vor dem *tulsi* ein und verrichten die *puja,* ihr Gebet.

Daß auf den Grundstücken der Christenhäuser Kreuze stehen, ist in Goa wohl auch mit der alten Tradition des *tulsi vrindavan* verbunden. Hatten die Hindus als Symbol ihrer Gottesfurcht die Basilikumpflanze vor ihre Wohnstätten gesetzt, waren sie als konvertierte Christen diesem Prinzip treu geblieben und stellten das Zeichen ihres neuen Glaubens auf. So könnten denn auch die barocken Einzelkreuze vor einigen Kirchenbauten als Varianten zu dem Thema des Tulsi-Baums im Tempelbezirk gesehen werden.

Die Tulsi-Bäume vor den Häusern der Hindus gelten als Symbole der Gottesfurcht

Nachdem die zum Teil grausamen Bekehrungsbemühungen der katholischen Kirche im 18. Jh. nachgelassen hatten, war im Prinzip der Weg in Goa frei für ein friedliches Miteinander der verschiedenen Glaubensrichtungen und Kulturauffassungen. Heute leben Hindus und Christen Haus an Haus. Selbst die Gebiete, die früher reines ›Christenland‹ waren, wie die ›alten Besitzungen‹ Tiswadi (Ilhas), Bardez, Mormugao und Salcete, sind heute wieder gemischt, nachdem Hindus aus dem Hinterland und den Nachbarstaaten hinzugezogen sind.

Das tolerante Miteinander, das in anderen indischen Bundesländern keineswegs selbstverständlich ist – liest und hört man in Abständen doch immer wieder von blutigen Auseinandersetzungen zwischen Sikhs und Hindus, zwischen Muslimen und rechtsradikalen Hindu-Orthodoxen –, verleiht dem kleinen ländlichen Goa einen gewissen kosmopolitischen Aspekt. So werden die christlichen Goaner mit Sicherheit ihren Hindu-Freunden und Nachbarn zum Ganesh Chaturthi die besten Wünsche übermitteln, und letztere werden zu Weihnachten, Neujahr oder Ostern die Höflichkeiten erwidern.

Mancher christliche Heilige wird sogar auch von Hindus verehrt. Schließlich haben sie selbst den Religionsstifter Buddha als neunte Inkarnation von Vishnu problemlos in ihr Pantheon integriert. Jesus Christus als Sohn Gottes anzuerkennen, stellt für Hindus nicht die geringste Schwierigkeit dar, und so wird man sie nicht selten in Kirchen antreffen, wo sie Kerzen vor dem Altar der Muttergottes anzünden.

Brauchtum

Die verschiedenen Tempelfeste im Jahr (vgl. S. 50 f.) geben den Goanern Gelegenheit, ihren religiösen Verpflichtungen nachzukommen, sie sind aber auch Anlässe für Kommunikation, Spiel und Musik. Kein Tempelfest wäre vollkommen ohne die Aufführung eines Theaterstücks oder Musikdramas. Zagor wird vornehmlich von den goanischen Ureinwohnern, den Gaudas, aufgeführt (vgl. S. 42 f.).

Beim sehr traditionsreichen, auf religiöse Ursprünge zurückgehenden Jagar handelt es sich um ein volkstümliches Tanzdrama mit mythischen oder profanen Inhalten. Der Perani Jagar ist der Volksgruppe der Peranis vorbehalten, deren Profession das Theaterspiel ist. Die maskentragenden Charaktere der Stücke sind zum Teil festgelegt. Die Themen drehen sich meist um Menschen, Tiere und Gottheiten, die in Handlungen um die Entstehung der Welt verstrickt sind.

Der Jagar mag auch das moderne Theater in Goa, das *tiatr* (Konkani: *tiatr* – eine Verballhornung des portugiesischen *teatro*), beeinflußt haben. Das zeitgenössische *tiatr*, – man unterscheidet das musikalisch begleitete *tiatr* vom *khel* (auch *kell*) *tiatr*, das ohne Musik, Tanz und Lieder auskommt –, geht in seinen Anfängen auf das Jahr 1891 zurück, als die Goa Portuguese Dramatic Society gegründet wurde. Die ersten Aufführungen waren stark von den europäischen Operetten beeinflußt, und auch heute noch lebt das *tiatr* vornehmlich von der musikalischen Untermalung, einer Mischung aus östlichen und westlichen Klängen. Die 1968 gegründete Kala Academy hat sich in den letzten Jahren der Förderung des modernen *tiatr* angenommen.

Unter den zahlreichen Volkstänzen haben einige lange Traditionen. Der Mussal Khel soll in seinen Ursprüngen auf das 14. Jh. zurückgehen. Dieser Tanz wird heute auch während der Karnevalszeit aufgeführt, insbesondere in Chandor, wo er der Legende zufolge das erste Mal zu Ehren des Vijayanagar-Königs Harihar dargebracht wurde, der die Stadt von den an-

Musikant auf einem Markt in Bardez

Wenn König Momo regiert

Der goanische Karneval

Zweifellos gehen die Ursprünge des Karnevals in Goa auf portugiesische Einflüsse zurück. Schließlich haben die Portugiesen und Spanier den Karneval auch nach Brasilien und in weite Teile von Lateinamerika getragen. In Goa lassen sich indessen auch gewisse Traditionen aus den hinduistischen Holi-Shigmo-Festen ableiten, die schon lange vor dem Einzug der Europäer jeweils am Frühlingsanfang stattfanden. Das übermütige und respektlose Treiben, das während des Holi-Shigmo erlaubt war, das Werfen von Farbbeuteln, die Aufführungen von Khel-Darbietungen, in denen auch die Verspottung von Respektpersonen, wie dem Dorfvorsteher *(patel)* oder dem Großgrundbesitzer *(bhatkar)*, geduldet war, hat zweifellos Ähnlichkeiten mit manchen Aspekten der ›tollen Tage‹, wie wir sie in Europa kennen.

Während der portugiesischen Zeit wurde der Karneval von der Kirche nie offiziell als christliches Fest akzeptiert, wohl aber geduldet. Eine Erlaubnis für die satirischen Khel-Aufführungen, die nun auch in den Karneval einflossen, mußte vorher bei den portugiesischen Behörden eingeholt werden. Zu Zeiten des rigiden Salazar-Regimes (1932–68) war der Brauch, Karneval zu feiern, stark eingeschränkt und mehr in die Privathäuser und Klubs verdrängt, so daß schließlich nach der Befreiung Goas nicht mehr viel von dem fröhlichen Treiben übrig war.

In den 70er Jahren begann sich dann schließlich das Ministerium für Tourismus an den Karneval zu erinnern. Man glaubte, mit einer Revitalisierung des Festes auch mehr Touristen in das Land locken zu können. Ob das Ergebnis ganz so durchschlagend war, wie die Beamten im Ministerium sich das vorgestellt hatten, bleibt dahingestellt, denn der goanische Karneval ist, verglichen mit den Superlativen, die in Brasilien auf die Zuschauer warten, eher provinziell und brav. Dennoch haben viele Goaner wieder Spaß an der ›jecken Zeit‹ bekommen und am ›Fett-Samstag‹ versammeln sich Tausende in Panjim, um dem bunten Wagenkorso mit ihrem Prinz Karneval, King Momo, sowie den verschiedenen Musikantentruppen zuzujubeln. Auf dem Kirchplatz der Lady of Immaculate Conception, dem Ziel des Narrenzugs, verkündet König Momo dann die Gebote seiner nur kurzfristig geliehenen dreitägigen Herrschaft: Er befiehlt seinen Untertanen, ihre Sorgen zu

vergessen und ausgelassen und fröhlich die Stunden bis zum Aschermittwoch zu verbringen.

Den Höhepunkt unter den sich anschließenden Faschingsbällen bildet der Red and Black Dance am Karnevalsdienstag vor dem Gebäude des Clube Nacionale in Panjim. Ganze Straßenzüge werden für dieses Ereignis abgesperrt, die Altstadt gerät zu einer großen Freilichtbühne mit operettenhaftem Charme. Hier treffen sich jung und alt, Goaner und Fremde, hier sorgen Live-Bands für lautstarke Unterhaltung und Tanzmusik bis zum Morgengrauen. Zwar ist der offizielle Beginn des Balls mit 22 Uhr angekündigt, doch braucht man sich vor 23 Uhr nicht blicken zu lassen. Dann muß man sich noch ein rotes T-Shirt organisieren und ein schwarzes Bekleidungsstück. Obwohl das Fest unter keinem Maskenzwang steht, ist ein rot-schwarzes Outfit ein absolutes ›Muß‹. Andere Bälle finden in Margao, Fatorpa, Varca und Sinquelim statt. Selbst das Goa Medical-College richtet einen Tanzabend in Bambolim aus. Bei den meisten Veranstaltungen ist man auch als Fremder willkommen. Indes sollte man nicht versuchen, eine unbekannte Goanerin zum Tanze aufzufordern. Das könnte einen in Schwierigkeiten bringen.

greifenden Cholas befreite. Die in historische Kostüme gekleideten Tänzer sind mit Stöcken und Fakkeln ausgerüstet, in ihrer Mitte ist ein Tänzer als Bär verkleidet.

Der Veerbhadra hat seine Wurzeln in Ponda. Der mit zwei Säbeln tanzende Hauptakteur stellt Veerbhadra dar, den Sohn von Shiva, der aus dem Haar des Gottes geschaffen wurde. In den Distrikten Sanguem und Bicholim ist dieser Tanz mitunter auch zu sehen. Der Ghode-Modni stammt aus dem nördlichen Goa. In Rajputen-Kostüme gekleidet und mit Holzpferden und Schwertern ausgerüstet, erinnern die kriegerisch agierenden Tänzer an den Sieg der Hindu-Fürsten über die Portugiesen.

Bullenkampf in Benaulim im Distrikt Salcete

Eine Mixtur aus westlichen und indischen Einflüssen zeigt der Dekhni-Tanz, der von singenden Frauen in Gruppen dargeboten wird. Auch der Mando verquickt indisches Musikgut mit okzidentalen Instrumenten (Geige, Gitarre) und Melodien. Bei diesem Tanz ist der westliche Einschlag stärker zu verspüren als beim Dekhni. Die getragenen, sentimentalen Liebeslieder werden gern gesungen und auf Tanzbällen gespielt. Der Corredinha ist ebenfalls ein europäisch beeinflußter Gesellschaftstanz.

Ein sehr populärer Sport in Goa ist Fußball. Fast jedes Dorf hat einen Bolzplatz, auf dem die Jugendlichen abends trainieren. Viele von ihnen träumen wahrscheinlich davon, einmal als Profispieler vom Dempo-Club geholt zu werden.

Zu den traditionellen Vergnügungen der männlichen Landbevölkerung gehören Bullenkämpfe,

Der Mando

Ein Stück von Goas Seele

Der Mando ist ein typisch goanisches Lied, das seinen Siegeszug im 19. Jh. antrat, dessen Ursprünge aber sicherlich weit davor liegen. Vornehmlich in christlichen Kreisen gesungen und getanzt, bilden Rhythmus und Melodie des Mando eine eigenartige Mischung aus indischem und westlichem Musikgut. Die Sehnsucht und der Schmerz, der in manchen Mandos zum Ausdruck kommt, hat etwas gemein mit dem Fado, dem ›Schicksalslied‹ der Portugiesen. Indes ist der fatalistische Lebenspessimismus, der in den Fados vorherrscht, beim Mando weniger ausgeprägt, was letztlich auch darin zum Ausdruck kommt, daß zum Mando getanzt werden kann und zum Fado nicht.

Ein Mando beginnt meist langsam, ernst und leise, ja auch zärtlich, um dann immer schneller, rhythmischer und lauter zu werden. Dann können die Tänzer schon mal außer Rand und Band geraten. Hierbei bricht dann scheinbar das ›indische‹ Temperament durch, was sich auch im Rhythmus und den folkloristischen Perkussionsinstrumenten ausdrückt. Man sagt vom Mando, er sei aus einer Mischung aus indo-westlicher Kirchenmusik, portugiesischen, spanischen und italienischen Balladen sowie portugiesischen Serenaden und der einheimischen Volksmusik entstanden. Diese Mischung wird auch an den Begleitinstrumenten deutlich. Die *ghumat,* das bauchige Schlaginstrument aus Terrakotta, ist indisch, Geige und Gitarre europäischen Ursprungs.

Neben dem Liebeslied Mando, das traditionell auf christlichen Hochzeitsfeiern gesungen wurde, gibt es auch einen politischen Mando. Dieser entstand im späten 19. Jh., als man seinem Unmut über politische Führer, Parteien und Gegner auch musikalisch Luft zu machen begann. Andererseits wurden Lobgesänge auf beherzte Revolutionäre, wie die legendären Ranes von Satari (vgl. S. 138 f.), oder einheimische Geistliche komponiert. Ein berühmter Mando ist der »Setembrache Ekvisaveri« (Am 21. September), der daran erinnert, wie am Wahltag des 21. 9. 1890 Regierungstruppen auf goanische Oppositionspolitiker in Margao schossen. Das Lied rühmt den Führer der Partido Indiano (Indische Partei) Dr. José Inacio de Loyola (1834–1902) sinngemäß mit dem Refrain: »Wie ehrbar ist unser Führer Loyola / ein Mann der sich seinem Volke widmet / er ist nicht selbstsüchtig und gönnt sich keine Nachgiebigkeit.«

die zwischen Wasserbüffeln ausgetragen werden, und Bullenwagenrennen. Hauptattraktion dabei sind die offiziell verbotenen Wettabschlüsse. Viele tausend Rupien wechseln bei solchen Veranstaltungen die Besitzer. Ein Gewinner ist in jedem Fall der Organisator, der bei einem Eintrittspreis von 15 Rupien pro Person gutes Geld macht.

Die goanische Küche

Die goanische Küche ist von unterschiedlichen kulturellen Einflüssen geprägt. Die allgemeine Regel, daß die Speisen um so schärfer werden können, je weiter man sich in den indischen Süden begibt, bestätigt sich schon in Goa, Vindaloo-Gerichte sind fast immer höllisch scharf. Sie entsprechen den sehr pikant gewürzten *masala*-Kompositionen (Curry-Mixturen), die auf dem übrigen Subkontinent gegessen werden. Interessant ist hierbei, daß der *chili*, ein Gewürz aus roten Paprikaschoten, das den meisten indischen Speisen erst die richtige Schärfe verleiht, von den Spaniern aus Amerika und von den Portugiesen nach Goa gebracht wurde. Die Schärfe vieler goanischer Gerichte wird aber häufig durch die Verwendung von Kokosnußmilch und Essig abgemildert.

Als traditionelle Reisesser verzichten die Goaner in der Regel auf Fladenbrote wie *chapati, roti* oder *nan,* die im indischen Norden zur Grundnahrung gehören. Mit den Portugiesen kamen jedoch verschiedene Brotsorten wie *poee/ poie/poyos* (port. *pāo*), *sannan/ saana* und *undo/undes* ins Land. Daneben wird heute fast überall Toastbrot, Milchbrot und Fruchtbrot gebacken. Vollkorn- und Grau-

Er verleiht den meisten indischen Gerichten erst die richtige Schärfe: der rote Chili

brot hat erst die ›Traveller‹-Szene in den Hippie-Zentren von Anjuna und Umgebung eingeführt.

Fisch gehört im küsten- und flußreichen Goa zum Grundnahrungsmittel, das auch Hindus, die im Prinzip alle tierischen Produkte außer geklärter Butter *(ghee)*, Milch Joghurt und Käse ablehnen, verzehren. Die mit Abstand beliebteste Speise ist das *fish-curry,* das man unter Beimischung von Chili und anderen Gewürzen sowie Kokosnußraspeln praktisch aus jeder Fischsorte zubereiten kann. Der am häufigsten gefangene Fisch, der *bangda* (Makrele) wird in den einfacheren *fish-curries* verarbeitet. Zu der recht dünnflüssigen und sehr würzigen Soße wird Reis gegessen. Das Fischangebot reicht von den mittlerweile recht teuren Langusten *(lobster)* und Tigergarnelen *(tiger prawns)* bis zu Krabben *(crabs)* und kleineren Garnelen *(shrimps)*. Ferner gibt es Tintenfisch *(squid)*, Hai *(shark)*, Thunfisch *(tuna)*, Königsdorsch *(kingfish)* und den köstlichen Plattfisch namens *pomfret*, eine Brachsenmakrelen-Art, die vielleicht am treffendsten als eine Mischung zwischen Scholle und Butt zu beschreiben ist.

Daß in Goa Schweinefleisch ganz selbstverständlich auf die Speisekarte gehört, geht natürlich auf die portugiesischen Einflüsse zurück. Beliebte Gerichte sind Spanferkel, der übliche Weihnachtsschmaus, und verschiedene Curry-Arten wie *sorpotel,* ein Eintopf auf Essigbasis mit Schweinefleisch und Schweineleber. *Cibadel* heißt das Gericht, wenn zur Soße Schweineblut hinzugefügt wurde. Schweine-*indad* wird in einer süß-sauren Soße gekocht, und beim *xacuti* ist die Schärfe ein wenig durch die Kokosnußmilch gemildert. Darüber hinaus gibt es unterschiedliche Arten von Schweinewürstchen. *Chorizo*-Würstchen müssen vor dem Servieren 24 Stunden in einem *masala*-Sud marinieren und werden in einer roten Soße serviert, die säuerlich-scharf und mit Knoblauch durchzogen ist. Suppen, ebenfalls ein europäisches Erbe, gibt es in allen Variationen. Die *sopa gossa* besteht aus verschiedenen Gemüsesorten in Fleisch- und/oder Reisbrühe. Die *guisado* ist eine Suppe auf Tomatenbasis.

Eine der berühmtesten Süßspeisen ist *bebinca,* eine Komposition aus Mehl, Eiern, Kokosnußmilch, Butter und Zucker. Überhaupt sind die Goaner ›berüchtigt‹ für ihren Hang zu Süßspeisen. So besitzen verschiedene Konfiserien, Konditoreien und Bäckereien eine hohe Reputation im Lande.

Bombay bhelpuri, diesen kleinen köstlichen Imbiß am Straßenrand, mag sich der Besucher gönnen, dessen Magen sich schon ›akklimatisiert‹ hat. Auch in Goa kann man die ursprünglich aus Bombay stammenden *bhelpuri*-Stände antreffen, die vegetarisches ›Fastfood‹ zum Spartarif anbieten. Das bhelpuri besteht meist aus Puffreis, Kichererbsen und Linsen mit gehackten Kräutern und Zwiebeln, über das eine süß-säuerliche Soße gegossen wird. *Panipuri* ist ein in Fett gebackener Weizenpuffer, der an einer Stelle eingestochen und mit Tamarindenwasser gefüllt wird. Andere Imbisse sind mit Gemüse oder Fleisch gefüllte Teigtaschen wie *pakoras* (aus Kartoffel- oder Kichererbsenmehl) und *samosas* (aus Weizenmehl), die in heißem Fett gebacken werden.

Kunst und Kultur

Durch seine exponierte Lage an der Arabischen See und die vielfachen Segnungen der Natur hat Goa seit je die Aufmerksamkeit der Menschen auf sich gezogen. Wären nicht verschiedene Völker auch in kriegerischer Absicht und mit religiös-fanatischen Ansichten gekommen, es gäbe vieles mehr an Kunstschätzen und Bauwerken zu bewundern.

Zu den ältesten Tempelanlagen in Goa gehören die Höhlentempel in Arvalem (5. Jh. n. Chr.), Rivona (7. Jh. n. Chr.?), Lamgao (6.–8. Jh. n. Chr.) und Candepar/Khandepar (10.–11. Jh. n. Chr.). Die ersten beiden sind möglicherweise buddhistischen Ursprungs und somit eventuell viel älter als ihre spätere Nutzung als Hindu-Heiligtümer vermuten läßt. Ausgrabungen in Chandor, dem legendären Chandrapur im Distrikt Salcete, brachten archäologisch interessante Befunde zutage, wie die Fundamente des frühesten Backsteintempels in Goa aus dem 7. Jh. n. Chr., der Shiva geweiht war. Außer einer fragmentarischen Nandi-Statue (ebenfalls 7. Jh.), dem Reittier des Shiva, wird der ungeübte Betrachter vor Ort indes nicht mehr viel entdecken können.

Die Zeit zwischen dem 10. und 13. Jh., in der die legendären Kadamba-Könige in Goa regierten und es zu einem prosperierenden Land machten, ist kunsthistorisch etwas besser belegt. Zwar sind die meisten der Basalttempel, welche die Kadambas im Kernland von Goa (*old conquests:* Ilhas, heute Tiswadi genannt, Bardez und Salcete) errichten ließen, nicht mehr erhalten, aber die Skulpturfragmente, die man heute im Archäologischen Museum von Alt-Goa bewundern kann, lassen auf die künstlerische Qualität der zerstörten Bauwerke schließen.

Eine konkrete Vorstellung von der damaligen Sakralarchitektur vermittelt der kleine Shiva-Tempel in Tambdi Surla im Taluka Sanguem. Wahrscheinlich blieb er nur deshalb von den bilderstürmenden Muslimen und Portugiesen verschont, weil er abseits der Städte und Hauptverkehrswege in einem vergessenen Tal am Fuße der Ghats liegt. Der Basaltsteintempel mit Vorhalle *(mandapa)*, Versammlungshalle *(antarala)* und Cella *(garbhagriha)*, über der sich ein *shikhara*-Turmaufbau erhebt, datiert in das 13. Jh.

Höhlentempel in Arvalem (5. Jh.)

Das im Überfluß vorhandene und leicht zu bearbeitende Lateritgestein wurde nicht nur für Profanbauten, sondern auch in der Tempel- und später der Kirchenarchitektur verwendet. Ein kleiner Tempel in Opa, Distrikt Ponda, zeugt von einer Mischtechnik, in der man Laterit in den Außenmauern verbaute und lediglich die Innenwände, Türrahmungen, Säulen und Decken mit dem wertvollen Basaltstein auskleidete. Auch diese Kultstätte stammt, ebenso wie ein weiterer, Shiva geweihter Tempel in Curdi, Taluka Sanguem, aus der späten Kadamba-Periode (13. Jh.).

Mit dem Untergang der Kadamba-Dynastie Anfang des 14. Jh. sah sich Goa wiederholten Angriffen und Belagerungen muslimischer Herrscherhäuser aus dem Norden ausgesetzt. Govapuri (auch Gopakpurana, Gove und Vodlem Goem genannt), die zweite Hauptstadt der Kadambas, mußte aufgegeben werden, und Chandrapur (Chandor) wurde 1327/28 von Muhammad-ibn-Tughluq verwüstet. Weitere Zerstörungen richteten um die Jahrhundertmitte die Bahmanis an. Sie überrannten das Land, verfolgten die Hindus und rissen ihre Tempel nieder. Von etwa 1380 bis 1472 kehrte unter dem Schutz des Königshauses von Vijayanagar wieder Frieden im Land ein, um 1472 wurde Goa jedoch von dem Bahmani-Mitregenten Mahmud Gawan zurückerobert, und 1510 fiel es dann schließlich an die Portugiesen.

Die Kirche Bom Jesus in Alt-Goa wurde zwischen 1594 und 1605 errichtet

Vor dem Hintergrund dieser abwechslungsreichen Geschichte muß auch die der Kadamba-Zeit nachfolgende Baukunst in Goa gesehen werden. Die einzige Moschee, die aus der Zeit der muslimischen Eroberungen in Goa noch steht, ist die um 1560 unter Ali Adil Shah von Bijapur errichtete Safa Masjid in Ponda. Anscheinend konnten die kriegerischen Sultanatsherrscher nie sehr viel Zeit für den Bau von Moscheen und Palästen erübrigen. Vom Palast des Adil Shah in Alt-Goa blieb nur ein Tor erhalten. Dieses gegenüber der St. Cajetan-Kirche zu besichtigende Fragment ist das Portal eines Hindu-Tempels aus dem 12. Jh., das Adil Shah wohl als Sinneszeichen des Triumphs über die Hindus in seinen Palastbau einfügen ließ.

Mit der Ankunft der Portugiesen begann die Bautätigkeit an großen christlichen Gotteshäusern und Konventen, an Häfen und Fortifikationen, an Städten und ländlichen Villen. Auch davon wurde im Laufe der Jahrhunderte vieles zerstört oder liegt heute in Ruinen.

Die erste Kirche Goas war die St. Katharinenkirche, die zum Dank des Siegs der Flotte des Alfonso de Albuquerque am 25. 11. 1510, dem Tag der hl. Katharina, zwischen 1512 und 1513 in Alt-Goa errichtet wurde. Zwar blieb von diesem Gotteshaus nichts mehr erhalten, doch gibt ein weiterer Bau aus dem Jahre 1543, die Ruine der Kirche Unserer Lieben Frau zum Rosenkranz, Zeugnis von der Architektur während der ersten Dekaden portugiesischer Präsenz in Goa. Die einschiffige Hallenkirche mit Querschiff und Apsis zeigt noch Reminiszenzen an romanische und gotische Bauformen mit subtilem indischem Einschlag, vor allem im Innern. Die hoch plazierten Fenster und der mächtige quadratische Glockenturm mit vier runden Eck- und Seitentürmen verleihen dem Gebäude einen wehrhaften Charakter, was sicherlich kein Zufall ist.

Im 17. Jh. kam es im Gefolge der Gegenreformation zu einem Siegeszug der Barockarchitektur auch in Goa. Die Jesuitenkirche Bom Jesus, zwischen 1594 und 1605 in Alt-Goa errichtet, steht am Anfang dieser Entwicklung. Die Sé-Kathedrale (1563–1631), die St. Cajetan genannte Kirche (1656–61) der Theatiner, welche Anklänge an St. Peter in Rom erkennen läßt, und die Kirche des hl. Franziskus von Assisi (1661) zeugen zumindest im Innern von dem überschwenglichen barocken Geist der Gegenreformation. Ein weiteres monumentales Beispiel der Sakralarchitektur des späten 17. Jh. ist die Santana-Kir-

che (1681–89) in Talauli(m) im Distrikt Tiswadi.

Als Anfang des 18. Jh. die Stadt Velha Goa aufgegeben wurde, war es auch mit dem Bau großartiger Gotteshäuser und Konvente vorbei. Wenn im Lande noch neue Kirchen entstanden, dann orientierten sich die Architekten zwar noch am bewährten barocken Baustil, aber um der Prachtentfaltung der Vorbilder nachzukommen, fehlte es an Geld.

Da mit dem Einzug der Portugiesen auch viele alte Hindu-Tempel zerstört wurden und die neuen Machthaber zum Zeichen ihrer Autorität Kirchen bevorzugt an den Orten der geschleiften Heiligtümer errichten ließen, kam es im Hinterland – unter dem Schutz der Marathen-Herrscher – zu Neubauten, die den geretteten Kultbildern wieder eine Heimat gaben. Diese goanischen Tempel aus dem 17. und 18. Jh. weisen aber stilistische Eigentümlichkeiten auf, die einmalig in Indien sind. Durch die Verschmelzung von europäischen und indischen, zum Teil sogar muslimischen Elementen, wurde aus den Kultbauten jener Zeit ein baugeschichtliches Kuriosum.

Wie traumatisch die Portugiesischen Pogrome auf die Hindu-Bevölkerung gewirkt haben müssen, zeigt, daß die meisten neuen Tempelbauten im Gebiet um Ponda nun mit Schießscharten in den Außenwänden der Cella-Umgänge versehen wurden. Im Allerheiligsten, dem *garbhagriha*, ›wohnte‹ schließlich nicht nur das Bild der

Lusitanische Villen

Ein Erbe der Portugiesen

Viele der prachtvollen lusitanischen Villen in Goa stammen aus der ersten Hälfte des 18. Jh., als die portugiesische Kolonialmacht eine letzte Blüte erlebte. Zwar war für Goa der europäische Gewürzhandel nicht mehr so wichtig wie zuvor, doch hatte es inzwischen einen Platz im Diamantenhandel erworben. Allerdings profitierte die portugiesische Kolonie Goa mehr von dem aus Brasilien und Ostafrika kommenden Reichtum als von eigenen Errungenschaften. Viele Goaner machten ihr Glück in Übersee, andere standen in hohen portugiesischen Diensten oder waren durch den Handel reich geworden.

Die Prachtvillen, von denen noch einige mit vollständigem Inventar aus barocken Möbeln, venezianischem und böhmischem Glas, chinesischem Porzellan, indischen Seiden und Brokaten erhalten blieben, unterscheiden sich im Prinzip nur in Größe und Ausstattung von den bescheideneren bürgerlichen Wohnhäusern.

Als Baumaterial diente der überall reichlich zur Verfügung stehende rötliche Lateritstein, der sich aufgrund seiner Weichheit leicht abbauen und in Quader schlagen läßt. Im Laufe der Zeit härten diese Steine aus, werden wasserresistent und passen sich hervorragend den klimatischen Bedingungen des Landes an. Der typische Grundriß einer indo-portugiesischen Villa ist quadratisch bis querrechteckig, zum Teil mit einem Innenhof und vorgelagerter oder umlaufender Veranda. Das Dach der Veranda – ein Wort, das übrigens aus dem Sanskrit stammt – ist zumeist bis kurz unter das ausladende Walmdach des Haupthauses hinaufgezogen, wodurch der Eindruck entstehen kann, das Gebäude sei zweistöckig. Die meisten Häuser haben jedoch nur ein Geschoß, das *piano mobile*.

Die hohen ausladenden, mit Pfannen gedeckten Dächer, die zum Hausinnern hin nicht mit Flachdecken abgehängt sind, sondern den Räumen so viel Höhe wie möglich lassen, sorgen für ein angenehmes Klima. Durch die Raumhöhe und die großen Fensteröffnungen ist ein Maximum an Ventilation möglich, was die Innentemperatur auch in der heißen Jahreszeit sehr erträglich werden läßt.

Der Haupteingang wird über den *balcao* erschlossen. Einige Treppenstufen führen auf den herausgezogenen, pyramidal überdachten ›Portikus‹ hinauf auf die Veranda und danach in das Hausinnere. An

den Seiten der steinernen Treppenstufen stehen vielfach fest vermauerte Sitze oder Bänke. Unter dem schattenspendenden Schutz des ausladenden Ziegeldachs spielt sich das öffentliche Leben der Hausbewohner ab. Von dort beobachtet man die Umgebung und das Treiben auf der Straße. Dort setzt man sich mit Besuchern und Freunden zu einem Schwätzchen zusammen.

Die Fensterrahmungen, oft rund- oder spitzbogig, sind stets farbig gefaßt und vielfach mit Schnitzwerk versehen. Als Glasersatz dienten seit je Muscheleinlagen aus geschliffenen Austernschalen, die kunstvoll in Holzrahmen verlegt werden müssen. Die Wahl auf dieses allenthalben reichlich zur Verfügung stehende Material fiel nicht etwa deshalb, weil man sich kein Glas hätte leisten können, sondern weil die Muscheleinlagen das gleißende Sonnenlicht gefiltert in das Rauminnere weitergeben. Leider stirbt diese Fensterbauweise zusehends aus, weil sie sehr arbeitsintensiv ist.

Die größeren Villen und Herrschaftshäuser des Landadels haben eine eigene Hauskapelle oder einen Hausschrein. Die heutigen Besitzer des Pereira-Bragança-Hauses in Chandor (vgl. S. 183 f.), das gegen einen kleinen Unkostenbeitrag besichtigt werden kann, sind stolz darauf, in ihrer Hauskapelle ein Nagelstück des hl. Francisco Xavier und Knochenfragmente des Märtyrers Concule zu beherbergen.

Gottheit, das Innere der Cella war auch der Ort, an dem der Tempelschatz aufbewahrt wurde.

Wenn auch die typische Raumanordnung eines Hindu-Heiligtums mit Versammlungshalle *(mandapa)*, Vorraum *(antarala)* und Sanktuarium *(garbhagriha)* beibehalten wurde, erinnert zunächst nichts an einen indischen Tempel. Die Anleihen, die bei der Sakralarchitektur der Portugiesen gemacht wurden, lassen die Bauwerke gewissermaßen wie ›Fremde im eigenen Land‹ erscheinen. Auffälligstes äußeres Zeichen dafür sind die Kuppeln und Dachaufbauten, die sich über den Sanktuarien erheben. Kein *shi-*

*khara-*Turm, wie normalerweise üblich, bildet hier das Hohheitszeichen für den heiligsten Bereich, sondern Flach- oder Trompenkuppeln über zum Teil oktogonalen und mehrgeschossigen Trommeln. Innerhalb des Tempels wird Besuchern beim Betreten der Versammlungshalle *(mandapa)* bald bewußt, daß das christliche basilikale Langhaus mit niedrigeren Seitenschiffen und einem überhöhten Hauptschiff Pate gestanden hat. Ähnlich verhält es sich vielfach mit dem Vorbereich des Sanktuariums: Dort kann zwischen Vorhalle und Cella ein querschiffartiger Raum mit Seiteneingängen vorgeschaltet sein.

Die Vorhalle vieler Tempel wirkt wie ein großer Portikus. Nicht selten findet man dort steinerne Sitzbänke, ein Detail, das den Eingangsbereichen großer Villen nach-

---

Der Einfluß christlicher und islamischer Baukunst ist unverkennbar: Shri Naguesh Tempel in Bandora

empfunden wurde. Auch der äußere Wandaufbau ist durch und durch europäisch. Die Einzelelemente muten eher wie Versatzstücke aus barocken Kirchenfassaden oder Adelshäusern denn hinduistische Bauformen an. Halbsäulenvorlagen, Zwillingssäulen und Balustraden wurden genauso übernommen wie die Kapitellformen und Fensterlaibungen. Selbst der Schmuck im Tempelinnern, das Dekor der Wände und Decken, die Glasleuchter und die feinen Ziselierarbeiten an den in Silber gefaßten Türrahmungen der Sanktuarien verraten den Einfluß fremder Vorbilder. Zwischen typischen Hindu-Symbolen können Engel und Weinranken auftauchen.

Ein allein in Goa zu findendes Element der Tempelarchitektur ist der vor dem Schrein stehende mächtige Lampenturm. Das Konzept einer Lichtersäule, deren Öllampen zu Ehren der Gottheit die Nacht erleuchten, scheint in Goa auf die Marathen zurückzugehen. *Deepa stambhas* (Lichtersäulen) sind auch in anderen Gegenden Indiens nicht unbekannt und haben eine uralte Tradition. So symbolisieren sie als ›Weltenachse‹ die elementare Ordnungsform des Kosmos. Eine speziell goanische Variante ist die Transformation dieser Säulen zu Türmen. Auch hier dominieren wieder europäisch-barocke Formen. Über zumeist oktogonalem Grundriß erheben sich mehrere Stockwerke mit Fensternischen, Säulenvorlagen oder Pilastern und

Gesimsen. Das Ganze wird nicht selten von einer Kuppel gekrönt.

Wenn auch der Ursprung der goanischen Lampentürme in den Lichtersäulen der Marathen-Tempel zu suchen ist, kann das Ausgangsmotiv allein die Umwandlung zu einem barocken Tempelturm nicht hinreichend erklären. Es stellt sich die Frage, warum so viele Elemente der europäischen Kirchenarchitektur übernommen wurden, um einen Hindu-Tempel zu bauen. Sicherlich war es weder Zufall noch eine Sache des Geschmacks, daß die Hindus barocke Gotteshäuser errichteten. Da der Barock ein in höchstem Maße politischer Baustil war, der, im Europa des Absolutismus entstanden, zu einem wirkungsvollen Instrument wurde, den Machtanspruch und das Repräsentationsbedürfnis von Kirche und Staat nach außen zu tragen, sieht es so aus, als wenn sich die Erbauer der Tempel in ganz entschiedener und programmatischer Absicht der Architektursprache der europäischen Machthaber bedient hätten. Die hoch aufragenden Lampentürme ließen sich demzufolge als propagandistisches Mittel deuten, indem sie den mächtigen Glockentürmen der Kirchen Konkurrenz machen sollten.

Der Shri Ramnath-Tempel in Ponda wird verschönert ▷

Unterwegs in Goa

Panjim und Alt-Goa: die neue Hauptstadt
und das einstige ›Goa Dourada‹

Der Norden: wehrhafte Forts und
leuchtend weiße Kirchen

Von Ponda zu den West-Ghats:
barocke Tempelanlagen und tropische
Landschaften

Von Vasco da Gama bis tief in den Süden:
stattliche Villen und endlose Strände

Panjim
und
Alt-Goa

Die Hauptstadt:
morbider Charme und
indische Gelassenheit

Ausflüge in die Umgebung

Alt-Goa: das Rom Asiens

Heiligenprozession in Goa
Velha und das Pilar Seminar

Die Santanen-Kirche
von Talauli

Kirche Our Lady of Immaculate Conception
in Panjim

Panjim und Alt-Goa

Die neue und die verlassene Hauptstadt, Panjim und Alt-Goa, sind beide einen Tagesausflug wert. Von den vielen Kirchen des ›Goa Dourada‹ der Portugiesen stehen zwar heute nur noch gut ein Dutzend – sie wurden von der UNESCO auf die Liste des Weltkulturerbes gesetzt –, aber Größe und Pracht der Gotteshäuser geben ein beredtes Zeugnis vom vergangenen Glanz der einstigen Metropole.

Panjim

Panjim (Panaji), die Hauptstadt von Goa, am südlichen Mandovi-Ufer im Distrikt Tiswadi gelegen, hat als politisches und kulturelles Zentrum eine verhältnismäßig junge Geschichte. Erst in der zweiten Hälfte des 18. Jh., als Epidemien das Leben in Alt-Goa unwirtlich gemacht hatten, beschlossen die Portugiesen, den Sitz ihrer Vizekönige nach Panjim zu verlegen. Sie regierten nach 1759 genau von dem Platz aus, auf dem sich Yusuf Adil Shah einen Sommerpalast (Idalcao) hatte errichten lassen. Heute steht dort das Sekretariat, in dem die Verwaltung untergebracht ist.

Die Etymologie des Namens Panaji ist umstritten. Einige wollen ihn von *Panjani Khali* ableiten, was so viel bedeuten würde wie ›Fluß, den Boote überqueren‹. Die Portugiesen nannten ihr neues Goa (Nova Goa), als sie Panaji 1843 zur Hauptstadt Portugiesisch-Indiens proklamiert hatten, Panjim. Nach dem Anschluß Goas an Indien im Dezember 1961 erhielt die Stadt zwar ihren alten Namen Panaji offiziell zurück, doch die Bezeichnung Panjim ist am gebräuchlichsten.

Die früheste Erwähnung findet Panjim in einer Inschrift der Kadamba-Dynastie. Seit Anfang des 11. Jh. stand das Gebiet unter der Verwaltung der Kadamba-Könige. Aus der Zeit, als die ersten muslimischen Invasoren im 14. Jh. auftauchten, ist von Panjim nichts weiteres bekannt, bis Yusuf Adil Shah Ende des 15. Jh. entschied, am Mandovi-Ufer eine Sommerresidenz errichten zu lassen. In der Nähe des Palastes stand ein kleines Fort, das die Einfahrt in den Mandovi kontrollierte und schützte. Als im Jahre 1510 nur 300 Soldaten den Truppen des Alfonso de Albuquerque gegenüberstanden, konnten die Portugiesen die Festung in einem ersten Handstreich erobern und nach einem zweiten Angriff endgültig in Besitz nehmen.

Aufgrund der strategischen Bedeutung entschloß sich Albuquerque, Panjim zu einem Militärposten auszubauen. Während der nächsten 100 Jahre diente der wieder hergerichtete Idalcao-Palast des Yusuf Adil Shah den aus Portugal angereisten Würdenträgern als Gästehaus, aber Panjim blieb weiterhin ein verschlafener Ort. Erst als man sich gezwungen sah, Alt-Goa zu verlassen, nahmen die Vizekönige ab 1759 ihren festen Sitz im Idalcao ein. Im Jahre 1811 wurde dann das Zollhaus (Alfandega) nach Panjim verlagert. Es folgten

Straßenszene in Panjim

der Oberste Gerichtshof, die Steuerbehörden und weitere Regierungseinrichtungen. 1843 ernannte das portugiesische Königshaus die Stadt an der Mandovi-Mündung zur neuen Hauptstadt von Portugiesisch-Indien.

Panjim blieb seit dem 19. Jh. das politische und administrative Herz von Goa. Inzwischen ist die nunmehr um die 80 000 Einwohner zählende Stadt auch das kulturelle und wissenschaftliche Zentrum des kleinsten indischen Bundesstaats. Neben den Post Graduate-Einrichtungen der Bombay-Universität gibt es mehrere Colleges und polytechnische Bildungsstätten. Im Jahre 1968 wurde die Kala Academy ins Leben gerufen, eine Institution der schönen Künste mit einem College of Art und einer Faculty of Music, die seit 1974 über ihr eigenes, von

Charles Correa entworfenes Gebäude in Campal verfügt.

Ein Blick auf die Karte (s. hintere Umschlagklappe) läßt noch die regelmäßige Anlage der portugiesischen Stadtplaner erkennen. Wo es die Topographie erlaubte, wurden Straßen, Gassen und Plätze rasterförmig ausgerichtet. Der östliche Teil der Stadt, vom Ufer des Mandovi bis etwa dort, wo der Altinho-Hügel beginnt, ist der älteste.

Entlang der Uferstraße, vom Sekretariat im Osten bis zur Zentralbibliothek und weiter hinunter zum Medical College, läßt es sich zum Teil unter mediterran anmutenden Arkadengängen bummeln.

Brunnen in der Altstadt Fontainhas

Vom Ufer des trübe dahinfließenden Mandovi weht Fisch- und Seegeruch herüber, klingt das monotone Tuckern vorbeifahrender Schiffe. Über den engen Gassen der Altstadt liegt ein Hauch von Verfall. Der regelmäßig wiederkehrende Monsunregen hat an vielen Gebäuden den Anstrich abgewaschen, verwitterte Fassaden und windschiefe Balkons bilden die Kulisse für das gemächliche Treiben in tropisch schläfriger Atmosphäre. Seit Mormugao Ende des 19. Jh. Panjim den Rang als Goas ›Tor zur Welt‹ abgelaufen hat, geht es hier eher gemächlich zu. Wären da nicht die bunten Saris und die hier und da aus Geschäften und Wohnungen plärrende Filmmusik, würde man nicht daran erinnert, daß man in Indien ist. Zu dem eigentümlichen, doch sehr reizvollen indisch-europäischen Ambiente tragen nicht zuletzt die unzähligen Kneipen und Schnapsläden bei, die man auf dem Subkontinent nur selten und eher versteckt findet.

Während in den südlichen Stadtteilen von Panjim vornehmlich Hindus leben, ist der nördliche Bereich der Altstadt auch heute noch zumeist von Christen bewohnt. Dort findet man ihre Tavernen und Geschäfte. Als Panjim sich im Laufe der Zeit zu vergrößern begann, wurde auch der Altinho besiedelt. Die wohlhabendere Mittelklasse hat sich in bevorzugte Lagen, die von der kühlenden Seebrise noch erreicht werden, zurückgezogen. Auch die Residenz des Bischofs, des Patriarchen der römisch-katholischen Kirche von Indien, liegt auf dem Hügel. Vom Altinho bietet sich ein Panoramablick über die Stadt und die Mandovi-Mündung mit den beiden trutzigen, im 16. Jh. bzw. 17. Jh. errichteten Festungsanlagen Reis Magos und Fort Aguada.

Stadtrundgang

Das Zentrum des christlichen Panjim ist die Kirche **Our Lady of Immaculate Conception** (1, Nossa Senhora da Conceição Imaculada, Kirche Unserer Lieben Frau der Unbefleckten Empfängnis) inmitten der Altstadt. Auf dem Oiteiro-Hügel stand seit 1541 ein bescheidener Vorgängerbau, der zur Pfarre von Taleigao gehörte. Als Panjim immer bedeutendere administrative und politische Funktionen erhielt, entschloß man sich 1619, eine neue Kirche zu bauen. Mit seiner Fassade dem Stadtpark (Municipal Park) zugewandt, thront das barocke Gotteshaus auf einer natürlichen Erhebung, zu der man über eine ausladende Treppenanlage gelangt. Die doppelläufige Escadaria wurde 1870 in Anlehnung an die Treppen portugiesischer Vorbilder gebaut.

Im Innern erweist sich das Gotteshaus trotz seiner reich gegliederten Doppelturmfassade als einschiffiger Saalbau. Neben dem Hauptaltar mit einer Abendmahlsdarstellung und den Skulpturen der

Waschtag am Fonte Fenix in der Altstadt

Heiligen Peter und Paul, der Our Lady of Immaculate Conception geweiht ist, gibt es noch drei weitere. Die beiden Seitenaltäre im Querschiff sind barock gefaßt mit gedrehten, vergoldeten Weinrankensäulen, über denen Putten schweben. Im Süden steht der Our Lady of the Rosaray geweihte Altar. Der gegenüber liegende ist dem gekreuzigten Jesus, Bom Jesus, geweiht. Die Statue Unserer Lieben Frau von Fatima (Our Lady of Fatima) aus dem Jahre 1945 wird alljährlich am 13. 10. in einer feierlichen Kerzenprozession zum Bischofspalast getragen. Ihre mit Perlen und Edelsteinen besetzte Gold

Abbé Faria und der Graf von Monte Christo

Unweit des Sekretariats in Panjim kann man auf einem kleinen Platz eine Skulpturengruppe erblicken. Diesem Bronzedenkmal, das einen dramatisch gebärdenden Mann und eine zu Boden gesunkene Frau darstellt, fehlt es nicht an Pathos. Trotz des zu erahnenden Ernstes der dargestellten Thematik entbehrt die Plastik nicht einer gewissen Komik.

Mit diesem Monument wurde dem Goaner José Custodio de Faria 1945 ein Denkmal gesetzt. Der 1756 in Candolim geborene Geistliche verstarb 1819 in seinem Pariser Exil. Zwar hatte Faria zu Lebzeiten als Theologe und Mediziner einige Berühmtheit erlangt, doch sucht man seinen Namen in den meisten Lexika vergebens. In Goa und Portugal hingegen war Faria während der zweiten Hälfte des 18. Jh. eine von staatlichen und kirchlichen Autoritäten gefürchtete und schließlich auch verfolgte Persönlichkeit. So beteiligte er sich unter anderem an der liberalen Aufklärungsbewegung *Pintos de Candolim*, die eine Demokratisierung Goas anstrebte. Gleichzeitig kämpfte er gegen die Inquisition und die Rassenpolitik der portugiesischen Kirche. Die ›Verschwörung‹ wurde 1787 aufgedeckt, die Beteiligten verurteilte man zum Tode, zu Galeerenarbeit oder zu Gefängnisstrafen. Darüber hinaus führte er medizinische Experimente mit Hilfe der Hypnose durch und machte sich dadurch doppelt verdächtig, mit teuflischen Mächten in Verbindung zu stehen.

Schließlich ließ man Faria nach Lissabon entführen, wo ihn die Inquisition erwartete, aber der Pfarrer konnte in letzter Minute nach Paris entkommen. Hier wurde er zum Sympathisanten und Mitkämpfer der Französischen Revolution und arbeitete an seinen medizinischen Experimenten mittels Hypnose und Mesmerismus weiter. Unter Mesmerismus versteht man eine Lehre, die, benannt nach Franz Anton Mesmer (1733–1815), von einem sogenannten ›tierischen‹ Magnetismus des Menschen ausgeht und die Abhängigkeit unseres Nervensystems von den Himmelskörpern zur Heilung von Krankheiten einzusetzen sucht. Auf Hypnose beruhende Therapien stießen in der zweiten Hälfte des 18. Jh. auf ein großes wissenschaftliches Interesse, und Faria hat, wie das Denkmal sehr plastisch veranschaulicht, nicht nur experimentiert, sondern auch durch sein 1819 posthum in Paris erschienenes Buch »De la causa del sueno lucido…« zu weitergehenden Erkenntnissen über die Natur des Menschen beigetragen.

Mag Faria als historische Person auch im Laufe der Jahrhunderte vergessen worden sein, zu nachhaltigem Ruhm verhalf ihm der französische Romancier Alexandre Dumas (1802–70), indem er einem seiner Helden in dem Roman »Der Graf von Monte Christo« den Namen Abbé Faria gab. Dumas ließ sich offensichtlich durch das Werk und die Lebensweise des José Faria zur Namensgebung seiner Phantasie-Person Abbé Faria beflügeln.

Wer den Roman von Dumas gelesen hat, wird sich daran erinnern, daß die Hauptperson, der Graf von Monte Christo, zu Anfang seiner Mannesjahre, als er noch den Namen Edmond Dantes trug, durch eine Verschwörung seiner Freunde in Gefangenschaft geriet und 14 Jahre lang unschuldig im Kerker verbringen mußte. Während dieser Zeit lernte er einen Mitgefangenen kennen, der die lange Zeit seiner Gefangenschaft zu wissenschaftlichen Experimenten, zum Schreiben von Büchern und zu Ausbruchsplänen nutzte. Der weise Alte namens Abbé Faria weihte Dantes schließlich in das Geheimnis von einem unsagbar großen Schatz auf der Insel Monte Christo ein, den Dantes später, als der Abbé längst gestorben war, bergen konnte. Der Schatz machte Dantes zu einem der reichsten Männer der Welt. Er

nannte sich nunmehr Graf von Monte Christo und begab sich nach Paris, wo seine verräterischen Freunde es inzwischen zu Vermögen und Ansehen gebracht hatten. Hier gelang es dann dem selbsternannten Grafen schließlich, einen ganz persönlichen und sorgsam geplanten Rachefeldzug gegen all jene auszuführen, die sich gegen ihn verschworen hatten, indem er sie alle nacheinander um ihr Geld und ihre scheinbare Ehre, ihr Familienglück und auch das Leben brachte.

krone ist aus Juwelen gearbeitet, die Frauen aus Panjim stifteten. Im Jahre 1871 erhielt die Kirche einen neuen zentralen Glockenturm. Der alte war zu schwach, um die mächtige Glocke – heute die zweitgrößte Goas – zu tragen, die ursprünglich aus der Augustinerkirche Our Lady of Grace in Alt-Goa stammt.

Unweit der Kirche liegt die wenig eindrucksvolle **Jama Masjid** (2, Freitagsmoschee). Das Gebetshaus, dessen Gründung auf das späte 18. Jh. zurückgehen soll, wurde 1935 renoviert.

Im altehrwürdigen Stadtteil **Fontainhas** (3), der sich entlang des Ourem-Flüßchens erstreckt, steht

die **St. Sebastian-Kapelle** (4) aus dem Jahre 1888. Das Kruzifix im Innern stammt aus dem 16. Jh. und war ursprünglich ein Requisit im Inquisitionspalast von Alt-Goa. Auf dem Weg zum Maruti-Tempel befindet sich eine natürliche Quelle, der Fonte Fenix (Phönix-Brunnen), dessen architektonische Fassung aus der zweiten Hälfte des 19. Jh. stammt. Im **Directorate of Archives, Archaeology and Museums** (5, Verwaltung der Archive und des Antikendienstes) an der Rua Ourem können kunst- und kulturhistorisch Interessierte Publikationen des Antikendienstes erstehen.

Die großzügige Promenade entlang des Mandovi, die Avenida Dom Joao Castro (Dom Manuel de Portugal e Castro war von 1827 bis 1835 letzter Vizekönig in Goa) wurde zwischen 1827 und 1835

Ausflugsschiffe auf dem Mandovi

angelegt. In den 70er Jahren wurde ihr Südwestende nach dem ersten Ministerpräsidenten von Goa, in Dr. Dayanand Bandodkar Marg umbenannt. Die Straße beginnt im Osten unweit des **Sekretariat** (6) kurz hinter dem Pier (7, Steamer Jetty), an dem die Katamaranschiffe aus Bombay anlegen. Am **Hotel Mandovi** (8) vorbei führt sie weiter zum Fährenanleger (Ferry Ramp), von wo man sich über den Mandovi nach Betim hinübersetzen lassen kann, und zum Indian Airlines Office im **Dempo House** (9).

Biegt man in die Straße vor dem Dempo House links ein, so gelangt man zum **Municipal Market** (10). Vom Hosenknopf bis zum bunten Papagei ist auf diesem Markt alles zu haben (geöffnet: tägl. außer sonntags). Die Blumenfrauen, die bunte Girlanden für den Tempeldienst zusammenfädeln, haben hier ebenso ihr eigenes Viertel wie die Gewürz- und Schmuckhändler, Obst- und Gemüsehändler oder Fleischer. Neben typisch indischen, bisweilen sehr schrill-farbigen Glasarmreifen gibt es Cashew-Nüsse, Papayas, Mangos oder T-Shirts, Saris, Kurtas, Lunghis … Wer sich zutraut, das Souvenir auch heil nach Hause zu bringen, mag vielleicht sogar im Töpferviertel um einen Topiwala feilschen.

Folgt man der Promenade weiter nach Westen Richtung Campal und Miramar, sieht man zur Linken das **Goa Medical College and Hospital** (11). In Campal befindet sich die **Kala Academy** (12), in der regelmä-

Markt in Panjim

ßig Ausstellungen, Theater- und Kulturprogramme – mitunter auch in Englisch – sowie Konzerte dargeboten werden.

Wer jetzt nicht weiter zum Miramar-Strand und zum Cabo Raj Niwas möchte, das heute als Residenz des Gouverneurs dient, dem bietet sich auf dem Rückweg in die Innenstadt ein Abstecher zum **State Museum of Goa** (13) an, das immer noch provisorisch im ersten Stock des Ashirvad-Gebäudes im Stadtteil Santa Inez untergebracht ist (geöffnet: Di–Fr 9.30–13 sowie 14–17 Uhr). Das Museum enthält Exponate zur Kultur- und Landesgeschichte. Neben Archäologie,

Geologie und Anthropologie ist die Kunstgeschichte mit Skulpturen- sowie Gemäldesammlungen vertreten.

Zwar ist Panjim nicht unbedingt ein Pilgerziel für kunst- und geschichtsinteressierte Reisende, jedoch kann man an manchen Ecken noch einige Zeugen des 18. und 19. Jh. entdecken. Die Gebäude der Zentralbibliothek und des Zollhauses stammen aus der ersten Hälfte des 19. Jh. Im 1878 errichteten Obersten Gerichtshof (High Court/Tribunal de Relacão) tagen seit 1963 das Amtsgericht sowie die Friedensrichter.

Geht man von der Panjim-Kirche die Dr. Dada Vaidya Road weiter nach Westen, erreicht man den **Mahalakshmi-Tempel** (14), der 1817 der Göttin Mahalakshmi (als Mahalakshmi wird Lakshmi, die Gemahlin von Vishnu, auch mit Shiva assoziiert, vgl. S. 53) geweiht wurde. Die Figur der vierarmigen Gottheit aus schwarzem Stein steht unter einem prächtigen Silberbaldachin.

Oben auf dem Altinho liegt der im späten 19. Jh. erbaute **Bischofspalast** (15), der eine Gemäldesammlung mit lebensgroßen Portraits der Bischöfe Indiens enthält (geöffnet: 9–12 und 14–17 Uhr).

🛈 **Information:** Goa Tourist Development Corporation (GTDC), Tourist Home, Patto, Ostseite des Ourem-Flusses, ✆ 22 47 57, 22 55 35/83, Fax 22 88 19; hier sind Broschüren, Karten und Kurzreiseführer erhältlich.

Goa Tourist Development Corporation, Dr. Alvares Costa Rd., Trionora Apartments 1. Stock, ✆ 22 65 15, 22 67 28, 22 41 32, Fax 22 88 19. Am Kadamba Busstand gibt es Fahrpläne der wichtigsten Zug- und Busverbindungen, Mo–Fr 8–18 Uhr, Sa–So 9–13 und 14–17 Uhr. *PLZ:* Panjim-403 001, *Vorwahl:* 08 32.

🛏 **Unterkunft:** *Obere Preisklasse* (DZ um 1200 Rs plus Luxussteuer 15 %): Hotel Mandovi, Dr. Dayanand Bandodkar Marg, ✆ 22 44 05–9, Fax 22 54 51, ohne Pool; Hotel Fidalgo, 18th June Road, ✆ 22 62 91–9, Fax 22 50 61, mit Pool; Hotel Nova Goa, Dr. Atmaram Borkar Road, ✆ 08 32/ 4 62 31–7, Fax 22 49 58, 22 40 90, mit Pool; alle Zimmer mit Klimaanlage. *Mittlere Preisklasse* (DZ um 600 Rs plus Luxussteuer 10 %): Keni's Hotel, 18th June Road, ✆ 22 45 81–3, Zimmer mit und ohne AC; Park Plaza, Azad Maidan, ✆ 4 26 01–5, Fax 22 56 35, alle Räume mit AC; Panjim Inn, 31st January Road, Fontainhas, ✆ 22 65 23, Fax 22 81 36, 16 Zimmer mit und ohne AC; Mayfair & Roma Hotels, Dr. Dada Vaidhya Road, ✆ 22 37 72, 4 61 74/5. *Untere Preisklasse* (DZ unter 500 Rs plus Steuer 5 %): Government Tourist Hostel, Av. Dom Joao Castro, ✆ 22 71 03; Hotel Republica, hinter dem Sekretariat, ✆ 22 56 30, einfache Zimmer, teilweise mit Blick auf den Mandovi.

✗ **Restaurants:** Goenchin, Dr. D. Bandodkar Marg, Hotel Mandovi, chinesische Küche; Delhi Dabar, Mahatma Gandhi Road, hinter dem Hotel Mandovi, die beste Mughlai und Punjabi Küche in ganz Goa, ausnahmsweise wird hier, wie auch in der Dependence in Calangute, Alkohol ausgeschenkt, was im Stammhaus in Bombay undenkbar wäre, abends Tischreservie-

Gartenanlage eines Hotels bei Panjim

rung empfohlen, ☏ 22 25 44; Satkar, 18th June Road, südindische Küche; Sher-e-Punjab, 18th June Road, nordindische Küche; Venite, 31st January Road, Fischgerichte und westliche Küche, sehr populäre Bar mit Restaurant.

✈ **Fluglinien:** Air France, Salgado Rd., 102 Rizvi Chambers 1. Stock, ☏ 22 24 38, 22 61 54, Fax 22 33 24; Air India, 18th June Rd., Hotel Fidalgo, ☏ 22 40 81; Austrian Airlines, Salgado Rd., 102 Rizvi Chambers 1. Stock, ☏ 22 61 54; British Airways, Mahatma Gandhi Road, 2 Excelsior Chambers, ☏ 22 43 36; Damania Airways, Liv In Apartments, Bernard Guedes Rd., ☏ 22 00 56, 22 11 06; East West Airlines, 18th June Rd., Hotel Fidalgo Raum Nr. 115, 117, 129, ☏ 22 41 08, 22 27 23/4, Mo–Sa 9.30–18 Uhr, So 9.30–14 Uhr; Indian Airlines, Dempo House, Dr. D.

Bandodkar Marg, ☏ 22 38 26, Mo–Fr 10–13, 14–16.30 Uhr; Jet Airways, Caetano de Albuquerque Rd., 102 Rizvi Chambers, ☏ 08 32/22 14 72, 22 14 76; Modi Luft, Municipal Building nahe Church Square, ☏ 22 42 44, 22 59 24, 22 27 57; Sahara India Airlines, 18th June Rd., Hotel Fidalgo Raum Nr. 133, ☏ 22 62 91–9, Fax 23 02 37; Skyline NEPC, Apartments hinter Hotel Delmon, Caetano de Albuquerque Rd., ☏ 22 00 56, 22 01 92, Fax 22 92 33–5; TWA, Salgado Rd., 102 Rizvi Chambers, ☏ 22 61 54.

🚌 **Busverbindungen** in den Norden gehen von Betim aus, an der Nordseite des Mandovi. 24stündiger Fährservice zwischen Panjim und Betim. Abends fahren die letzten KTC-Busse von Betim/Malim und Panjim Richtung Mapusa um 21.15, Margao um 21.15, Vasco um 21.05, Calangute um 20.30, Ponda um 20.30, Bicholim um 19.55, Valpoi um 18 Uhr. Die Überlandbusse in andere Bundesstaaten starten am Kadamba Bus Terminus, hinter der Patto-Brücke. Für Fluggäste bietet die Indian Airlines einen Pendelservice zwischen Panjim (Dempo House) und Dabolim an.

Einkäufe: Die lebhafteste Einkaufsstraße ist die 18th June Road. Hier finden sich Supermärkte, Einzelhandelsgeschäfte, Boutiquen und Restaurants. In den Government Emporia kann man landestypische Produkte (Terrakotta, Messingwaren, Holzschnitzereien, Häkelarbeiten und Stickereien) zu festen Preisen erstehen. Wenn die Emporien auch einem Vergleich mit den Angeboten in Großstädten wie Bombay nicht standhalten, mag man doch mit etwas Glück ein ausgefallenes Souvenir finden. Neben zahlreichen Boutiquen (z. B. Benetton hinter dem Hotel Mandovi) ganz unterschiedlicher Qualität, lassen sich im Sun Stop, in der Nähe des Sekretariats, ausgefallene Frotteetücher und Freizeitkleidung nicht gerade zu Spottpreisen erstehen. Eine andere, sehr exklusive Einkaufsmöglichkeit besteht in Ribander, außerhalb Panjims auf dem Wege nach Alt-Goa. Im Camelot gibt es indische Designerklamotten und Kunsthandwerk zu durchaus westlichen Preisen. Die am besten sortierten Buchläden befinden sich im Hotel Mandovi und im Hotel Fidalgo. CDs und Musikcassetten gibt es bei VP Sinari's in der Nähe des Sekretariats und auf der 18th June Road.

Telefon/Fax: STD/ISD-Buden gibt es reichlich, ihre Öffnungszeiten orientieren sich an der saisonalen Nachfrage, einige sind bis spät in die Nacht geöffnet. Ein 24stündiger Telegramm- und STD/ISD-Service besteht auch im Telegraph Office, Dr. A. Borcar Rd.

Geldwechsel: American Express, Menezes Air Travel, Rua de Ourem,

CMM Building, ✆ 22 50 81, 22 32 61–4, Fax 22 32 65; Pheroze Framroze, Exchange Bureau, 18th June Road, Hotel Fidalgo Raum Nr. 119, ✆ 22 62 91–9, 22 01 29, Mo–Sa 9.30–19, So 9.30–13 Uhr; Thomas Cook, 8 Alcon Chambers, Dr. D. Bandodkar Marg, ✆ 22 13 12, Fax 22 13 13, Mo–Fr 9.30–17 Uhr, Sa 9.30–13 Uhr. Rupien gegen Vorlage der Euro- und Mastercard gibt es bei der Central Bank of India, Nizari Bhavan, nahe dem Cine National im Bata-House, 1. Stock, Mo–Fr 10–14 Uhr, Sa 10–12 Uhr. Auf die Visa- und Mastercard erhält man indische Währung bei der Bank of Baroda, Azad Maidan, und der Andhra Bank, nahe dem Ashok Samrat Cinema, ✆ 22 35 13; weitere Geldwechselmöglichkeiten, die u.U. mit relativ langen Wartezeiten verbunden sind, bestehen während der normalen Banköffnungszeiten (Mo–Fr 10–14 Uhr, Sa 10–12 Uhr) bei: Central Bank of India, Nizari Bhavan 1st Floor, nahe Cine National, State Bank of India, hinter dem Hotel Mandovi, Corporation Bank, Church Square.

Erste Hilfe: Notruf: Polizei ✆ 100, Feuerwehr ✆ 101, Ambulanz ✆ 22 30 26; Krankenhäuser: Goa Medical College, Dr. D. Bandodkar Marg, ✆ 22 45 66, Ambulanz ✆ 46 300, 4 45 66, Dr. Pinto do Rosario's in Alto de Povorim, ✆ 26 24 11, Dr. Bhale's Orthopaedic Hospital, Wadakade, Alto de Povorim, ✆ 21 70 53, 21 77 09, Medical College Hospital in Bambolim ✆ 22 57 27.

Museen: State Museum of Goa, Santa Inez, Ashirvad Building am Kreisverkehr, 1. Stock, Eingang von hinten. Provisorisch in einem schäbigen Betonbau ausgestelltes Sammelsurium aus der Archäologie und Kulturgeschichte Goas. In Kürze soll der neue Museumskomplex auf der anderen Seite des Ourem (schräg gegenüber dem Directorate of Archives & Museums) eröffnet werden; Di–Sa 9.30–13 und 14–17.30 Uhr, So und Feiertags geschlossen. Porträtgalerie im Bischofspalast, Altinho, Mo–Fr 9–12 und 14–17 Uhr.

Kulturelle Einrichtungen: Alliance Française de Goa, in der Nähe des Commerce College, Altinho, ✆ 22 32 74; Institute Menezes Braganca, Malacca Rd. gegenüber dem Azad Maidan, Panjim-403 001, geöffnet: Mo–Fr 9–17.30 Uhr; Kala Academy, Campal, Dr. Dayanand Bandodkar Rd., ✆ 22 32 88, 22 32 80; Xavier Centre of Historical Research, Alto de Porvorim, ✆ 21 72 27, Bilder des goanischen Malers Angelo da Fonseca, Öffnungszeiten der Bibliothek: Mo–Fr 10–12 und 15–17 Uhr, Direktor Father Charles J. Borges; Indo-Portugiesisches Institut, E-4 Gharse Towers, gegenüber der Don Bosco Schule, Mahatma Gandhi Rd.

Ausflüge in die nähere Umgebung von Panjim

Cabo Raj Niwas

Die Anfänge der Gouverneursresidenz Cabo Raj Niwas gehen auf das Jahr 1540 zurück, als der frischgebackene Vizekönig D'Estevo da Gama, der Sohn Vascos, entschied, die 40 m hohe Landspitze an der Mandovi-Mündung befestigen zu lassen. Ein Jahr später baute man zunächst auf der Anhöhe eine der Nossa Senhora da Cabo geweihte Kapelle.

Im Jahre 1594 war es den Franziskanern möglich, ihren Konvent im Fort zu errichten. Seit dem 17. Jh. hatten sich dort zeitweise die Erzbischöfe einquartiert, nach der Vertreibung aller Ordensgemeinschaften aus Goa im Jahre 1844 blieben sie als alleinige Besitzer zurück. Nachdem die Wohngebäude jedoch von 1855 bis 1864 renoviert und 1866 den Gouverneuren Goas als Residenz zur Verfügung gestellt wurden, mußten sich die Bischöfe mit einem luftigen Aufenthaltsort auf dem Altinho in Panjim bescheiden.

Von 1799 bis 1813 lagerten britische Truppen im Cabo wie auch im Fort Aguada und in Mormugao. Sie waren aus Bombay den Portugiesen zu Hilfe geeilt, um einen Handstreich Napoleons, der sich bereits 1797 mit Tipu Sultan liiert hatte, an der Westküste Indiens zu verhindern. Von den britischen Militärgebäuden blieb nichts mehr erhalten, weil die Portugiesen im Jahre 1848 alles abreißen ließen, was an die Engländer hätte erinnern können.

Ein ›Zeitzeuge‹ wurde indes verschont, der britische Friedhof, der an der Straße von Panjim zum Cabo Raj Niwas liegt. Er wurde auch nach dem Abzug der Garnisonen über annähernd 100 Jahre belegt. Einige Grabinschriften geben noch ein beredtes Zeugnis von dem Schicksal, das nicht wenige auf der Suche nach Glück, Karriere und Geld in den Kolonien ereilte.

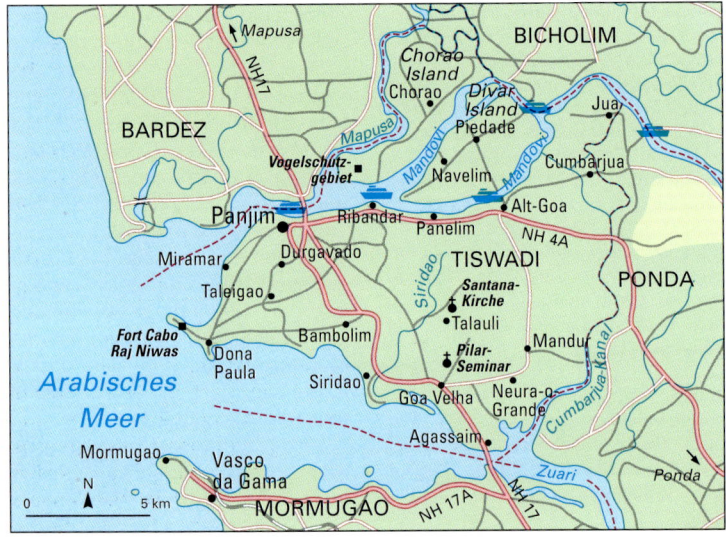

Dona Paula

Dona Paula, 7 km südlich von Panjim, ist neben **Miramar** (Gaspar
Dias Beach, ca. 3 km) der nächst-
gelegene Strand der goanischen
Hauptstadt. Allerdings sind beide
Küstenstreifen nicht sehr attraktiv,
weil der Schiffsverkehr, der über
den Mandovi und den Zuari mit
dem Arabischen Meer kommuni-
ziert, Öl und Schmutz mit sich
bringt und die Sandbuchten zudem
recht schmal sind. Als das ›Ostia‹
von Panjim sind die Strände abends
und am Wochenende jedoch das
Ausflugsziel vieler Städter. Hinter
dem Dona Paula Beach liegt, 8 km
von Panjim entfernt, der kleine,
noch saubere und nicht überlaufe-
ne **Bambolim Beach**.

Der Distrikt Tiswadi

**Unterkunft & Verpflegung
in Dona Paula:** *Luxuskategorie* (DZ mit Vollpension um 200
US$ inkl. Luxussteuer): Cidade de Goa
Beach Resort, Vainguinim Beach, ☏ 22
13 01, 22 11 33, Luxushotel mit gutem
Sportangebot, die Anlage wurde in den
80er Jahren vom Stararchitekten Charles Correa erbaut und zwischenzeitlich
erweitert; der schmale Strand ist dem
Zuari zugewandt und somit ohne nen-
nenswerten Wellengang. *Mittlere Preisklasse* (DZ um 1200 Rs zuzüglich Luxussteuer 15 %): Prainha Cottages by
the Sea, ☏ 22 41 62, 22 59 17,
22 72 21, Fax 4 67 19, 27 Räume mit
und ohne AC, Gartenanlage, strandnah
gelegen; Hotel Villa Sol, Vainguinim
Beach, ☏ 22 50 45, 22 58 25, 28 Räu-

me mit AC, Pool, Bar und Restaurant; Swimsea Beach Resort, Caranzalem Beach, ☎ 22 54 22, 22 70 37, 27 Räume, Bar und Restaurant. *Untere Preisklasse* (DZ unter 500 Rs zuzüglich 5 % Steuer): Dona Paula Beach Resort, ☎ 22 79 55, 22 97 10, Fax 22 13 71, 17 Räume ohne AC, Bar und Restaurant. *PLZ:* Dona Paula-403 004, *Vorwahl:* 08 32.

...in Bambolim: *Mittlere Preisklasse* (s.o.): Bambolim Beach Resort, Nunes Beach, Bambolim-403 005, ☎ 08 32/ 4 66 47, 4 64 66, Fax 4 64 99, etwa 6 km von Dona Paula, familiäre 54-Zimmer-Anlage, Pool, Garten, AC, schmaler Strand, recht abgelegen, fahrbarer Untersatz empfehlenswert.

Alt-Goa

Old Goa, auch Velha Goa, das berühmte Goldene Goa der Portugiesen, ist ein ›Muß‹ für jeden Reisenden, selbst wenn heute in der einstigen Metropole außer den Geistlichen in einigen Konventen niemand mehr lebt. Mit dem Bus oder Taxi hat man von Panjim den 10 km entfernten Ort schnell erreicht. Zwar laden die meisten Busse ihre Passagiere zwischen dem Franziskanerkonvent und der Bom Jesus-Kirche aus, doch sollte der Rundgang am Mandovi-Ufer beginnen. Dort lag einst der Hafen, von dort kamen die portugiesischen Würdenträger und Vizekönige in die Stadt.

Von der glanzvollen Zeit zeugt heute nur noch der **Triumphbogen der Vizekönige** (1, Viceroys' Arch), der zum Empfang von Ehrengästen in der Tradition europäischer Triumphpforten sehr festlich geschmückt wurde. Jules Simon (1581 bis 1641), ein in Goa geborener Franzose, entwarf den Bogen, der anläßlich des hundertjährigen Jahrestags der Entdeckung des Seewegs nach Indien für Vasco da Gama errichtet wurde. In der Nische der Ädikula über dem Bogen steht die Statue des Vasco. An der Rückseite ist die hl. Katharina zu sehen, wie sie über eine am Boden liegende männliche Person triumphiert. In der Ikonographie der Katharina ist dies üblicherweise ihr Peiniger Kaiser Maxentius – eine ganz unmißverständliche Anspielung auf den Sieg des Christentums über die Heiden. Angesichts des Hasses der Portugiesen auf die ›Mohren‹ ist es wohl kaum ein Zufall, daß Maxentius in dieser Darstellung eher wie ein Muslim denn ein römischer Imperator aussieht. Der Triumphbogen wurde im Jahre 1954 restauriert und birgt heute nur noch einige wenige originale Elemente.

Folgt man der Rua Direita nach Süden, liegt zur Linken die Theatinerkirche Nossa Senhora da Divina Providencia, landläufig als **St. Cajetan** (2), nach dem Ordensgründer der Theatiner, Cajetano da Thiene, bekannt. Zwischen 1650 und 1661 errichtet, weist das Gotteshaus Ähnlichkeiten mit St. Peter in Rom auf, die in erster Linie an der Fassade erkennbar sind. Die

Stadtchronik

Die Ursprünge von Alt-Goa gehen auf das 11. Jh. zurück, als das hinduistische Herrscherhaus der Kadambas unter Jayakeshi I. (ca. 1052 bis 1080) dort eine Brahmanen-Siedlung gründete. Madhav Raja von Vijayanagar soll in Brahmapuri Ende des 14. Jh. einen prächtigen Tempel gestiftet haben. Als Ende des 15. Jh. das 1472 von Mahmud Gawan eroberte Goa an Yusuf Adil Shah von Bijapur fiel, ließ dieser sich einen Palast am Mandovi bauen und nannte den Ort Ela.

Binnen kürzester Zeit muß sich Ela am Mandovi neben Goa Velha (Govapuri, Vodlem Goem) am Zuari zu einem geschäftigen Hafen und Handelszentrum entwickelt haben. Reisende wie Duarte Barbosa, der von 1500 bis 1516 durch Indien zog, beschrieben eine prächtige, befestigte Stadt mit stattlichen Häusern, Gärten und Basaren. Schiffe aus Hormus, Mekka und Aden lagen dort vor Anker und luden Gewürze, Reis und Stoffe ein. Auf ihrer Herfahrt hatten sie arabische und persische Pferde mitgebracht. So viel Reichtum mußte den Portugiesen auffallen, suchten sie doch in erster Linie nach adäquaten Häfen und Handelsverbindungen. Nachdem sich Alfonso de Albuquerque 1510 der Stadt bemächtigt hatte, wurde sie in wenigen Jahrzehnten schnell zur *Dourada,* dem Goldenen Goa, das als Hauptsitz des portugiesischen Übersee-Imperiums der Krone allein schon durch die Hafenzölle guten Gewinn einbrachte. 1565 wurde Alt-Goa zum Sitz des Vizekönigs. Die wirtschaftlichen Geschicke hatten die Stadt binnen weniger Jahrzehnte so reich gemacht, daß man allenthalben große Kirchenbauten errichten konnte. Papst Paul IV. erhob Goa 1557 zum Erzbistum, 1621 war die Bischofskirche, die Sé-Kathedrale, fertiggestellt.

Im 16. Jh. stieg die Bevölkerung zeitweise auf über 300 000 Seelen an, wodurch Alt-Goa größer war als Lissabon oder London und mehr Kirchen besaß als das damals zeitgenössische Rom. Aus dieser Zeit stammt das berühmte Zitat »Wer Goa gesehen hat, braucht Lissabon nicht mehr zu sehen«. Über 1000 Schiffe verkehrten jährlich zwischen Goa, Java, Macao, Japan und China sowie der Arabischen Halbinsel und Portugal. Als der Franzose J. B. Tavernier 1641 Goa besuchte, verglich er den Hafen am Mandovi mit dem von Konstantinopel.

Auch François Pyrard, ein anderer französischer Reisender, der sich 30 Jahre früher als Tavernier mehrere Jahre lang in Goa unfreiwillig aufhalten mußte, beschrieb in einem 1611 erschienenen Bericht die Stadt: »Einen wunderbaren Anblick gewährt das tägliche Kommen und Gehen so vieler Menschen zu Wasser und zu Lande. Die indischen Fürsten, welche freundschaftliche Beziehungen zu Portugal unterhalten, halten hier ihre ständigen Gesandten und senden außerdem häufig behufs besonderer Verhandlungen ausserordentliche Geschäftsträger, und die Portugiesen thun das Gleiche. ...«

Die geschäftigste Prachtstraße der Stadt war die Rua Direita, die vom Hafen über den Triumphbogen der Vizekönige und ihren Palast zur Linken an der Sé-Kathedrale vorbeiführte und weiter zum Basar verlief. Dort standen die Geschäftshäuser wohlhabender Juweliere, Geldverleiher und Händler. Dort war auch der Hauptmarkt, der Lailao, auf dem die angelandeten Waren versteigert wurden und außerdem Sklaven. Sie wurden – wie Pyrard ebenfalls berichtete – »nach Portugal sowie in die unter portugiesischer Domäne stehenden Gebiete verschifft«.

Von den indischen Sklaven waren die Assamesen wegen ihrer Ausdauer die begehrtesten und teuersten. Für junge Mädchen und hübsche Frauen indischer Herkunft erzielten die Händler einen besseren Preis, wenn sie ein Instrument spielen, weben oder sticken konnten. Noch beliebter bei den portugiesischen Edelmännern waren aber schwarze Frauen aus Moçambique. Erst 1869 wurde der Sklavenhandel, der vor allem Millionen Afrikaner in alle Herren Länder verbannt hatte, von der portugiesischen Krone abgeschafft.

Immer wieder in der Stadtgeschichte kam es zu großen Epidemien, die zu einer Dezimierung der Einwohnerzahlen führten. Wegen unzureichender Kanalisationssysteme grassierte 1543 die Cholera, und die Pest raffte 1635 fast die halbe Einwohnerschaft dahin. Die Seuchen und der Rückgang des portugiesischen Handelsmonopols – durch das spanische Interregnum (1580–1640) ermutigt, griffen Engländer und Holländer nach portugiesischen Stützpunkten – führten schließlich zum Verfall der einst so gerühmten Goldenen Hauptstadt. Während seines zweiten Aufenthalts in Goa 1648 konnte Tavernier diese Entwicklung beobachten. Ehemals reiche Handelsfamilien waren binnen kurzer Zeit verarmt. Die Belagerung der Marathen 1683 tat ihr übriges. Der Vizekönig Francisco de Tavora, Conde de Alvar (1681–86) faßte den Plan, eine neue Hauptstadt in Mormugao zu gründen. Viele verarmte Hausbesitzer verkauften nun die Steine ihrer Villen an die Bauunternehmer in Mormugao. Trotz des Befehls aus Lissabon, daß es niemandem gestattet sei, sein Haus mutwillig zu zerstören, ging der Niedergang weiter. Ende des 17. Jh. lebten nur noch 20 000 Einwohner in Alt-Goa, und nachdem sich die Hauptstadtfrage 1759 für Panjim abzuzeichnen begann, war die Bevölkerung auf etwa 2000 Seelen gesunken.

korinthischen Kolossalsäulen und Pilaster, der Portikus sowie die Fenster- und Türlaibungen gliedern die Westseite der Kirche im gleichen Rhythmus wie die Fassade der Vatikansbasilika. Die beiden seitlichen Glockentürme kann man vielleicht als Reverenz an portugiesische Traditionen ansehen, möglicherweise vertreten sie mit ihrer Silhouette aber auch die kleineren Seitenkuppeln von St. Peter.

Dem Kirchengrundriß liegt die Form eines griechischen Kreuzes zugrunde, über dessen Mitte sich die Kuppel erhebt. Im Zentrum darunter befindet sich eine quadratische Plattform mit modernem Steinaltar, unter der sich ein Brunnen verbirgt. Über diese Absonderlichkeit gibt es mehrere Theorien. Die einleuchtendste ist die, daß sich an dieser Stelle ehemals ein hinduistischer Tempeltank befand, den man

Alt-Goa 1 Triumphbogen der Vizekönige   2 St. Cajetan-Kirche   3 Tor des Adil Shah-Palastes   4 Sé-Kathedrale   5 St. Francis-Kirche 6 Museum des Antikendienstes   7 Bom Jesus-Kirche   8 St. Paul's-Kirche   9 Kapelle des hl. Francisco Xavier   10 Turm der Augustinerkirche Our Lady of Grace 11 St. John of God   12 Konvent der hl. Monika   13 St. Anthony-Kapelle   14 Our Lady of the Rosary   15 Prangerplatz   16 Kirche des Wundertätigen Kreuzes   17 Karmeliterkirche   18 Our Lady of the Mount   19 Fähranleger Richtung Piedade

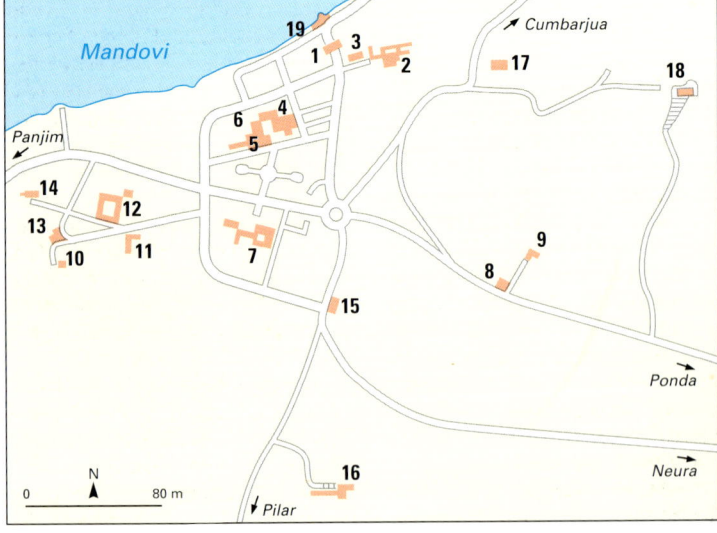

Sé-Kathedrale in Alt-Goa

nicht vollends zuschütten wollte, um ein zusätzliches Wasserreservoir im Konvent zu besitzen.

Auf dem Rückweg zur Rua Direita sieht man rechts als einzigen noch erhaltenen Bestandteil des 1820 abgerissenen Adil Shah-Palastes ein **Tor** (3) stehen. Truppen des Adil Shah hatten einen Hindu-Tempel aus dem 12. Jh. geschleift, und so fand das Tor Verwendung beim Bau des Palastes. Die steinerne Schriftrolle am Architrav ist eine spätere Zutat der Portugiesen, denen die Residenz bis 1695 als Gouverneurssitz diente.

Die **Sé-Kathedrale** (4), die an die Rückfront des Franziskanerkonvents angrenzt, soll lange Zeit die größte Kirche Asiens gewesen sein. Ganz in der Nähe der Sé befand sich ursprünglich die von Alfonso de Albuquerque zum Dank für die erfolgreiche Schlacht am Katharinentag (25. 11. 1510) in Auftrag gegebene Katharinen-Kirche. Im Jahre 1563 wurde ein Neubau begonnen, aber erst 100 Jahre nach der Grundsteinlegung war der Hauptaltar fertig. Errichtet mit dem Geld der Krone als Bischofs-Dominikanerkirche zugleich, ist auch der Nachfolgebau der hl. Katharina von Alexandria geweiht.

Das basilikale Kirchengebäude, als dessen Vorbild die kleinere Kathedrale von Portalegre in Portugal diente, ist nicht geostet, vielmehr weist die Fassade nach Osten. Diese, in ihren Formen noch sehr der

Innenraum der St. Francis-Kirche

Renaissance verbunden, war bis 1776 von zwei Glockentürmen flankiert, dann fiel der nördliche während des Monsuns einem Gewitter zum Opfer. Der dreischiffige, tonnenüberwölbte Innenraum mit je vier Seitenkapellen im Langhaus und sechs Altären im Querschiff ist ganz in Weiß gehalten. Effektvoll kontrastieren dazu die reich verzierten und vergoldeten Altäre, insbesondere der Hochaltar mit Darstellungen aus dem Leben der hl. Katharina.

Im Norden der Sé, dem Mandovi zugewandt, liegt der 1517 von den Franziskanern errichtete Bischofspalast. An den zwischen 1762 und 1765 erneuerten Bau, der nicht mehr von den Bischöfen genutzt wird, schließt westlich der Franziskanerkonvent an. Im Jahre 1517 waren die Franziskaner als erste Bruderschaft nach Goa gekommen und hatten bereits 1520–1524 ein Gotteshaus errichtet. Die heutige **St. Francis-Kirche** (5, São Francisco de Assis), ihr korrekter Name ist Espirito Santo, wurde 1661 erneuert. Vom Vorgängerbau blieb lediglich das Eingangsportal im manuelinischen Stil des frühen 16. Jh. übrig. Einschiffig, mit kaum erkennbarem Querschiff, bietet der barock ausgestattete Innenraum einen überraschenden Kontrast zum eher schmucklosen Äußeren. Der gewaltige Hochaltar birgt ein kunstvoll geschnitztes oktogonales Tabernakel aus dem 17. Jh. – eine Nachbildung des Heiligen Grabs in Jerusalem –, das,

Luís Vaz de Camões in Goa

Luís Vaz de Camões gilt als größter portugiesischer Nationaldichter. Seine in der Tradition Petrarcas stehende Poesie soll nach Auffassung portugiesischer Literaturhistoriker den wichtigsten Beitrag Portugals zur Weltliteratur geleistet haben. Im Hauptwerk von Camões, »Os Lusíadas« (Die Lusiaden), werden die Errungenschaften der portugiesischen Krone zur Glanzzeit ihrer kolonialen Überseeexpansion propagandistisch verherrlicht, ihnen quasi ein literarisches Denkmal gesetzt.

Wann und wo Camões geboren wurde, ist nicht gesichert. Man nimmt an, daß er 1514 oder 1524 in Lissabon oder Coimbra das Licht der Welt erblickte. Zumindest studierte Camões bis zum Jahre 1542 in Coimbra, bevor er an die Universität von Lissabon überwechselte. Dort verbrachte er zehn Jahre am königlichen Hof von João III. (1521–57), bis er durch die Doppeldeutigkeiten, die König João III. dem Theaterstück »König Seleukos« entnahm, in Ungnade fiel. Nachdem Camões sich für zwei Jahre in den Militärdienst nach Nordafrika begeben hatte, wo er im Kampf vor Ceuta sein rechtes Auge einbüßte, kehrte er 1549 nach Lissabon zurück. Nach erneuten Skandalen mußte er am 24. 3. 1553 seine Heimat diesmal in Richtung Osten verlassen. Zunächst kam er nach Goa, wo ihn die Sitten des Landes zu scharfzüngigen Satiren und klagenden Sonetten inspirierten.

> Hier in dem Babel, wo ein Schlammgeflute
> Hinwälzt des Bösen Stoff und des Gemeinen,
> Hier, wo der feilen Mutter – nicht dem reinen
> Amor – die Menschheit dient mit Mark und Blute;
>
> Hier, wo das Schlechte schwelgt und darbt das Gute,
> Und jeden Willkür treibt und Ehre keinen;
> Hier, wo die Lenker, irr und blind, sich scheinen
> Mit eitlem Ruf zu flieh'n des Himmels Rute;
>
> Hier in dem Labyrinth, wo Geistes Helle
> Und Kraft und Adel betteln um Geschenke
> Auf der Gewinnsucht niederträcht'ger Schwelle;
> Hier im chaotisch-scheusslichem Gesenke
> Verrinnt mir allgemach des Lebens Welle;
> Sieh, ob ich dein, o Sion, hier gedenke!

Nach dreijähriger Militärzeit in Goa segelte er als Zivilist nach Macao weiter. Dort begann er während eines zweijährigen Aufenthalts an seinem berühmtem Epos »Os Lusíadas« zu arbeiten. Die Legende erzählt, daß Camões auf dem Rückweg nach Goa vor der Mekong-Mündung im Golf von Tonkin schiffbrüchig wurde und sich schwimmend an Land retten konnte; das Manuskript der »Lusiaden« in der einen Hand. Sein zweiter Aufenthalt in Goa war nicht sehr glücklich. Er landete wegen angeblicher Veruntreuungen von Staatsgeldern im Gefängnis, und nur mit Hilfe von Freunden konnte er 1567 an die afrikanische Ostküste gelangen. Dort verbrachte er weitere zwei Jahre in ärmlichen Verhältnissen, bis er schließlich 1570 nach Lissabon heimkehrte. 1572 wurden die »Lusiaden« veröffentlicht, die ihm nun zum Ruhme gelangten. Die Krone zahlte ihm eine Leibrente von 15 000 Reis. Der Dichter verstarb am 10. 6. 1580 an der Pest in Lissabon.

Das Werk »Os Lusíadas« führt seinen Titel auf die lateinische Bezeichnung der römischen Provinz Lusitania zurück, die sich aus dem Namen des mythischen Begründers der portugiesischen Nation Lusus oder Lysius, dem Sohn oder Begleiter des Bacchus, ableiten läßt. Die »Lusiaden« sind ein gewaltiger Lobgesang auf das portugiesische Volk, in dem sie die Taten seiner großen Helden, wie Vasco da Gama, der die Seeroute nach Indien entdeckte, verherrlichen und ihre Siege über die Feinde des Christentums zu ewigem Ruhm erheben. In Anlehnung an Vergils »Äneis« beschreiben die zehn Gesänge, wie der Haupthheld Vasco da Gama, mit seiner Mannschaft Indien erreicht und dabei mit Hilfe der Götter Bacchus und Venus, die das Geschick der Flotte lenken, die Naturgewalten des Ozeans überwindet. Alexander von Humboldt beschrieb die »Lusiaden« als ›maritimes Epos‹, das die majestätische Größe des ozeanischen Meers widerspiegelt.

wie auch der Altar, z. T. vergoldet ist. Gleichsam Übersinnliches erhält das Ganze, wenn der Hintergrund dieser Miniaturarchitektur durch die Fensteröffnung in der Ostwand in sphärisches Licht getaucht wird. Beiderseits des Hochaltars befinden sich Gemälde, auf denen die Lebensstationen des hl. Franziskus dargestellt sind.

Das zwischen 1707 und 1765 errichtete Gebäude, das früher als Konvent der Franziskaner fungierte, beherbergt heute das **Museum des Antikendienstes** (6, geöffnet: Sa–Do 10–17 Uhr, Eintritt frei). Anhand der Exponate, angefangen mit Funden aus prähistorischer Zeit bis zu Stücken der Moderne, läßt sich hier die Geschichte von Goa nachvollziehen. In den Grünanlagen, welche den Franziskanerkonvent und die Sé von der Bom Jesus-Kirche trennen, stand bis 1983 die Statue des großen portugiesischen Dichters aus dem 16. Jh., Luís Vaz de Camões. Nach einem Bombenanschlag, der nie aufgeklärt, aber national gesinnten Freiheitskämpfern zugeschrieben wurde, hat man das Denkmal ins Museum überführt.

Die Jesuitenkirche **Bom Jesus** (7), in der die Gebeine des hl. Francisco Xavier (1506–52) ruhen, wurde zwischen 1594 und 1605 erbaut. Als Paradebeispiel manieristischer Architektur in Goa gilt die Fassade des Gotteshauses. Ursprünglich bot sich die Schmuckseite dem Betrachter weniger ›purifiziert‹ dar als die Denkmalpflege sie nun hergerichtet hat. Bis auf die Granitvorlagen und Laibungen waren alle aus Laterit erbauten Wände und Mauern verputzt und weiß gekalkt. Ungewöhnlich für Kirchen in Goa ist die Fassade nicht nur, weil die flankierenden Doppeltürme fehlen, sondern weil Anleihen bei der berühmtesten aller Jesuitenkirchen, der Il Gesù in Rom, gemacht wurden. Im obersten abschließenden Rechteckgiebel ist das für Kirchen der Gesellschaft Jesu übliche Monogramm IHS zu erkennen.

Trotz der dreiachsigen, dreistöckigen Fassade ist die Bom Jesu-Kirche lediglich ein einschiffiger, schlichter Saalbau mit einem ausgeprägten Querschiff. Auch wenn

die Kirche oft als Basilika bezeichnet wird, bezieht sich dies nicht auf die architektonische Form, sondern auf den kirchenrechtlichen Rang. Im Jahre 1964 erhob Papst Pius XII. das Gotteshaus zu einer ›Basilica Minor‹ – ein Rang, der in diesem Jahrhundert vor allem Wallfahrtskirchen zugesprochen wurde.

Wie für portugiesische Kirchen typisch, beherrscht die *Talha dourada,* das vergoldete Holzschnitzwerk, den Innenraum. Gemeinsam mit Unserer Lieben Frau der Hoffnung und dem hl. Michael geweihten Nebenaltären bildet der vergoldete Hochaltar den Ostabschluß des Kirchenraums, der als Höhe-

Gläubiger beim St. Francis-Fest

punkt alles andere überstrahlt. Im südlichen Arm des Querschiffs befindet sich die Kapelle des hl. Francisco Xavier, deren Ausstattung aus der Zeit zwischen 1637 (Silberreliquiar) und 1698 (Sarkophag) stammt. Die Tafelbilder an den Wänden stellen Lebensstationen des großen Missionars dar, der 1659 in der Kapelle zur letzten Ruhe gebettet wurde. Hinter der Xavier-Kapelle schließt sich im Südosten die Sakristei an (geöffnet: Mo–Do 9–12.30, 14–17.30 Uhr, So 10.30–12.30, 14–17.30,). Im Norden des Transepts befindet sich die Kapelle des Gesegneten Sakraments.

Vom ersten Kirchengebäude der Jesuiten in Goa, der **St. Paul's-Kirche** (8, São Paulo dos Arcos) und dem dazugehörigen 1541/43 gegründeten Konvent ist heute nicht mehr viel erhalten. Bevor die Jesuiten die Anlage zur berühmtesten Universität Asiens umwandelten, hieß sie noch Seminário da Santa Fé. Im Seminar, das über die Landesgrenzen hinaus für seine umfangreiche Bibliothek berühmt war, hatte Francisco Xavier nach seiner Ankunft in Indien einige Wochen lang unterrichtet. Im Jahre 1556 wurde dort die erste Druckerpresse Indiens in Betrieb genommen, 1560 dann die erste Grammatik des Konkani herausgegeben. Das zwischen 1560 und 1572 erbaute Gotteshaus São Paulo erhielt die zusätzliche Bezeichnung dos Arcos, weil bald nach seiner Fertigstellung der Seitenschub des hohen Kirchenschiffs

durch Bögen an den Außenmauern der Längsseiten abgefangen werden mußte. Ende des 19. Jh. wurde das Gebäude der völligen Zerstörung anheim gegeben. Die Fassade soll der Schauseite der Bom Jesus-Kirche sehr ähnlich gewesen sein.

In der Nähe befindet sich die **Kapelle des hl. Francisco Xavier** (9, Chapel of St. Francis Xavier), die ursprünglich (1545) den Heiligen Antonius und Jeremias geweiht war. Als das Paulus-Kollegium aber gegen Ende des 16. Jh. nach und nach aufgegeben wurde, verfiel die Kapelle. Im Jahre 1884 errichtete man dort einen Neubau, der Francisco Xavier geweiht wurde.

Einige weitere, zum Teil verfallene Kirchen kann man auf dem Rückweg nach Panjim besichtigen. Von der in den Jahren 1597 bis 1602 erbauten Augustinerkirche **Our Lady of Grace** (10, Nossa Senhora da Graça) ist nur ein Glockenturm übriggeblieben. Die Anlage besaß ursprünglich zwei gewaltige fünfstöckige Türme, welche die Westfassade einrahmten. Eine der in Lissabon gegossenen Glocken hängt heute in der Kirche der Lady of Immaculate Conception in Panjim (vgl. S. 82).

Der Konvent von **St. John of God** (11) wurde Ende des 17. Jh. zur Krankenpflege gegründet, 1721 war die Kirche fertiggestellt. Als die meisten Bruderschaften Goa ver-

Ruine der Kirche Our Lady of Grace

Die Inquisition in Goa

Ein dunkles Kapitel der Kolonialgeschichte

Bereits vor der Einführung der Inquisition waren Nicht-Christen und sogenannte Heretiker in Goa heftigen Repressionen ausgesetzt. Nicht wenige fanden sogar den Tod durch Strafgerichtsurteile, die von einem Tribunal, das aus Geistlichen und hohen Regierungsbeamten bestand, ausgesprochen wurden. Mit der Herrschaft des Vizekönigs Constantino de Bragança wurde durch das offizielle *Tribunal do Santo Oficio* dann eines der traurigsten Kapitel der portugiesischen Herrschaft in Indien aufgeschlagen.

Bereits 1541 in Portugal eingeführt und 1560 nach Goa exportiert, diente die Inquisition nicht nur dazu, der katholischen Kirche im Gegenzug zu Reformationsbestrebungen alleinige Geltung zu verschaffen, sie war auch ein Mittel der absoluten Königsgewalt, die sich aller Unzufriedenen, Neuerer und Unruhestifter durch ›das heilige Amt‹ zu entledigen suchte. Von den ausgesprochenen Urteilen gab es keine Berufung, Geständnisse wurden durch Folter erpreßt. Die Ankläger wurden verschwiegen und den Denunzianten wurde, um ihre Motivation zu steigern, ein Teil des eingezogenen Vermögens der Verurteilten zugesichert. Es bestand allgemeine Anzeigepflicht, so daß selbst innerhalb des Familienverbands das Vertrauen untereinander gebrochen wurde. Vor allem Neu-Christen – konvertierte Hindus, Juden und Muslime – hatten die Inquisition zu fürchten, denn bei ihnen vermutete man – teils wohl zu Recht –, sie hätten das Christentum nur zum Schein angenommen, um ihre neuen Herren zu beschwichtigen.

Die Urteile wurden zumeist an kirchlichen Festtagen ausgesprochen. Die für schuldig Befundenen mußten dann in einem Büßergewand, das mit lodernden Feuerflammen bemalt war, in Reihen auf den Platz des Heiligen Lazarus in Alt-Goa treten.

Zeitgenössische Reisende, wie der Franzose François Pyrard, der sich in den Jahren 1608 bis 1610 in Goa aufhielt, berichteten, daß insbesondere wohlhabende Bürger in der Gefahr schwebten, denunziert und vom Tribunal zum Tode verurteilt zu werden. Ihr Vermögen wurde sogleich nach ihrer Verhaftung konfisziert, nach ihrem Tode ging es an die Inquisition. Die Inquisition hatte katastrophale Auswirkungen auf die ökonomische und politische Stabilität der portugiesischen Kolonie: Konfiszierte das Tribunal das Vermögen eines großen Handelshauses, so wirkte sich dessen Zusammenbruch auf die Partnergeschäfte aus. Auch die Bauern im Hinterland ließen ihre Felder brach liegen und flohen; ähnlich verhielt es sich mit den Handwerkern.

Im Jahre 1774 wurde das *Tribunal do Santo Oficio* vom liberal gesinnten Minister Marquês de Pombal, dem wichtigsten Berater des Königs José I. (1750–77), aufgehoben. Pombal korrigierte auch die rassistische Politik, die in den portugiesischen Kolonien ausgeübt wurde, indem er ein Dekret erließ, daß alle christlichen Untertanen der Krone, seien sie nun Afrikaner, Brasilianer oder Inder, in ihrem sozialen Status und vor dem Gesetz mit den Portugiesen gleichgestellt seien.

Indes führte 1778 die Königinwitwe, Maria I. (die Wahnsinnige), nach dem Tode ihres Mannes Pedro und dem Sturz von Pombal das Tribunal wieder ein und unterstellte es der Regierung. Die Verhandlungen fanden nun unter Ausschluß der Öffentlichkeit im Inquisitionspalast statt, und die Angeklagten verschwanden, ohne daß Verwandte etwas über ihren Verbleib und ihr Schicksal erfahren konnten, für Jahre hinter Kerkertüren, starben unter den Qualen der Folter oder wurden offiziell auf dem Scheiterhaufen verbrannt.

Erst 1812 verfügte König João VI. unter dem Druck der Briten, die sich zwischenzeitlich in Goa festgesetzt hatten, die endgültige Abschaffung der Inquisition, und es sieht so aus, als wenn er bei dieser Gelegenheit auch sämtliche Akten verbrennen ließ, die einen langen Schatten auf die portugiesische Kolonialgeschichte hätten werfen können. Zahlreiche Historiker, die sich der Geschichte der Inquisition in Goa angenommen haben, konnten zumindest bis heute keine Aufzeichnungen sichten, die noch am Ende des 18. Jh. existiert haben müssen. Es ist bekannt, daß 1774, nach der vorübergehenden Abschaffung des Tribunals, die wichtigsten Unterlagen nach Portugal verschifft wurden und diese 1779 wieder nach Goa zurück gelangt sind. 1830 wurde schließlich das Inquisitionsgebäude, das zwischen der Sé-Kathedrale und der St. Cajetan-Kirche lag und ursprünglich von Yusuf Adil Shah als Palast erbaut worden war, dem Erdboden gleichgemacht. Bei den Abrißarbeiten sollen Berge von menschlichen Knochen in den Kellergewölben und Substruktionen gefunden worden sein. Von 1561 bis 1774 wurden 16 172 Fälle vom Inquisitionstribunal verhandelt; die Zahlen der Todesurteile und Folteropfer sind nicht bekannt.

lassen mußten, kauften im Jahre 1844 die Augustinerinnen von St. Monica, die man nicht auszuweisen wagte, die Anlage auf und hielten sie als Unterkunft für ihre Geistlichen.

Eindrucksvoll ist auch heute noch der zwischen 1606 und 1627 erbaute **Konvent der hl. Monika** (12), der einst das größte Nonnenkloster Asiens beherbergte. Als es Ende des 19. Jh. aufgegeben wurde, verfielen Anlage und Kirche zusehends. Seit 1964 befindet sich dort das Mater Dei-Institut für Nonnen verschiedener Kongregationen.

Die 1543 errichtete **St. Anthony** (13) ist, wie auch der reich vergoldete Hauptaltar, dem hl. Antonius, dem Nationalheiligen Portugals geweiht. Ende des 17. Jh. von den Augustinern erbaut, wurde die Kapelle auch als Königskapelle bezeichnet, weil dort die Würdenträger der Regierungen dem Patron Portugals ihre Verehrung erwiesen. Im Jahre 1961 wurde sie aus Mitteln des portugiesischen Staates renoviert.

Zu den ältesten erhaltenen Sakralbauten des Subkontinents zählt **Our Lady of the Rosary** (14, Nossa Senhora do Rosario). Zwischen 1543 und 1549 erbaut, zeigt sie eine einzigartige Mischung aus unterschiedlichen Stilrichtungen. Trutzig und wehrhaft ist sie in ihrem Äußeren der manuelinischen Bauweise verhaftet und weist im Innern (meist geschlossen) zum Teil noch spätgotische Züge auf, zum Beispiel in den Sternrippengewölben über dem quadratischen Altarraum und im Torraum. Der marmorne, in die Wand versenkte Kenotaph zur Rechten des Hauptaltars ist einer gewissen Catarina de Sá gewidmet, die mit einem portugiesischen Gouverneur (Garcia de Sá, 1548/49) verheiratet war, der auch hier begraben liegt. Trotz des europäischen Äußeren verraten die Ornamentik des Kenotaphs und die Form der einrahmenden Säulen deutlich die Arbeit indischer Handwerker, die wahrscheinlich aus Gujarat stammten. Die Nossa Senhora do Rosario ist nicht nur die älteste Kirche von Goa, um sie rankt sich auch eine bewegte Geschichte. Man sagt, Francisco Xavier habe 1542 dort Kindern Religionsunterricht erteilt. Von dem Platz, auf dem das Gotteshaus steht, soll Alfonso de Albuquerque im Jahre 1510 den Angriff auf die Truppen des Adil Shah begonnen haben.

Auf dem Weg nach Pilar und Goa Velha kommt man, bevor die verfallene Kirche des Wundertätigen Kreuzes erreicht ist, an dem alten **Prangerplatz** (15) vorbei. Wo heute die Basaltspolie aus einem zerstörten Hindu-Tempel einsam auf einer erhöhten Plattform steht, lag einstmals der Markt und das Basarviertel von Alt-Goa, in dessen Zentrum der Pranger stand. Bis Ende des 17. Jh. pflegte man Gesetzesübertreter an diesen Pfahl zu ketten und öffentlich auszupeitschen.

Die **Kirche des Wundertätigen Kreuzes** (16, Church of the Miraculous Cross, Cruz dos Milagres) wurde an jener Stelle errichtet, an der 1619 einem einheimischen Priester namens Manuel Rodrigues Christus am Kreuz erschienen war und der fromme Mann daraufhin ein hölzernes Kreuz aufgestellt hatte. Von 1669 bis 1671 erneuert, entwickelte sich das Gotteshaus zum Nucleus einer Oratoriumsgemeinschaft, in der Priester verschiedener Gemeinschaftshäuser sich auch zusammen mit Laien der Seelsorge widmeten. Bis zur Aufhebung der Kongregation 1836 stand das Wunderkreuz, das Symbol des Protests goanischer Priester gegen ihre Diskriminierung durch den portugiesischen Klerus, in der Cruz dos Milagres-Kirche; 1845 wurde es in die Sé-Kathedrale transferiert. Noch heute soll das Kreuz der Legende zufolge langsam aber stetig wachsen; 1979 maß man eine Höhe von 6,4 m.

Die **Karmeliterkirche** (17) im Nordosten der Stadt, liegt hinter der Cajetan-Kirche. Schon 1707 mußten die Karmeliter Goa verlassen, so daß von ihrem 1621 erbauten Gotteshaus nur noch die Fassade steht. Von der Straße nach Ponda kann man sich schließlich noch zur Kirche **Our Lady of the Mount** (18) aufmachen. Das Gotteshaus liegt auf einem Hügel, von dem man einen schönen Ausblick hat. Noch Alfonso de Albuquerque soll den Bau veranlaßt haben. Fertig war er 1519, wurde aber später noch zweimal erneuert.

🛏️ 🍴 **Unterkunft & Verpflegung:** Um Unterkunft und Verpflegung ist es in Alt-Goa schlecht bestellt. Ein neues Mittelklassehotel, Hotel Seema, wird z. Zt. in Ribander fertiggestellt. Hier wird man in Zukunft am besten einkehren können, denn im Bezirk der verlassenen Portugiesenhauptstadt gibt es nur einfachste Imbißbuden und Erfrischungsstände, die nicht zu längerem Verweilen einladen. Ebenso abenteuerlich sieht es mit den öffentlichen Toiletten aus. Im Notfall suche man die Einrichtungen des Archäologischen Museums im Konvent der St. Francis-Kirche auf (s. o.).

Goa Velha

Goa Velha oder Vodlem Goem an der Nationalstraße 17 etwa 10 km südöstlich von Panjim war eine der Hauptstädte der Kadamba-Dynastie. Jayakeshi I. (ca. 1052–80) verlagerte das Zentrum seines Reiches von Chandrapur im Landesinneren an die Ufer des Zuari und konnte von dort den Überseehandel und die Geschicke des Landes zur Blüte bringen. Von den prächtigen Bauwerken, den Tempeln, Schulen und Palästen, für die Vodlem Goem einst berühmt war, sind heute nur noch archäologische Fragmente übrig. Die **St. Andreas-Kirche** (St. Andrew's) ist alljährlich am fünften Montag in der Fastenzeit Ausgangspunkt einer großen, mit einem Jahrmarkt einhergehenden Heiligenprozession, in der 30 le-

bensgroße Statuen gegen Sonnenuntergang durch das 4500 Einwohner zählende Dorf getragen werden.

Auf einem Hügel, die seit Jahrhunderten wieder überwachsenen
Gebiete von Vodlem Goem über-
schauend, liegt das **Pilar-Seminar.**
Kirche und Seminar wurden 1613
von den Kapuzinern an jenem Ort
errichtet, an dem sich einst ein berühmter Shiva-Tempel (Goveshva-
ra- oder Gomanteshvar-Tempel)
der Kadamba-Epoche (ca. 13. Jh.)
befand. Ausgrabungen brachten
Plastiken wie etwa eine Nandi-Figur und eine Naga-Skulptur sowie
Steinmetzarbeiten zutage, die im
Seminar besichtigt werden können.
Im Garten des Konvents befinden
sich die Reste des alten Tempeltanks.

Talauli

Die Santana-Kirche in Talauli(m)
erreicht man, wenn man von Goa
Velha nach Norden fährt oder von
Panjim der Nationalstraße (NH 17)
Richtung Flughafen folgt. Noch vor
Goa Velha und Pilar geht es links
zur Santana-Kirche, wie die in portugiesisch beschrifteten Schilder
ausweisen. Durch Reisfelder und
tiefer gelegene Ebenen, auf denen
Salz gewonnen wird, führt die Straße über eine schmale, alte Stein-
brücke nach Talauli. Gleich hinter
den ersten Häusern des Ortes biegt

man rechts ab und fährt das Siri-
dao-Flüßchen entlang an Wegkreuzen und Feldern vorbei, bis man
nach ungefähr 1,5 km das einsam
gelegene Gotteshaus vor sich er-
blickt.

Derzeit in einem bedauernswer-
ten Zustand, zählt die **Santana-Kirche** zu den großartigsten barocken
Sakralbauten von Goa. Sie wurde
zwischen 1681 und 1695 nach dem
Vorbild der heute zerstörten Augustinerkirche Our Lady of Grace
(Nossa Senhora da Graça) in Alt-
Goa fertiggestellt. Vom Monsun
des Putzes und der weißen Farbe
beraubt, sind die roten Lateritqua-
der, aus denen das Gotteshaus errichtet wurde, zu erkennen. Die
Doppelturmfassade hat Ähnlichkeit mit der Heiliggeistkirche in
Margao (vgl. S. 169), nur sind ihre
Türme mächtiger, die Fassade ist
reicher gegliedert. Doch erst im Innern entfaltet sich die ganze Fülle
des indischen Barock. Der einschiffige und dreigeschossige Bau
ist von einer kassettierten Stuck-
decke überwölbt. Eine Mischung
aus europäischen und indischen
Dekormotiven (Lotusblüten, Palm-
blättern etc.) läßt sich bei genaue-
rem Hinsehen an den Stukkaturen
der Seitennischen und Wandver-
kleidungen erkennen.

Mit dem Niedergang von Alt-
Goa in der zweiten Hälfte des
18. Jh. ging auch die Bedeutung
der Pfarrkirche von Talauli zurück.
Gleichwohl galt bis in die 50er
Jahre das alljährlich am 26. 7. be-
gangene Fest der hl. Anna, der Pa-

Salzgewinnung in Tiswadi

tronin der kinderlosen Frauen und werdenden Mütter, als ein Ereignis. Unverheiratete und frisch vermählte junge Leute pflegten der Heiligen ihre Wünsche ans Herz zu legen.

Als Fest der *pepinos* oder *cucumbers* (Konkani: *toucheam*), der Gurken, wurde es über die Grenzen des Tiswadi-Distrikts berühmt, weil kinderlose junge Ehefrauen der Santana eine Gurke opferten, um ihrem Wunsch nach einem männlichen Nachkommen Ausdruck zu verleihen.

Der Norden

Forts und Märkte im
Distrikt Bardez

Der Distrikt Pernem: eine
Festung mit Geschichte
und ein kilometerlanger
Strand

Wissenswertes über die
Cashew-Nuß

Tempel in Bicholim
und Satari

Küste bei Anjuna

Der Norden

Der Norden des Bundesstaates ist am abwechslungsreichsten. Viele Forts, Kirchen und lusitanische Villen zeugen von Goas portugiesischer Vergangenheit. Die Strände von Sinquerim bis Arambol ziehen die unterschiedlichsten Urlauber an. Mittwochs ist Flohmarkt in Anjuna, freitags lockt der Markt in Mapusa. Ein wenig abseits der touristischen Zentren wird der Besucher auch hier noch einsame Strände und das ursprüngliche Goa vorfinden.

Festungen und Strände – Der Distrikt Bardez

Der Taluka Bardez ist neben dem Taluka Tiswadi (Panjim, Alt-Goa und Umgebung) der touristisch am weitesten erschlossene und meist besuchte Distrikt in Goa. Seine Hauptattraktionen sind die kilometerlangen Strände, die zum Teil schon in den 60er Jahren erschlossen wurden.

Als erstes Fünf-Sterne-Hotel von Goa war 1975 das Fort Aguada Beach Resort an der Südspitze des Calangute/Candolim-Strands fertiggestellt, das man inmitten der portugiesischen Festungsanlage errichtete. Trotz aller denkmalpflegerischer Bedenken kann man den Architekten planerisches Feingefühl im Umgang mit dem historischen Monument und seiner landschaftlichen Umgebung nicht absprechen. Aus genügender Entfernung ist der Hotelkomplex kaum noch zu erkennen.

Fort Aguada

Das 1612 von den Portugiesen erbaute Fort erhielt seinen Namen aufgrund der Mineralwasserquellen, die reichlich aus den Felsen sprudelten und die Festungsbesatzung unabhängig von äußerer Wasserversorgung machten. Heute führt nur noch eine Quelle Wasser, die Mãe de Agua (Mutter der Wasser). Auf der gegenüberliegenden Flußseite lag das Cabo Raj Niwas, etwas landeinwärts das Reis Magos Fort; mit diesen drei Festungen hatten die Portugiesen die Mandovi-Mündung fest im Griff. Auf dem höchsten Punkt der Bastion, der knapp 80 m hoch gelegenen Zitadelle, steht der älteste Leuchtturm Asiens. Heute hat dem runden, 13 m hohen Turm zwar eine moderne

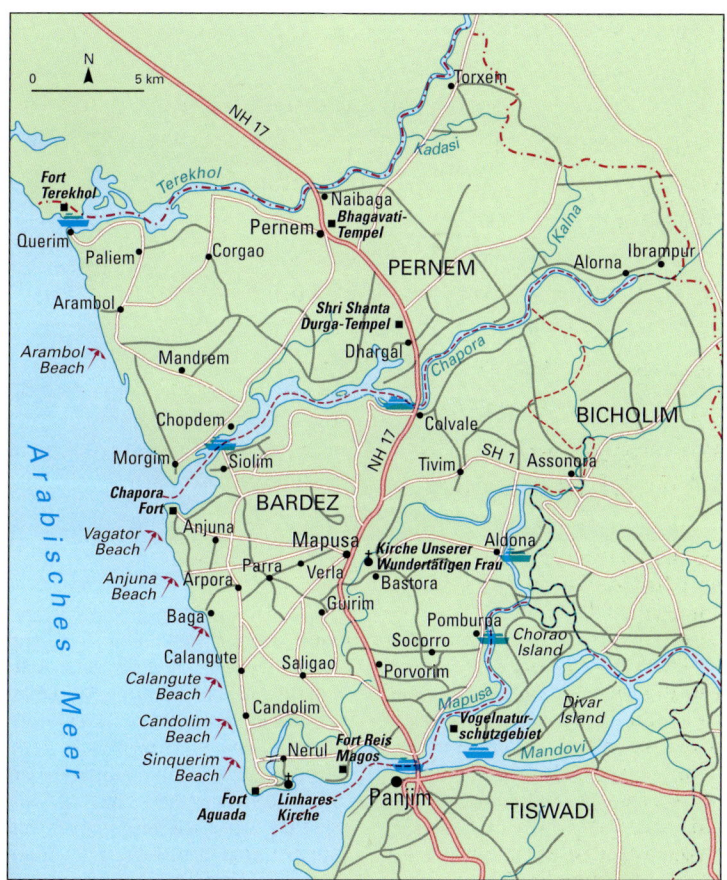

Der Nordwesten: Bardez und Pernem

Leuchtanlage außerhalb des Forts die Verantwortung abgenommen, dennoch schickt der betagte Veteran alle sieben Sekunden sein Licht aus, das auch in 40 km Entfernung noch wahrgenommen werden kann. Unterhalb des Leuchtturms befindet sich eine alte Zisterne, die vor Jahren renoviert wurde, um als Wasserreservoir für die Hotelanlage zu dienen. Das Projekt wurde aber nicht zu Ende geführt. Dafür

Blick vom Fort Aguada auf den Strand

prangen an den Wänden farbkräftige Kulissenmalereien, die von den Dreharbeiten zu einem indischen Filmdrama übrigblieben (geöffnet 16–17 Uhr, ein unbefestigter Weg führt von der Asphaltstraße zum Eingang der Zitadelle). Im unteren Teil der Aguada-Feste ist heute das Zentralgefängnis von Goa untergebracht, in dem vor der Unabhängigkeit Goas so mancher nationale Freiheitskämpfer einsaß.

Etwas weiter östlich, außerhalb der Befestigungsanlage, steht die sogenannte **Linhares-Kirche,** eigentlich São Lourenço, die dem hl. Laurentius geweiht ist. Miguel de Noronha, Graf von Linhares (1588–1656), stiftete das Gotteshaus, als er zwischen 1629 und 1635 Vizekönig in Indien war. Vorher befand sich an gleicher Stelle eine kleine Kapelle, der ein Hindu-Tempel hatte weichen müssen. Die Eigenschaft des hl. Laurentius als Wetterpatron führte wahrscheinlich zu dem Glauben, daß am 10. 8., dem Laurentiustag, auch der Monsun vorbei ist und die Schiffe nach der Regenzeit erstmals wieder auslaufen können.

Candolim

Die etwa 6000 Einwohner des Dorfes lebten, bis der Tourismus durch die Luxusherberge im Fort Aguada

Einzug hielt, vornehmlich von der Landwirtschaft und der Fischerei. Heute findet man in und um Candolim herum zahlreiche Restaurants, Pensionen und kleinere Hotels. Der Ort besitzt zwei **Hindu-Tempel,** Shanta Durga und Ghagreshwar geweiht, und die 1764 erneuerte **Kirche Nossa Senhora d'Esperança** aus dem Jahre 1560. Am 31.5.1756 wurde hier der berühmte Abbé Faria geboren, der sich für Goas Autonomie einsetzte (vgl. S. 83).

Unterkunft: *Luxuskategorie* (DZ um 150–170 US$ plus 15 % Luxussteuer): The Aguada Hermitage, Taj Group of Hotels, Sinquerim-403 519, ☎ 08 32/27 62 01–10, Fax 27 60 44/45; dort ebenfalls zu erreichen: Fort Aguada Beach Resort und Taj Holiday Village. Das Aguada Hermitage und das Aguada Beach Resort sind in den 70er Jahren anläßlich der erstmals in Indien abgehaltenen Commonwealth-Konferenz in die aus dunkelrotem Lateritstein errichtete Bastion der Portugiesen hineingesetzt worden. Über den Strand nach etwa 200 m zu Fuß erreichbar ist das Taj Holiday Village, eine im portugiesischen Stil errichtete Anlage aus Einzelvillen inmitten eines tropischen Parks. Wie alle Luxusherbergen sollte man diese von daheim pauschal buchen, da dem Individualreisenden kein Rabatt eingeräumt wird. *Obere Preisklasse* (DZ um 1200 bis 2000 Rs plus 15 % Luxussteuer): Aguada Holiday Resort, Bamonvaddo, ☎ 27 60 71, Fax 4 22 31, 5 Min. zum Strand; Dom Francisco Resorts, Sequeiravaddo, ☎ 27 69 36, 300 Betten-Anlage unter maximaler Ausnutzung des Grundstücks meist von Reisegruppen belegt, Pool, Bar & Restaurant; Whispering Palms Beach Re-

sort, ☎ 27 61 40/1, 27 64 26–35, Fax 27 61 42, 85-Zimmer-Anlage, Pool, Restaurants & Bar, strandnah. *Mittlere Preisklasse* (DZ um 1000 Rs plus 15 % Luxussteuer): Summer Ville, Dando ☎ 27 70 75, kleines, 15-Zimmer-Hotel evtl. demnächst mit Pool. *Untere Preisklasse* (einfache Unterkünfte, DZ um 600 Rs plus 5 % Steuer): Casa Sea-Shell, Vaddy ☎ 27 61 31, 16 Zimmer, Familienbetrieb in alter goanischer Villa, Gästezimmer in modernem Anbau, Bar & Restaurant; Xavier Beach Resort, Vaddy, ☎ 27 69 11, 10 Zimmer, Familienbetrieb mit Restaurant & Bar, der Hausherr hat 30 Jahre in England gekocht; Costa Nicola Beach Resort, Vaddy, gegenüber Dona Alcina, ☎ 27 63 43, Fax 27 73 43, 7 Räume in traditioneller Villa, eingebettet in kleinen, tropischen Garten, in der Hauptsaison lange Vorausbuchung ratsam; Dona Florina Beach Resort, Monteiro's Road ☎ 27 68 78, sehr einfach, doch unmittelbar am Strand, ohne Restaurant. *PLZ:* Candolim-403 515, *Vorwahl:* 08 32.

Restaurants: Neben zahlreichen Restaurants in den oben genannten Hotels gibt es eine Fülle von Bars und Restaurants bis hin zu den Beach Shacks, die einen Versuch Wert sind, darunter: Bob's Inn, Fort Aguada Rd., ☎ 27 64 02, immer gut besucht, man weiß nur nicht so genau warum, westliche Küche, preiswert; Bom Successo, Fort Aguada Rd., ☎ 27 61 32, int. Küche, regelmäßig Bar-B-Q-Abende, in der Saison jeden Donnerstag Livemusik und Tanzaufführungen; Casa Sea Shell, Vaddy, ☎ 27 61 31, nordindische Küche, Tandoor-Spezialitäten; Coconut-Inn, Nerul Village Road, ☎ 27 61 69, spezialisiert auf Cocktails, Fischgerichte, nordindische Küche; Sizzler, Nezvila, Dando, ein Beach Shack, der nicht direkt am Strand liegt, Fischgerichte;

Palms N Sands, Dando, ☏ 27 61 71, von den Tischen auf der Düne kann man den Sundowner genießen, spezialisiert auf Fischgerichte; Comfort Beach Shack, die ehemaligen 21 Coconuts, Vaddy, Frühstück: hausgemachte Brötchen & frische Säfte, mittags Tagesgerichte, Salate, Sandwiches, nach Sonnenuntergang geschlossen, relativ teuer.

Fort Reis Magos

Die Festung bei Verem wurde 1551 auf den Ruinen einer kleinen Bastion des Adil Shah von Bijapur errichtet und 1602 sowie von 1702 bis 1707 erneuert beziehungsweise erweitert. Von den ehemals 33 Kanonen sind nur noch neun erhalten. Heute dient die Anlage als Gefängnis. Unterhalb des Forts befindet sich im Osten eine Quelle, an der die ein- und auslaufenden Schiffe ihren Wasservorrat auffüllen konnten. Als 1612 das Aguada Fort errichtet wurde, sank die strategische Bedeutung des Reis Magos hinter der bei weitem größeren Aguada-Feste zurück.

Zu Füßen des Forts steht die von Franziskanern 1555 begründete und 1771 erneuerte **Reis Magos-Kirche,** die den Heiligen Drei Königen Kaspar, Melchior und Balthasar geweiht ist. Dort, in einem der ersten Gotteshäuser im Distrikt Bardez, wurden die aus Portugal ankommenden Vizekönige vereidigt, nachdem sie am Reis Magos Fort erstmals indischen Boden betreten hatten. Sieben portugiesische Vizekönige und Gouverneure

fanden dort ihre letzte Ruhestätte. Die ›Königskirche‹, die als äußeres Zeichen die Krone im Giebel der Schauseite trägt, hatte lange Zeit einen Sonderstatus, da ihr auch Staatsmittel zuflossen. Vor der auf die Kirche hinaufführenden Treppenanlage wurde 1916 eine kleine Kapelle errichtet. Der Legende nach soll Alfonso de Albuquerque dort 1510 erstmals gelandet sein. Die Granitfiguren am Fuße der Treppenanlage stammen wahrscheinlich aus dem Hindu-Tempel, der bis 1550 an gleicher Stelle stand und Vitthoba, einer Form des Vishnu, geweiht war.

Das Dreikönigsfest am 6. 1. wurde in portugiesischen Zeiten mit militärischem Pomp auch innerhalb des Reis Magos Fort begangen. Heute nimmt nur die Kirchengemeinde daran teil, doch es ist immer noch ein großes Ereignis mit Umzügen und einem Jahrmarkt.

 Unterkunft & Verpflegung: *Untere Preiskategorie* (DZ 500–700 Rs plus 5 %): Bamboo Motels, Verem Reis Magos, Betim, ☏ 08 32/ 21 73 21–3, mit Pool, typisches indisches Mittelklassehotel.

Calangute

Mit über 10 000 Einwohnern zählt Calangute seit 1981 zu den 15 urbanen Gemeinden von Goa. Seine Berühmtheit verdankt der Ort dem breiten Sandstrand, der schon in den 60er Jahren zu einem touristi-

Liebespaare und Rheumakranke

Inder als Touristen in Goa

Schwimmen, schnorcheln oder gar in der Sonne am Strand liegen, ist für viele indische Goa-Besucher undenkbar – ein großer Teil der indischen Bevölkerung wie auch der goanischen Fischer kann übrigens gar nicht schwimmen. Regelrecht absurd muß es der indischen Mehrheit vorkommen, wenn sich von weit hergereiste, hellhäutige Zeitgenossen halbnackt in die Fluten stürzen und sich zwischendurch in der Sonne braten lassen. Hellhäutigkeit und gute Gewandung haben nämlich in Indien eine statusgebende Bedeutung. Es gilt als ›nicht vornehm‹ von dunkler Hautfarbe zu sein, und schlechte, das heißt auch wenig Kleidung tragen nur die Armen und Unterprivilegierten.

Wenn also Schwimmen als sportliche Betätigung nur selten und Sonnenbaden ebensowenig für indische Besucher der Strände von Goa in Frage kommt, wird man diese Feriengäste zumeist am späten Nachmittag am Strand antreffen, wo sie dann in größeren Gruppen spazierengehen oder im seichten Wasser planschen. Rheumakranke, die von der heilenden Wirkung des Seewassers überzeugt sind, bedecken sich mit dem warmen Sand oder setzen sich in die seichte Brandung. Dabei ziehen Frauen ihren Sari nur selten aus, und Männer tragen oftmals rührend altertümliche Badehosen oder steigen in ihrer Unterwäsche in die Fluten.

So hat sich schon seit Jahren an einigen Stränden im Norden eine ganz eigentümliche Spezies von Touristen eingefunden. Inder aus den Nachbarstaaten werden busseweise nach Goa gefahren, wo sie dann, mit Aktenköfferchen und Feldstechern bewaffnet, nach nacktem weiblichen Fleisch Ausschau halten.

Viele Inder sind insofern der englischen Tradition verhaftet, als sie pittoreske Landschaftseindrücke im Postkartenformat lieben gelernt haben. Aussichtspunkte werden daher bevorzugt zu *picnic spots* umfunktioniert, an denen sich ganze Großfamilien niederlassen. Indes, den ›typischen‹ indischen Touristen beschreiben zu wollen, gestaltet sich bei der Größe des Landes und seiner kulturellen Vielfalt noch unmöglicher als ein Bild vom ›typisch‹ deutschen Reisenden zu zeichnen. In Goa wird man auf Sardarjis (Angehörige der Sikhs) treffen, die ausnahmsweise mal ohne Turban aber mit einem um ihren Haarknoten gebundenen Taschentuch am Strand entlanglaufen. Man kann Autobusladungen von alten Herrschaften begegnen, die hier ihre diversen Leiden lindern wollen, und man wird auf jungvermählte Paare treffen, die sich auf ihrer ersten gemeinsamen Reise gerade erst zaghaft kennenlernen. Ganz normale Familien mit Mutter, Vater und zwei, drei Kindern aus Dehli oder Bangalore gehören genauso ins Goa-Bild wie der Trupp lauter College-Studenten, die gerne ein Bier zu viel trinken. Goa ist auch das Ziel großstädtischer Yuppies und westlich orientierter Kids aus reichem Hause, die in den feinen Hotels das Geld ihrer Väter großzügig ausgeben und das Personal schon mal schikanieren. – Kurz, nichts Menschliches ist in Goa fremd, und man kann hier ebenso seine Studien betreiben, wie die Goaner und Inder auch die ihren an ausländischen Besuchern machen.

schen Hauptanziehungspunkt, vor allem in der ›Traveller-Szene‹ wurde. Nur Uneingeweihte nennen den etwa 15 km langen Sandstrand, der sich vom Flüßchen Baga im Norden bis hinunter zur Aguada-Feste erstreckt, Calangute Beach. Im Norden heißt er Baga Beach, bei Calangute Calangute Beach und weiter im Süden Candolim und Sinquerim Beach.

In den letzten fünf Jahren hat der Großraum Calangute einen Bauboom erlebt, dem nun auch die Einheimischen fassungslos gegenüberstehen. Skrupellose Geschäftemacher haben hier jeden Flecken Land aufgekauft, dessen

Strandidyll

sie habhaft werden konnten, und ließen ohne Rücksicht auf jede Bauverordnung darauf mehrstöckige Apartmenthäuser und phantasielose Hotels errichten.

Schon jetzt ist der Küstenabschnitt zwischen Candolim und Baga so gut wie zubetoniert, aber der Baurausch scheint kein Ende zu nehmen. Die ›Entwicklungsgesellschaften‹ drängen weiter ins Hinterland und bis nach Anjuna vor, wo immer mehr Apartmenthäuser entstehen, die man als Ferienwohnungen an aus den Golfstaaten zurückgekehrte *Expatriates* (Gastarbeiter) und an wohlhabende Städter verkaufen will. Da mit dem Bauboom und dem Gästean-

sturm aber auch die Probleme mit der Wasserver- und entsorgung sowie die Müllberge nicht kleiner geworden sind, fallen nun die Preise.

Wenn in den ehemals beschaulichen Orten am Küstenstreifen von Calangute auch nicht mehr die romantische Atmosphäre anzutreffen ist, die hier früher einmal herrschte, muß man dem Besucher nicht unbedingt abraten. Der lange Strand ist immer noch weitläufig genug für alle, es gibt reichlich Abwechslung durch Geschäfte und Restaurants, und nirgendwo in Goa wird die soziale Dichte von Calangute übertroffen.

 Unterkunft in Calangute: *Obere Preisklasse* (DZ um 1500 bis 3000 Rs plus 15 % Luxussteuer): Hotel Goan Heritage, Gauravaddo, ☏ 27 62 53, 27 67 61–6, Fax 27 61 20, ca. 70 Räume z. T. mit AC, Pool, Bar & Restaurant, direkt am Strand; Paradise Village Beach Resort, Tivai Vaddo, ✆ 27 63 51–3, Fax 27 61 55, gepflegte, großzügige Anlage mit 50 Studios in Einzelhauskomplexen, Pool, Bar & Restaurants, 24-Std.-Coffee Shop. *Mittlere Preisklasse* (DZ um 1000 Rs plus 15 % Luxussteuer): Osborne Resorts, Gauravaddo, nahe der Antoniuskapelle, mit Pool, Bar & Restaurant, zumeist von Reisegruppen belegt. *Untere Preisklasse* (einfache Unterkünfte DZ um 600 Rs plus 5 % Steuer): Coco Banana Bungalows, Umtavaddo, ✆ 27 64 78; Hotel Golden Eye, Gauravaddo, ✆ 27 61 87, 27 73 09, 8 Zimmer, Familienbetrieb mit Restaurant, unmittelbar am Strand. Nicht absolut ruhig, aber dafür mit Ethno-Atmosphäre, da die Fischer hier ihre Stammkneipe haben. Kismat Mahal Tourist Home, Gaurovaddo, nahe der Antoniuskapelle, ✆ 27 60 67, 15 Räume.

... in Baga: *Obere Preisklasse (s. o.):* Ronil Beach Resort, Baga, ✆ 27 61 01, 27 60 99, Fax 27 60 68, Pool, Bar & Restaurant, oft durch Gruppenreisen ausgebucht; Vila Goesa, Cobravaddo, ✆/Fax 27 61 82, nett gestaltete Anlage mit Bungalows in einem grünen Garten, 21 Zimmer mit und ohne AC, Bar & Restaurant, strandnah, in der Saison immer ausgebucht. *Mittlere Preisklasse (s. o.):* Hotel Baia do Sol, Baga Road, ✆ 27 60 84, unmittelbar am Baga-Fluß, die Zimmer zur Straße können wegen der Bushaltestation z. T. etwas laut sein, 22 Zimmer davon 5 mit AC. Capt. Lobo's Beach Hideaway, Baga, ✆ 27 61 03, 27 69 17, mit Pool, Bar & Restaurant, strandnah, Gruppenhotel; CSM Colonia Santa Maria, Cobravaddo, ✆ 27 64 91, 27 60 11, Fax 26 20 45, Pool, Bar & Restaurant, Gruppenhotel; Hotel Cavala, Sauntavaddo, ✆ 27 60 90, 21 Zimmer ohne AC, Bar & Restaurant; Estrela do Mar, Cobravaddo, ✆ 27 60 14, 21 Zimmer in Doppelcottages mit und ohne AC, Garten, Restaurant & Bar, strandnah. *Untere Preisklasse (s. o.):* Hotel River Side, Baga Beach, ✆ 27 60 62, 18

Am Strand wird getrockneter Fisch für den Transport zu den Fabriken verpackt

Zimmer ohne AC direkt am Baga-Fluß; Hotel Shelsta, Cobravaddo, Baga Rd., ✆ 27 60 69, sehr einfach. *PLZ:* Calangute-403 515, *Vorwahl:* 08 32.

... in Apora: *Obere Preisklasse (s. o.):* Resorte Marinha Dourada, Apora-403 518, ✆ 08 32/27 67 80–4, Fax 27 67 85, neuer Klotzbau mit Pool, Tennisplatz, Health Club, Bar & Restaurant, 82 Zimmer mit und ohne AC, strandfern, es gibt einen hoteleigenen stündlichen Shuttleservice zum Strand (8–17 Uhr).

Restaurants in Calangute: Souza Lobo, Calangute Beach, ✆ 27 64 63, spezialisiert auf Fischgerichte und indische Speisen, konstant gute Küche in Wartesaalatmosphäre, während der Saison Tischbestellung ratsam; Planters, ✆ 27 65 63, Gartenrestaurant mit Bar in renovierter Goanischer Villa, an bestimmten Tagen Tandoori-Gerichte, die Qualität wechselt von Jahr zu Jahr; Sotobar, c/o Greenfield Cottages, Calangute-403 516, an der Straße hinter St. Alex Richtung Mapusa, von Schweizern und Deutschen geführtes open air-Restaurant, europäisches Essen und Ambiente, am späteren Abend Disco, nur abends geöffnet.

... in Baga: Casa Portuguesa, Baga Rd., portugiesische und goanische Küche, nostalgisches Ambiente in traditioneller Villa mit antiken Möbeln, nur abends ab 18 Uhr, Reservierung empfohlen; Delhi Dabar, Cobravaddo, ausgezeichnete Mughlaiküche; Bosco's Beach Snack, Baga Beach in Höhe der CSM (Colonia Santa Maria), spezialisiert auf Fischgerichte, Sizzler, Cocktails und Shakes, wöchentlich Bar-B-Q-Abende; St. Antony's, Baga Rd., direkt am Strand, Fischgerichte, westliche und indische Küche, die Qualität kann wechseln; The Taste of China, Baga Rd., chinesische Küche; Valerio's, Hotel Baia do Sol,

westliche und indische Küche auf luftiger Terrasse mit Blick auf den Strand und das Baga Flüßchen.

Unterhaltung: Kunstausstellungen und Musikabende sowie indischer Tanz werden im Kerkar Art Komplex, Gauravaddo, ✆ 27 60 17, geboten. Das Nachtleben findet immer noch bei Tito's in Baga statt. Wenn aus der Szene-Kneipe inzwischen auch ein Treffpunkt der Bombay-Urbanites geworden ist, muß sich hier jeder blicken lassen, allein um zu sehen, wer sonst noch da ist. In der Sotobar, an der Straße nach Mapusa, Calangute, kann man während der Hauptsaison ab 22 Uhr bis in die frühen Morgen richtig abtanzen.

Anjuna

In dem über 8000 Einwohner zählenden, recht weitläufigen Ort ist es nicht einfach, sich zu orientieren. Ein richtiges Zentrum gibt es nicht. Anjuna ist der Platz, der immer noch der ›alternativste‹ ist. Hierhin hatte sich die ›Szene‹ schon früh zurückgezogen, als Calangute und Baga zu bürgerlich geworden waren. Wer dazugehören will, muß hier schon mehrere Monate mit Freunden in angemieteten Häusern oder in Privatzimmern wohnen. Anjuna hat einige herrschaftliche indo-lusitanische Villen aufzuweisen.

Wenngleich auch hier mittlerweile Mittelklassehotels für Pau-

Anjuna: Flohmarkt unter Palmen ▷

Ein im wahrsten Sinne buntes Publikum trifft sich in Anjuna

Das Partyphänomen ist mittlerweile zu einem Politikum geworden, mit dem sich die goanische Öffentlichkeit beschäftigt. Viele der Einheimischen fühlen sich nicht nur vom nächtlichen Lärm terrorisiert, sondern sie fürchten auch den damit verbundenen Konsum von Drogen, dem sich immer mehr goanische Jugendliche zuwenden. So fordern die Politiker die Polizei auf, die Parties zu verhindern. Diese scheint sich aber meistens mit den lokalen Betreibern arrangieren zu können, denn bei den Raves sind für indische Verhältnisse Unsummen im Spiel.

schaltouristen entstanden sind, ist Anjuna immer noch das Zentrum der Freaks und derer, die sich dafür halten. Ein Überbleibsel aus den 70er Jahren mit den in Nebelschwaden von ›schwarzem Afghan‹ getauchten Strandparties sind der wöchentliche Flohmarkt am Mittwoch sowie die großen Raves, die immer wieder Massen von jungen Leuten anlocken. Der Sound des sogenannten Goa Trance soll in der Techno-Szene weltweit bekannt sein; man hat schon von ganzen Reisegruppen mit jungen Europäern und Israelis gehört, die speziell für die Rave-Nächte eingeflogen wurden.

Unterkunft: *Obere Preisklasse* (DZ um 1500 Rs plus Luxussteuer 15 %): Don Joao Resorts, Sorranto, ☎ 27 43 25, mit Pool, Bar & Restaurant; Grandpa's Inn, an der Straße nach Mapusa, ☎ 27 32 71, Fax 27 32 70, 10 Räume, Pool, Bar & Restaurant; Hotel Tamarind, an der Straße nach Mapusa, kein Telefon, Resorthotel für Gruppenreisende, Pool, Gartenanlage, Bar & Restaurant. *Mittlere Preisklasse* (DZ um 400–800 Rs plus Luxussteuer 10 %): Palacete Rodrigues, Mazal Vaddo, ☎ 27 33 58, indo-lusitanische Villa umfunktioniert zu einem Gästehaus; Poonam Guest House, d'Mello Vaddo, ☎ 27 32 47, 20 Zimmer, Bar & Restaurant, strandnah. *Untere Preisklasse* (DZ um 300 Rs plus Steuer 5 %): White Negro, nahe der Antoniuskapelle, ☎ 27 33 26, Bar & Restaurant, strandnah. *PLZ:* Anjuna-403 522, *Vorwahl:* 08 32.

Restaurants: German Bakery, südöstlich des Flohmarktplatzes (ausgeschildert), vegetarische Vollwertkost, kein Alkoholausschank; Gregory's, Grande Peddem, ☎ 27 32 32, Tandoorigerichte und Pizzas; Motel Rose Garden, Anjuna Beach, ☎ 27 43 08, Tandoorigerichte, Sizzler, chinesische & westliche Küche; Xavier's Restaurant, St. Michael Vaddo, Fischgerichte und chinesische Küche, immer gut besucht, obwohl schwer zu finden, südöstlich des Flohmarktplatzes; Shore Bar & Restaurant, Anjuna Beach, der Sonnenuntergangstreffpunkt insbesondere nach dem Flohmarkt, goanische, chinesische und westliche Gerichte.

Unterhaltung: The Haystack, auf der Straße nach Apora bietet freitagabends folkloristische Unterhaltung inkl. Abendbuffet. Das Nachtleben findet ab Sonnenuntergang in der Shore Bar statt, danach kann man sich zur Guru Bar aufmachen oder zur Primrose Bar in Vagator.

Busse: Anreise mit dem Bus ab Mapusa oder von Calangute mit Bussen in Richtung Siolim. Schneller ab Calangute mit dem Motorradtaxi oder der Autorickshaw. Mittwochs bieten auch die Fischer von Baga ihre Fährdienste zum Flohmarkt an, der direkt hinter dem Strand stattfindet. Von Colva aus gibt es einen privaten Busservice zum Anjuna-Flohmarkt. Hin- (ca. 8 bis 8.30 Uhr) und Rückfahrt (ca. 17.30 Uhr) 60 Rupien.

Chapora Fort und Vagator-Strand

Über dem kleinen, beschaulichen Vagator Beach thront auf einem im Norden gelegenen Felsvorsprung das Chapora Fort. Sein Name rührt von Shahpur her, da Adil Shah von

Fischmarkt am Chapora River

Landschaft bei Mapusa

Bijapur dort ursprünglich einen Militärposten angesiedelt hatte. Das Fort wurde ab 1717 von den Portugiesen ausgebaut, aber schon 1739 von den Bhonsles erobert. Die Marathen konnten die Feste jedoch nur für kurze Zeit halten. Durch einen Friedensvertrag aus dem Jahre 1740 ging sie wieder in portugiesische Hände über.

Nach dem Anschluß des Distrikts Pernem an die Kolonie im Jahre 1788 verlor das Fort seine strategische Bedeutung. Man kann die verfallene Festung vom Sterling Resort zu Fuß erreichen, oder man folgt der ausgebauten Straße durch das Dorf Chapora zum Hafen, der mit seinen Fischerbooten und Kähnen recht pittoresk ist. Dort liegt auch der frühere Eingang zur Feste.

Unterkunft: *Obere Preisklasse* (DZ um 1400–2000 Rs plus Luxussteuer 15 %): Sterling Resorts, Vagator Beach, ✆ 27 32 77/78, 70 Räume und 30 Cottages alle mit AC, Kühlschrank und TV, Pool, Bar & Restaurant, strandnah; Royal Resort, an der Straße nach Mapusa, ✆ 27 43 65, 27 32 60, 28 Zimmer, 5 mit AC, Pool. *Mittlere Preisklasse* (DZ um 400–600 Rs plus Luxussteuer 5–10 %): Abu John's, an der Straße zum Strand, Gartencottages, Restaurant & Bar. *Untere Preisklasse* (DZ um 250–400 Rs plus Steuer 5 %): Dolrina Guest House, an der Straße zum Strand, ✆ 27 43 47, einfach. *PLZ:* Vagator-403 509, *Vorwahl:* 08 32.

Restaurants: Mangotree, Mendonca Vaddo, ✆ 27 32 14, Fischgerichte, Sizzler in nettem Ambiente; Primrose Bar & Restaurant, ✆ 27 32 10, hervorragende Pizzas, Snacks, westliche und indische Küche, Treffpunkt bis spät nach Mitternacht, ISD/STD-Service.

Mapusa

Mapusa, umgangssprachlich Mapsa genannt, ist mit etwa 30 000 Einwohnern die Hauptstadt des Distrikts Bardez. Der Ort, ein wichtiges wirtschaftliches Zentrum des Nordens, hat kaum Sehenswürdigkeiten zu bieten. Freitags findet dort ein großer Wochenmarkt statt,

zu dem auch Ausflüge von den touristischen Zentren angeboten werden.

Eine Hauptattraktion bildet das Fest zu Ehren Unserer Wundertätigen Frau, das jährlich am Montag der dritten Woche nach Ostern begangen wird und mit einem großen Jahrmarkt einhergeht. Die **Kirche Our Lady of Miracles** (Nossa Senhora de Milagres), ursprünglich dem hl. Hieronimus geweiht, wurde 1594 von den Franziskanern an der Stelle eines Hindu-Tempels erbaut und 1719 und 1839 erneuert. Auch die hinduistische Bevölkerung verehrt das Kultbild der Wundertätigen Frau, weil die Legende besagt, daß sie eine der von ihnen verehrten ›sieben Hindu-Schwestern‹ *(seven sisters)* war.

Information: Directorate of Tourism, Tourist Shopping Complex, am Kreisverkehr nahe dem KTC-Bus-bahnhof, ✆ 26 23 90. *PLZ:* Mapusa-403 507, *Vorwahl:* 08 32.

Unterkunft: Da es zu den Touristenzentren nicht weit ist, wird wohl kaum jemand in die Verlegenheit kommen, in Mapusa nächtigen zu müssen. Trotzdem seien zwei Adressen genannt: Hotel Satyheera, nahe dem Marutitempel am Kreisverkehr, ›erstes Haus‹ am Orte, ✆ 26 28 49, 26 29 49, 34 Zimmer mit AC; GTDC Tourist Hostel, am Kreisverkehr nahe dem KTC-Busbahnhof, ✆ 26 26 94, einfach.

Restaurants: Ruchina, Hotel Satyaheera, indische, chinesische und westliche Küche; Café Xavier, am Municipal Market, Bar und Restaurant, Back- und Konditoreiwaren.

Busse: Mapusa ist als großer Verkehrsknotenpunkt des Nordens von praktisch allen Orten per Bus zu erreichen. Von dort starten auch die Überlandbusse nach Bombay.

Geldwechsel: State Bank of India, gegenüber dem Municipal Market, Mo–Fr 10–13 Uhr, Sa 10–11 Uhr.

Ärztliche Versorgung: Deutschsprachiger Arzt: Dr. Abilio Gonsalves, nahe der Mapusa Clinic, St. Antony Appartments, ✆ 26 22 14.

Notruf: Polizei ✆ 100, Feuerwehr ✆ 101, Ambulanz ✆ 102.

Im Land des Feni –
Der Distrikt Pernem

Pernem im äußersten Norden von Goa wurde bisher kaum vom Tourismus berührt. Es ist das Land des Feni, vornehmlich des ›Cashew-Feni‹, der in über 1000 lizensierten Familienbetrieben gebrannt wird. Die Anzahl der Schwarzbrennereien ist vermutlich ebenso groß, denn zur Zeit der Cashew-Ernte riecht der ganze Distrikt nach fermentierten Cashew-Äpfeln.

Das bisher bekannteste Ausflugsziel von Pernem war seit Mitte der 70er Jahre das als Tourist Hostel ausgebaute Terekhol Fort, das vornehmlich indische Reisende anzog. Wie eine Theaterkulisse oder ein Disneyland-Nachbau könnte die kleine Festung am nördlichen Ufer des Terekhol-Flusses immer noch wirken, würde sich nicht seit 1994 die gigantische Eisenerzfabrik im Hintergrund abzeichnen, die der Nachbarstaat Maharashtra den Goanern vor ihr schönes Küstenpanorama gesetzt hat. Somit dürften sich wohl auch die Träume des Herrn Deshprabhu, eines Abkömmlings der alten Großgrundbesitzerfamilie aus Pernem, verflüchtigt haben. Dieser wollte im Gebiet nördlich von Arambol ein exklusives Ferienresort mit Golfplatz und

Altersruhesitz für japanische Besucher errichten, gegen das sich die ansässige Bevölkerung von Anfang an zur Wehr zu setzen versucht hat. Den Einheimischen ging es nicht allein um den Verlust ihrer Landschaft und der Wasserressourcen, sie waren viel empörter über die Pläne, hier eine rein japanische Welt mit japanischem Dienstperso-

Sandgewinnung am Terekhol

nal entstehen zu lassen, in der kein Platz für indische Arbeitnehmer vorgesehen war.

Terekhol Fort

Am nördlichen Ufer des Terekhol stand wahrscheinlich schon zu Adil Shahs Zeiten eine Befestigung. Danach setzten sich die Marathen im Distrikt Pernem fest, und erst 1746 gelang es den Portugiesen, den strategisch wichtigen Punkt an der Flußmündung zu erobern. Als erstes ließ der damalige Vizekönig Marquês de Alorna eine Kapelle (Holy Trinity Chapel) im Fort errichten.

1762 wurde die Festung aus diplomatischen Gründen den Mara-

Terekhol Fort: St. Antoniuskapelle

then (Bhonsles) zurückgegeben, da sie, auf der nördlichen Flußseite gelegen, eher in ihr Territorium gehörte als in die portugiesisch besetzten Gebiete. 1835 richtete Francisco Vicente da Cunha unter der Besatzung des Terekhol Fort ein Massaker an, nachdem man sich seinen Truppen bereits ergeben hatte.

Goanische Widerstandskämpfer (Goan Satyagrahis) besetzten 1954 die Festung. Für 22 Stunden wehte die indische Nationalflagge statt der portugiesischen, danach wurden die unbewaffneten Freiheitskämpfer verhaftet.

Im Jahre 1976 wandelte die Goa Tourist Development Corporation das Fort in ein Tourist Hostel um. Mittlerweile sind Hotel und Restaurant in private Hände übergegangen. Besichtigungen sind zwar nicht nur für vorangemeldete Gruppen möglich, doch wird man als Einzelreisender kaum einen Blick in die St. Antoniuskapelle werfen können. Zu sehen ist außer der Kirche und Räumen, die in portugiesischen Zeiten dem Fort-Kommandanten als Residenz dienten, nicht viel.

Unterkunft & Verpflegung: Terekhol Fort Heritage, Terekhol, ✆ 08 34/22 07 05, Fax 28 33 26 (DZ-Preise 500–1750 Rs).

Anreise: Zwischen Querim (Keri) und Terekhol verkehrt eine Fähre im 30-Minuten-Takt, die auch Autos transportiert. Die letzte Fähre von Terekhol zurück nach Querim geht um 18 Uhr,

Der Cashew-Baum

Der Cashew-Baum, umgangssprachlich auch Nierenbaum genannt, war ursprünglich nicht in Indien heimisch, sondern wurde von den Portugiesen im 16. Jh. aus der Neuen Welt auf den Subkontinent gebracht. Die rötlich-gelben, etwa hühnereigroßen, birnenförmigen Früchte, die Cashew-Äpfel, haben ein süßlich-saures Fruchtfleisch, das zwar genießbar ist, aber hauptsächlich zu Essig oder Alkohol (Cashew-Feni) verarbeitet wird. Mit etwa 46 000 ha Anbaufläche übertrifft der Cashew-Baum in Goa das so wichtige Agrarprodukt und Hauptnahrungsmittel der Goaner, den Reis, um etwa 3 000 ha.

Der nierenförmige Samenkern, die Cashew-Nuß, unterhalb der Frucht gehört zu den teuersten Nußsorten des Subkontinents. Deshalb werden die Nüsse weniger zu dem wohlschmeckenden Acajou-Öl gepreßt, sondern gelangen vielmehr geröstet oder ungeröstet, gesalzen oder ungesalzen in den Handel. Man nennt die Nüsse mitunter Elefantenläuse, da ihre Schalen auch aus dem brennend scharfen Anarcad-Öl bestehen, das als Schutzmittel gegen Termiten, aber auch gegen Rheumatismus verwendet werden kann. Es läßt sich ferner zu Tinte verarbeiten und kann zum Schwarzfärben weißer Paraffinkerzen benutzt werden, die dann als Trauerkerzen dienen. In der Industrie spielt das Anacard-Öl eine wichtige Rolle bei der Kunstharzherstellung. Im Welthandel tropischer Früchte nehmen Cashew-Nüsse mittlerweile hinter Bananen und Ananas die dritte Stelle ein. Die 5000 t, die jährlich in Goa geerntet und in zwölf Fabriken geröstet werden, tragen dazu bei, daß Indien im Cashew-Nuß-Export führend ist. Aus dem Stamm des Baums erhält man das Cashew-Gummi (Acajou-Gummi). Er liefert auch das ›weiße Mahagoni‹. Wegen dieses Holzes wird man aber kaum einen Baum fällen, denn als Produzent der Cashew-Äpfel ist er viel wertvoller.

Pernem ist mit Abstand führend in der Destillation von Cashew-Feni. Auf dem Weg zum Terekhol Fort kommt man an kleinen, versteckt liegenden Brennereien vorbei. Der beißende Geruch, der bei der Fermentierung des Cashew-Saftes entsteht, weist Besuchern jedoch den Weg zu den Familienbetrieben. Zur Erntesaison scheint es, als läge der ganze Distrikt unter einer Dunstglocke von Cashew-Feni. Kein Wunder bei über 1000 Brennereien, die jährlich etwa 840 000 l Schnaps destillieren. Offiziell wird weder Kokos- noch Cashew-Feni exportiert. Wie die 1,2 Mio. Goaner es schaffen, übers Jahr mehr als 3 Mio. l Feni (inklusive Kokos-Feni) zu konsumieren, bleibt somit ein Rätsel der Statistik.

doch sollte man sich sicherheitshalber nach dem neuesten Fahrplan erkundigen. Eine Fahrt von Calangute nach Terekhol mit dem Touristentaxi oder Motorrad dauert etwa 2 Std. inklusive zwei Fährüberfahrten.

Der Arambol-Strand

Anfang der 80er Jahre diente der Arambol oder Harmal Beach, ein noch fast unerschlossener kilometerlanger Sandstrand, den sogenannten Hippies als Refugium. Mit seinem Süßwassersee bot sich Arambol als idealer Ort an, an dem man mit wenig Geld und ohne Ansprüche an ›zivilisatorischen‹ Komfort in selbstgebauten Palmhütten paradiesisch leben konnte. Eine Bluttat im Jahre 1983 führte dazu, daß die Polizei der ›alternativen‹ Szene mit ihrem Drogenkonsum und Daueransässigen ohne Visum ein Ende bereitete. Inzwischen hat sich eine Art ›Alternativtourismus‹ entwickelt, der hauptsächlich jugendliche Traveller anzieht, die in Privatunterkünften und einfachen Pensionen absteigen. Außer den naturbelassenen Stränden und den kleinen Restaurants und Bars ist nicht viel zu sehen. Die Szene ist wenig inspirierend, da geht es in Anjuna und Umgebung weit bunter und multi-kultureller zu. Dennoch werden selbst indische Reisegruppen nicht müde, einen Ausflug nach Arambol zu unternehmen – vielleicht um den in Strandnähe gelegenen Süßwassersee mit vereinzelten Nacktbadern zu besichti-

gen, vielleicht aber auch um dem Mythos vom Urhippie nachzujagen.

 Unterkunft & Verpflegung: Am Hauptstrand stehen je nach Saison ca. 6–10 Beach Shacks, die einfache Speisen und Getränke anbieten. Auf dem Weg entlang des Trampelpfades um die Felsen weiter nach Norden zur kleinen Badebucht mit dem Süßwassersee befinden sich: Ganesh Bar & Restaurant, die Speisen und Getränke sowie einfache Zimmer mit Meerblick, goanischer Schweinetoilette, ohne Dusche, anbietet (DZ 150 Rs); Sea Lake Bar & Restaurant und Lake's Paradise, Bar & Restaurant, am Ende des Weges; Früchte-, Cold Drink- und Kuchenverkäufer versorgen tagsüber die Badegäste am Strand.

Anreise: Mit dem Bus ab Mapusa oder Calangute nach Siolim, weiter mit der Fähre über den Chapora, umsteigen in Busse Richtung Arambol oder Querim (Keri).

Pernem

Das etwa 4500 Einwohner zählende Pernem ist die Hauptstadt des gleichnamigen Taluka. Das Städtchen hat kaum Sehenswertes zu bieten. Im Zentrum nahe dem Basar (donnerstags ist Markttag) liegt der **Bhagavati-Tempel,** der angeblich eine 500 Jahre alte Tradition haben soll. Das Tempelgebäude mit den zwei großen Elefantenstatuen am Eingang und dem Turm über einem oktogonalen Cella-Aufbau ist jedoch nicht älter als 200 Jahre. Dussera und Shigmo werden hier ausgiebig gefeiert.

Die Ende des 19. Jh. errichtete **Villa Deshprabhu,** das Anwesen der Ranes von Pernem, die im 18. und 19. Jh. das Gebiet für die Portugiesen verwalteten und verteidigten, ist trotz der Hinweise in einigen englischsprachigen Führern nicht zu besichtigen, da die Familie großen Wert auf ihre Privatsphäre legt. Man kann die imposante Anlage der ›Viscounts of Pernem‹ jedoch auch von außen auf sich wirken lassen. Das Eingangstor, ganz in der Tradition antiker Triumphbögen, erinnert an das ›Gateway of India‹ in Bombay. Dahinter steht zur Linken ein Turm, auf den auch heute noch dreimal täglich ein Trommler steigt, um für die Gläubigen den Tempeldienst anzu-

kündigen. Stündlich wird ein Gong geschlagen, der somit den Lebensrhythmus der Stadt bestimmt.

🚌 **Anreise:** Mit dem Bus von Mapusa via Siolim, mit der Fähre (Siolim-Chopdem) über den Chapora, dann weiter nach Pernem. Busverbindung auch von Mapusa über Colvale. Ca. 7 km vor Pernem kommt man am Shri Shanta Durga-Tempel in Dhargal (auch Dargalim) vorbei. Das Fest der Göttin ist im Dezember.

Bergwerke und Tempel – Der Distrikt Bicholim

Im Taluka Bicholim sind zahlreiche Industrien, wie cashewnußverarbeitende Betriebe, Messinggießereien, Keramikmanufakturen und ein Stahlwalzwerk angesiedelt. Die

Schulkinder im Distrikt Pernem

größte wirtschaftliche Bedeutung haben jedoch die Bergwerke, in denen im offenen Tagebau Eisen- und Manganerze gefördert werden. Die profitable Ausbeutung der Berglandschaft in diesem Teil von Goa hat in den letzten Jahren große Umweltschäden verursacht (vgl. S. 22). Ständig fahren stinkende, Staub aufwirbelnde Lastwagen zwischen den Minen und den Verladestellen am Cumbarjua-Kanal hin und her, so daß in weiten Teilen nichts mehr von den paradiesischen Gefilden geblieben ist, mit denen Goa so gern Reklame macht.

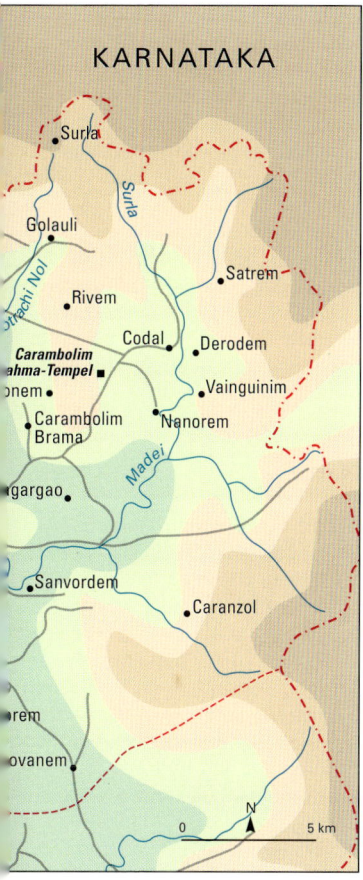

Der Nordosten: Bicholim und Satari

In regelmäßigen Abständen kommt es zu Unfällen.

Wer den Distrikt Bicholim bereisen möchte, sollte sich die staubige und stressige Anfahrt über Tivim, Assonora und Mulgaon genauso wenig antun, wie die von Süden kommende Route (SH 3), die von Usgao über Bamboi nach Surla und schließlich Arvalem führt. Eine beschaulichere Reise bietet sich über die Insel Divar mit der Fähre nach Narve oder via Candola ebenfalls mit der Fähre nach Amona.

Bicholim und der Mayem-See

Die Distrikthauptstadt Bicholim (Dicholi) mit 13 000 Einwohnern hat mehrere Schulen, ein eigenes Krankenhaus, mehrere Banken, ein Kino, zahlreiche Tavernen und Geschäfte. Mittwochs ist Basartag. Der gelblich gestrichene **Shanta Durga-Tempel,** eine bescheidene, aber recht komplexe Anlage mit kleinen Nebenschreinen, liegt versteckt inmitten der Wohnviertel. Im Dezember/Januar finden dort Tempelfeste statt, die von einer Art Kirmes begleitet werden. Reisende besuchen Bicholim vor allem, weil der Mayem-See nur 5 km entfernt ist und man nach ungefähr 9 km die Höhlen von Arvalem erreicht. Im Zentrum gegenüber dem Muni-

Die geschändete Natur rächt sich hin und wieder, wenngleich auch ungerecht. Weil die Bergwerkskonzessionäre weder Rücksicht auf die Natur noch auf die Menschen nehmen, die für sie arbeiten, sind auch Umweltschutz- und Sicherheitsmaßnahmen ein Fremdwort für sie.

cipal Council, General Post Office und der Police Station zweigt die Straße zum See ab.

Der Mayem Lake, ein beliebtes Ausflugsziel indischer Touristen, liegt inmitten der *noch* unberührten Hügellandschaft außerhalb der Stadt Bicholim. Schwimmen ist dort zwar verboten, aber man kann Tretboote mieten. Mit viel Liebe wird der Garten am Eingang des Lake Resort gepflegt. Blumenrabatten und blühende Sträucher sorgen für Farbtupfer und exotische Düfte in dem üppigen Grün der Parkanlage, vor deren Betreten man einen geringen Obolus entrichten muß. Die Snack Bar, von deren Terrasse man den See und die dort schwimmenden Gänse und bootfahrenden Ausflügler beobachten kann, serviert vorzügliche Samosas. Auf der gegenüberliegenden Seite des Sees macht das Mayem Lake Resort der Goa Tourism Development Corporation einen eher stiefmütterlich behandelten Eindruck. Hier kann man für weniger als 10 DM ein Zimmer mieten, was aber unter dem derzeitigen Management nicht anzuraten ist.

Lamgao

Ein kleiner Felsentempel wohl aus dem 8. Jh. befindet sich in Lamgao(n) unweit von Bicholim. Man kann ihn von Lamgao aus nur zu Fuß erreichen. Vom Dorftempel aus sind es mit einem ortskundigen Führer gerade 10 Minuten Fußweg

an Reisfeldern und einem Bewässerungskanal entlang bis man zu dem Shiva-Heiligtum gelangt. Drei querrechteckige Räume sind, sich nach innen verkleinernd, hintereinander angeordnet und werden dabei jeweils durch zwei Pfeiler voneinander getrennt. Im Aufbau entspricht diese Raumabfolge jener hinduistischer Tempel mit Vorhalle *(mandapa),* Versammlungsraum *(antarala)* und Cella *(garbhagriha).* Vor dem heute noch verehrten Schrein wacht eine Nandiskulptur aus schwarzem Basalt.

Narve

6,5 km von Bicholim und nur etwa 3 km von Mayem Lake entfernt, auch von der Insel Divar mit der Fähre erreichbar, liegt Narve (Naroa). Dort steht versteckt in einem schmalen Tal der **Saptakoteshwar-Tempel,** dessen Bau im Jahre 1668 auf den berühmten Marathen-Herrscher Shivaji zurückgeht. Um den Tempel und den Kult des Saptakoteshwar rankt sich indes eine viel ältere Geschichte. Ursprünglich die Hausgottheit der Kadamba-Dynastie (11.–13. Jh.), mußte das Kultobjekt, der *linga* von Shiva, im 14. Jh. vor dem Zugriff der muslimischen Bahmaniden versteckt werden. Im Jahre 1391 soll unter dem Einfluß des Vijayanagar-Königshauses ein neuer Tempel für den göttlichen Phallus auf der Insel Divar errichtet worden sein, den die Portugiesen 1540 zerstörten.

Saptakoteshwar Tempel

Am gleichen Ort bauten sie eine Kirche (Nossa Senhora de Candelaria).

Der *linga* des Shiva, auch Dharalinga genannt, konnte dennoch ein zweites Mal gerettet werden, indem man ihn über den Fluß nach Narve brachte. Dort ließ ein gewisser Narayan Suryarao einen kleinen Tempel für den Kultstein erbauen, der Shivaji aber offenbar zu ärmlich erschien, als er etwa 100 Jahre später den Distrikt Bicholim erobert hatte. So setzte er sich und der Gottheit durch den neuen Bau 1668 ein Denkmal. In der Nähe des gelb-weiß angestrichenen Gotteshauses liegt ein alter Tempeltank, ein künstlich angelegtes Was-serreservoir, das den Gläubigen als Badeplatz dient. In den Felswänden, die den Tempelbezirk umgeben, befinden sich kleinere künstliche Höhlen. Sie lassen vermuten, daß dort möglicherweise schon viel früher buddhistische Mönche oder Hindu-Asketen lebten.

Die Höhlen von Arvalem

Die Felstempel von Arvalem (die sogenannten Pandava Caves), etwa 9 km von Bicholim und 3 km hinter Sanquelim unweit des Arvalem Wasserfalls gelegen, gehören zu den ältesten in Goa (ca. 3.?–5. Jh. n. Chr.). Sie wurden vollständig aus dem natürlichen Lateritfelsen herausgemeißelt. Der Gesamtkomplex besteht aus sechs Cellen unterschiedlicher Größe, die hinter ei-

135

Helden- und Witwensteine

Denkmäler der Tugend

Im Archäologischen Museum von Alt-Goa sind Basaltstelen ausgestellt, die vormals in der Nähe von Dorftempeln, unter Bäumen oder an Schreinen ihren Platz hatten, wo die Dorfbewohner ihren heldenhaft verstorbenen Vorfahren ihre Reverenz erweisen konnten. Einige dieser Gedenksteine wird man auch heute noch am Rand so mancher Siedlung in den ›neuen Besitzungen‹ vorfinden.

Der Hinduismus kennt traditionell keine Grabbauten, weil Hindus ihre Toten verbrennen und die Asche den heiligen Flüssen übergeben. Dies mag auch ein Grund dafür sein, daß sich in vielen Teilen Indiens der Brauch entwickelt hat, verehrungswürdigen Toten posthum Memorialstelen oder sogar kleine Gedenkbauten *(thadagems)* zu errichten.

Die ältesten Heldensteine *(viragals)* von Goa stammen aus der Kadamba-Epoche (10.–13. Jh.) und der Zeit der Vijayanagar-Könige (14.–15. Jh.). Manche tragen Inschriften, die für Historiker insofern von großem Wert sind, als sie zum Teil konkrete Hinweise auf geschichtliche Ereignisse und deren Datierung geben. So klärt die Widmung auf einer Heldenstele im Archäologischen Museum von Alt-Goa darüber auf, daß ein gewisser Annayya, treuer Diener und Soldat des Kadamba-Herrschers Jayakeshi I., im Jahre 1054 bei der Verteidigung von Chandrapur (heute Chandor) gefallen ist. Das Relief auf dem Stein zeigt den Helden, wie er in einer Seeschlacht mit Pfeil und Bogen gegen die Feinde kämpft.

Die meisten Heldensteine sind mit mehreren erzählenden Reliefdarstellungen versehen. Üblich sind drei übereinander angeordnete Felder – zwei, vier oder fünf sind seltener –, die von unten nach oben ›gelesen‹ werden müssen. Dem unteren Feld kann der Betrachter die Todesursache des Helden entnehmen: Soldaten zu Pferde oder in Booten, Jäger im Kampf gegen wilde Eber oder Rotwildherden und auch Selbsttopfer, in denen der Märtyrer sich aus politischen oder ökonomischen Gründen freiwillig der Enthauptung oder dem Flammentod gestellt hat. Mitunter stellen die Flammen aber auch den brennenden Scheiterhaufen des Begräbnisrituals dar.

Im Feld darüber wird der Tote von weiblichen himmlischen Wesen *(apsaras)* in die ewigen Gefilde geleitet, oder er reitet auf einem stol-

Sehenswertes
am Wegesrand:
Heldenstein mit
Opfergaben

zen Roß der Unsterblichkeit entgegen. Im obersten Relief kann man
den Helden dann im Himmel weilen sehen. Entweder thront er inmitten überirdischer Wesen, die Schirme als Zeichen der Würde über ihn
halten, oder er wird als Adorant des Shiva-linga dargestellt, was den
Toten als Anhänger des Shiva-Kults ausweist.

Auf einigen Heldensteinen ist der Verstorbene mit seiner Gemahlin
abgebildet. Sie steht oder sitzt in der Himmelfahrtsszene zu seiner Linken und erscheint im obersten Feld, bedeutungsperspektivisch verklei-
nert, auf einem niedrigeren Thron oder sitzt zu seinen Füßen.

Die archaische Sitte der Witwenverbrennung *(sati)*, bei der sich die
treue und ergebene Ehefrau (Sati, die Ehefrau von Shiva) eines verstorbenen Hindu mit dem Leichnam ihres Mannes auf dem Scheiterhaufen verbrennen ließ – sie wurde im 16. Jh. von den Portugiesen verboten –, hat auch sogenannte Sati-Steine *(satikals)* hervorgebracht. Sie
stellen die Tote entweder frontal und ganzfigurig mit erhobenen Armen dar oder lediglich in Form eines erhobenen Arms. Die Eheleute
erscheinen auf dem unteren Teil des *satikal* manchmal auch zusammen mit einem Shiva-linga. Die handwerklich-künstlerische Ausfüh-
rung der Witwensteine ist einfach und volkstümlich. Der untergeord-
neten Stellung der Frauen angemessen, brauchte man für ihre Gedenksteine keine bedeutenden Künstler zu bemühen.

nem nartexartigen Vorbereich mit monolithischen Pfeilern liegen. Daneben befindet sich ein separater, annähernd quadratischer Raum ohne Vorbau. Dieser diente möglicherweise als Aufenthaltsraum für den Priester und zum Vorbereiten der Opfergaben. Es deutet zumindest nichts auf einen kultischen Charakter des Raums hin. Die Schreine sind mit flachen Altarblöcken versehen, auf denen Shiva-lingas stehen.

Folgt man der Straße einige hundert Meter weiter, so gelangt man zum **Arvalem-Wasserfall,** der sich vom gut 20 m höher gelegenen Felsen in einen kleinen See ergießt.

Je nach Jahreszeit und Wassermenge ist der Sturzbach mehr oder weniger eindrucksvoll. Davor befindet sich der **Rudreshwar-Tempel,** einer Form des Shiva geweiht. Die schlichte, pastellfarben getünchte Anlage steht auf einem von Areca-Bäumen gesäumten Platz, von dem man den See überblickt. ›Korinthische‹ Säulen tragen das Dach der doppelstöckigen Vorhalle. Von der Nordseite des Tempelbezirks führt eine steile Steintreppe hinauf. Im Allerheiligsten dieser im typisch goanischen Stil errichteten Andachtsstätte mit einer ›muslimisch‹ anmutenden Kuppel über dem oktogonalen Turm steht der *linga* Shivas. Das Mahashivaratra-Fest mit Theateraufführungen findet im Februar/März (Hindu-Monat *magha*) statt.

Reisernte in Bicholim

Sanquelim

37 km von Panjim und 7,5 km von Bicholim entfernt liegt Sanquelim. In der Nähe des Basars steht der **Shri Datta Mandir,** ein 1882 errichteter Tempel, der Dattatreya geweiht ist, einer Form Vishnus. Das Tempelfest Datta-Jayanti wird im Dezember/Januar begangen. Ein weiterer **Vishnu-Tempel** liegt in der Nähe. Er ist Vitthal geweiht, der Familiengottheit der Herrscher (Ranes) von Sanquelim, die durch ihren Widerstand im 18. Jh. den portugiesischen Machthabern das Leben unbequem machten. Die Ursprünge des Vitthal-Tempels sollen auf das 15. Jh. zurückgehen. Vor kurzem wurde der Tempel auf Kosten der Rane-Familie renoviert. Als Mitglied der Congress-I Partei war ein Nachfahre des Ranes, Pratapsingh Rane, seit 1980 mehrere Jahre lang Ministerpräsident im Kabinett von Goa. Daß die ursprüngliche Heimat der Ranes in Rajastan liegt, macht sich an diesem Bau insofern bemerkbar, als die Architektur eher nord-indische Züge trägt. Einige kunstvoll geschnitzte Holzsäulen aus dem Ursprungsbau sind im Innern des Tempels ausgestellt. Im Sanktuarium werden die steinernen Götterbilder von Vithal, Rukmini sowie Satyabhama, den zwei Frauen Krishnas aufbewahrt.

Etwas weiter außerhalb befindet sich der **Radhakrishna-Tempel,** in dem Krishna, die achte Inkarnation Vishnus, und seine irdische Geliebte Radha verehrt werden.

  Unterkunft & Verpflegung: Hotel Kamal, Bicholim, etwas außerhalb, nordwestlich der Stadt, preiswert; Mayem Lake Resort, Mayem, Bicholim, ☎ 08 32/36 21 44

Land des Dschungels – Der Distrikt Satari

Im Nordosten von Goa grenzt der waldreiche Distrikt Satari an die Bundesstaaten Maharashtra und Karnataka. Der mit 1666 m höchste Berg von Goa, der Sonsagar, liegt in Satari. Es ist das Land des Dschungels, der wilden Tiere und der wehrhaften Ranes von Satari, die sich als stolze Rajputen seit Ende des 18. Jh. immer wieder entschlossen gegen die Vorherrschaft der portugiesischen Kolonialherren auflehnten (vgl. S. 140 f.).

Die Landwirtschaft beschränkt sich hier vornehmlich auf Zuckerrohr- und Arecanußplantagen. *Areca catechu,* Linné, ist landläufig eher als Betel bekannt, was sich jedoch auf die Blätter bezieht (die in Indien *pan* genannt werden), in die man die Nuß einwickelt, bevor sie dann gekaut wird.

Satari ist kein Touristengebiet, was sich darin zeigt, daß die nächsten Unterkunftsmöglichkeiten im Molem Tourist Resort im Naturpark Bhagwan Mahaveer, Distrikt Sanguem, und in den Tourist Cottages im Bondla Park, Distrikt Ponda, zu finden sind.

Die Ranes von Satari

Zu den hartnäckigsten Gegnern des portugiesischen Regimes in Goa haben die Ranes von Satari gehört. Sie sind in die Geschichte als furchtlose Helden und Rächer der Armen eingegangen. Als kriegerische Rajputen hatten sich die Ranes das dschungelbedeckte Bergland von Satari bereits im Mittelalter untertan gemacht. Erst dem Vizekönig Dom Pedro Miguel de Almeida e Portugal, dem späteren Marquis von Alorna, war es 1746 gelungen, die Festung von Alorna im Distrikt Pernem einzunehmen und von dort in das Reich der Ranes vorzudringen. Im Jahre 1788 mußten sie ein Abkommen unterzeichnen, das Satari der portugiesischen Krone unterstellte. Diese demütigende Niederlage suchten sie in der folgenden Zeit immer wieder durch Kriege und Revolten rückgängig zu machen.

Wenn dieses Aufbegehren auch vergebens war und die Anführer schwer bestraft wurden, begann 1852 unter Dipaji Rane das, was in Goa als der erste große Unabhängigkeitskrieg bezeichnet wird. Das auslösende Moment war eine Steuererhöhung im Jahre 1851 sowie die Verordnung, daß jeder Mann nur noch in westlichen Beinkleidern die Stadt betreten dürfe und Frauen eine Bluse *(choli)* unter ihrem Sari zu tragen hätten. Als die Ordnungshüter begannen, Frauen ohne Blusen festzunehmen und man sogar von Vergewaltigungsdelikten hörte, sammelte Dipaji Rane seine Mannen und stürmte das Fort Nanus in der Nähe von Valpoi. Mit den erbeuteten Waffen war es den Aufstän-

Valpoi

In der Distrikthauptstadt Valpoi, 52 km von Panjim und 40 km von Molem (Tourist Resort) entfernt, leben um die 5000 Einwohner. Der Ort, an dem der Madei vorbeifließt, hat keine besonderen Sehenswürdigkeiten zu bieten. Es gibt einen **Maruti-Tempel,** einen **Shanta Durga-Tempel** und eine **Moschee** (Jama Masjid). Die Kirche ist Unserer Lieben Frau von Lourdes geweiht. Dienstags ist Markt. 3 km südlich außerhalb der Stadt liegen die Ruinen der **Feste Nanus.**

Carambolim

Der einzige **Brahma-Tempel** von Goa steht malerisch an einem Nebenflüßchen des Surla 7 km nordöstlich von Valpoi in Carambolim-Brama. Der Ort hieß ursprünglich Chandiwade, bis das viergesichtige

dischen binnen kurzer Zeit möglich, alle Polizeistationen und Verwaltungssitze im Distrikt Satari einzunehmen. Truppen aus den benachbarten ›neuen Besitzungen‹ schlossen sich Dipaji Rane an. Die Regierung verhängte den Ausnahmezustand über die ›neuen Besitzungen‹, aber die Kämpfe hielten dreieinhalb Jahre lang an und zermürbten die Portugiesen so sehr, daß 1855 ein Friedensabkommen mit Dipaji Rane unterzeichnet wurde. Darin gab man seinen Bedingungen statt, und alle gefangengenommenen Rebellen kamen wieder frei.

Einige Jahre lang kehrte Ruhe im Land ein. Doch 1869 machte eine neue charismatische Persönlichkeit aus Satari von sich Reden. Kustoba Rane verunsicherte die Herrschenden, indem er als ›indischer Robin Hood‹ die Reichen beraubte und seine Beute unter den Armen verteilte. 1871 geriet er zusammen mit seinem Kampfgefährten Shamba Desai in einen Hinterhalt, beide kamen ums Leben.

Im Jahre 1895 revoltierte Dada Rane Advaikar gegen den Einsatz goanischer Soldaten in den afrikanischen Kolonien. Wieder wurde das Fort Nanus besetzt, und Dada Rane drang mit seinen Soldaten sogar bis nach Bardez vor. Nach der Einnahme von Mapusa marschierte er auf Panjim, wodurch er, kurz vor der Aguada-Feste stehend, das Einlenken der Portugiesen erreichte. Dada Ranes Forderungen wurden akzeptiert und ihm und seinen Mitkämpfern Straffreiheit zugesichert.

Der letzte Aufstand der Ranes – gegen portugiesische Steuererhöhungen – fand 1912 statt. Dieses Mal jedoch ging die Staatsgewalt schnell und gnadenlos gegen die Rebellen vor. Der Aufstand wurde niedergeschlagen, und die Anführer deportierte man nach Afrika.

Kultbild von Brahma, das bis 1541 in Carambolim unweit von Alt-Goa verehrt wurde, hierher ins ›Exil‹ kam. Zwei Tempelfeste werden jährlich begangen; die Feier zu Ehren der Gottheit Brahmotsava findet im Mai statt, der Jahrmarkt zur Erinnerung an den Einzug der Gottheit in den Tempel im November/Dezember. Der kleine Tempelbau, der die Granitskulptur des Schöpfergottes Brahma beherbergt, soll über 400 Jahre alt sein.

Unterkunft & Verpflegung: Molem Tourist Resort, Molem Bhagwan Mahaveer Sanctuary, Sanguem, ☎ 08 34/60 02 38; Tourist Cottages, Bondla Park, Ponda; Reservierungen für diese preiswerte Unterkunft müssen in Panjim beim Deputy Director Conservator of Forests, 3. Stock Junta House, gegenüber dem Hotel Figalgo, ☎ 08 32/4 59 26, gemacht werden.

Anreise: Am einfachsten im Touristentaxi; mit dem Bus recht aufwendig ab Bicholim oder Ponda.

Von Ponda bis zu den West-Ghats

Der ›Garten Goas‹: Zufluchtsstätte alter Hindu-Gottheiten

Natur pur: der ›Milchwasserfall‹ Dudhsagar und das Bhagwan Mahaveer-Naturschutzgebiet

Ein vergessenes Kleinod: der Mahadeva-Tempel von Tambdi Surla

Shri Manguesh-Tempel in Priol (Distrikt Ponda)

Von Ponda bis zu den West-Ghats

Hat man die Küste hinter sich gelassen, gewinnt man bald ein völlig neues Goabild. Waldreiche, hügelige Landschaften prägen den Distrikt Ponda. Der kleine Bondla Park gibt einen Vorgeschmack auf die vielfältige Vegetation des Bhagwan Mahaveer Sanctuary im Taluka Sanguem. Auch Kulturinteressierte kommen auf ihre Kosten, denn das Hinterland birgt eine Reihe sehenswerter Tempelanlagen.

Im ›Garten Goas‹ – Der Distrikt Ponda

Ponda wird auch als ›Garten Goas‹ bezeichnet. Etwa 12 % der gesamten Waldfläche des Bundesstaats Goa bedecken den *taluka*. Darüber hinaus verwandeln verschiedene Baumkulturen das hügelige Land in eine immergrüne Parklandschaft.

Der Distrikt fiel erst sehr spät an die europäische Kolonialmacht, als die Portugiesen 1791 mit dem König von Sunda einen Vertrag schließen konnten, der die ›neuen Besitzungen‹ ihrer Krone übereignete. Somit blieb Ponda, wo viele von Kirche und Krone Verfolgte Asyl suchen konnten und von wo regelmäßig Angriffe auf die Kolonialherren geplant wurden, über 281 Jahre ›Ausland‹ für die Portugiesen. Die Adil Shahis von Bijapur wollten im 16. Jh. das Land partout nicht hergeben und verschanzten sich in trutzigen Festungen. Im 17. Jh. errichtete der Marathe Shivaji dort ein Fort.

Zunächst unter muslimischem Einfluß, diente die Region später als Versteck für die Bildnisse von Hindu-Gottheiten, die vor der Inquisition aus den Distrikten Ilhas (Tiswadi), Bardez und Salcete gerettet wurden. Die berühmtesten Tempelneubauten, die im Distrikt entstanden, sind jene von Shri Manguesh in Priol, Shri Shanta Durga in Queula (Kavle), Shri Ramnath, Shri Nagesh und Shri Mahalakshmi in Bandora sowie der Shri Mahalsa-Tempel in Mardol. All diese Kultstätten gehen auf das späte 16. Jh. zurück. So wie sie sich jedoch heute den Besuchern präsentieren, sind sie das Ergebnis zahlreicher Um- und Anbauten im 17., 18. und 19. Jh. Als die Schrecken der Inquisition überwunden waren, konnten dann schließlich die rei-

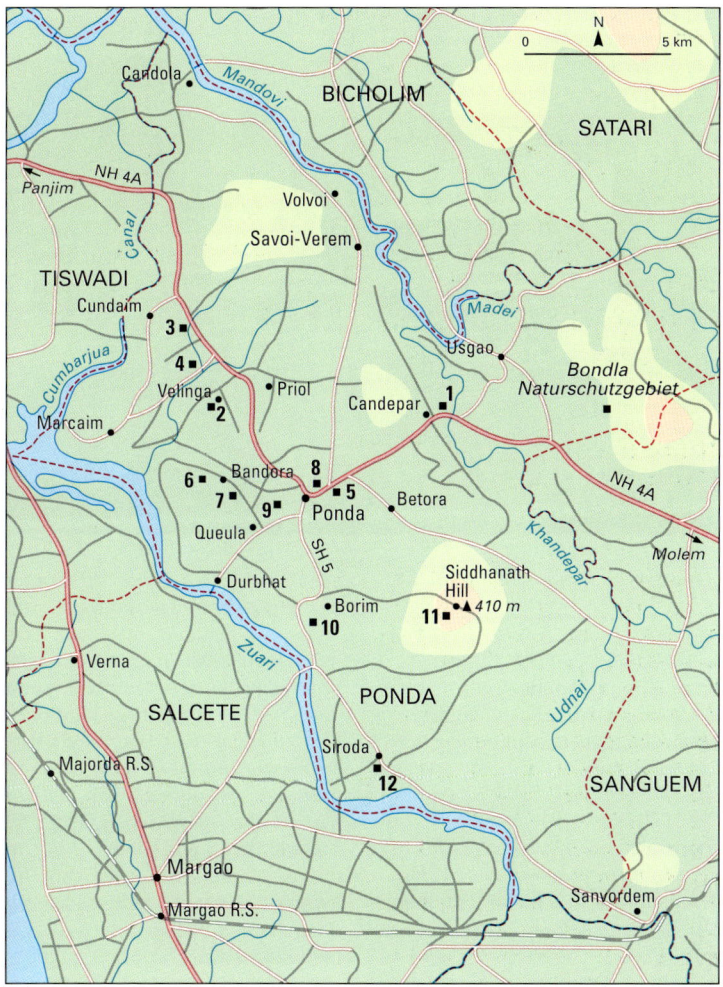

Der Distrikt Ponda   1 Felsentempel von Candepar   2 Shri Lakshmi Narasimha-Tempel   3 Shri Manguesh-Tempel   4 Shri Mahalsa Narayani-Tempel   5 Ganesha-Tempel   6 Mahalakshmi-Tempel   7 Shri Ramnath-Tempel   8 Safa Shahouri Masjid   9 Shri Shanta Durga-Tempel   10 Navadurga-Tempel   11 Shiva-Tempel   12 Shri Kamakshi-Tempel

Safa Shahouri Masjid in Ponda

chen Hindu-Familien des Landes zur repräsentativen Ausstattung ihrer Andachtsstätten in vollem Umfang beitragen.

Ponda

Ponda, etwa 30 km von Panjim gelegen, ist die größte Stadt und administratives Zentrum des gleichnamigen Distrikts. Hier leben 18 000 Menschen, die zumeist durch Industrie und Handel ihr Auskommen haben.

Die **Safa Shahouri Masjid,** die einzige noch erhaltene Moschee aus dem 16. Jh., wurde 1560 unter der Herrschaft des Ibrahim Adil Shah von Bijapur errichtet. Das recht schlichte Gebetshaus mit querrechteckigem Grundriß steht auf einer leicht erhöhten Plattform. Der zu jeder Moschee gehörende Reinigungsbrunnen, von Mihrabförmigen Arkadengängen eingefaßt, ist über Treppen begehbar und schließt nicht, wie sonst üblich, im Osten sondern im Süden an. Im Westen liegt der Friedhof, wo die nach Mekka ausgerichteten Toten beigesetzt sind.

Neben zahlreichen Ausflügen, die man zu den barocken Hindu-Tempelanlagen um Ponda herum machen kann, empfiehlt sich eine Exkursion zum Siddanath Hill (vgl. S. 156).

Unterkunft & Verpflegung: Hotel Atish, Farmagudi, ☎ 31 32 24, an der Nationalstraße 4A, etwas außerhalb, 40 Räume mit und ohne AC, Bar & Restaurant; Hotel Amigos, Belgaum Rd. (NH 4A), ☎ 31 20 33, Restaurant & Bar; GTDC Tourist Cottages, Farmagudi, ☎ 31 29 22, 39 Räume, Bar & Restaurant; Hotel President, Super Market Complex, ☎ 31 22 87, 8 Zimmer ohne AC. *PLZ:* Ponda-403 401, *Vorwahl:* 08 34.

Anreise: Mit dem Bus von Panjim nach Ponda etwa 1 Std.; von Margao ca. 30 Min.

Candepar

Das Dorf Candepar/Khandepar mit etwa 3500 Einwohnern erreicht man von Ponda nach gut 5 km wenn man auf der Nationalstraße 4 A Richtung Osten (Belgaum und Bangalore) fährt.

Etwas außerhalb des Orts stehen, 50 m vom Ufer des Khandepar-Flusses entfernt, vier im 10. bis 11. Jh. aus dem Felsen herausgemeißelte **Tempel.** Im Gegensatz zu den Höhlentempeln in Arvalem oder Rivona sind die freistehenden Sakralgebäude von allen Seiten umgehbar. Die kleinen Kultstätten wurden von oben nach unten aus dem Lateritgestein herausgearbeitet. Nur die Dächer mit den *shikhara*-ähnlichen Turmaufbauten setzte man in separat gefertigten Teilen aufeinander. Zwei dieser Felsarchitekturen sind aus einem einzigen Steinblock gemeißelt und im Innern jeweils in zwei Räume

unterteilt. Der benachbarte Bau hat den gleichen Grundriß, nur das vierte, den ersten dreien gegenüberliegende Sanktuarium besteht aus einem Raum. Die ursprünglich mit Schiefer verkleideten Türrahmungen wurden durch Holztüren geschlossen. In den Nischen der Wände werden Götterbildnisse und Öllampen gestanden haben. Im Eingangsraum des ersten Tempels ist an der Decke ein Lotusmotiv eingemeißelt, daß in der Sakralarchitektur des 10./11. Jh. seine Vorbilder hat.

Bondla Park

Von Candepar ist es nicht weit zum Bondla Park. Etwa 20 km sind es von Ponda und 55 km von Panjim. Mit 8 km² ist der Naturschutzpark der kleinste der insgesamt drei in den Ghats von Goa. In einem botanischen Garten gibt es Orchideen- und Kakteen-Häuser, ein kleiner Zoo präsentiert Reptilien, Krokodile, verschiedene Hirscharten, Affen, Leoparden und ein afrikanisches Löwenpärchen. Wer will, kann auf einem eigens dafür abgerichteten Elefanten das Areal erkunden. Verschiedene *picnic spots* laden dazu ein, den Proviant auszupacken, es gibt auch ein Restaurant mit Bar, das zur Anlage der vom Department of Tourism im Jahre 1978 eingerichteten Tourist Cottages gehört (Zoo und Botanischer Garten sind Fr–Mi 9.30–17.30 Uhr geöffnet).

 **Unterkunft & Verpflegung:** Tourist Cottages, Bondla Park, Usgao, Ponda; Zimmerreservierung im voraus beim DG Conservator of Forest, Panjim ☎ 08 32/4 59 26

Bandora

Bandora, 5 km nordwestlich von Ponda, ist wegen dreier berühmter Tempel schon fast als ein geschäftiges Pilgerzentrum zu bezeichnen. Der auf das späte 16. Jh. zurückgehende **Shri Ramnath-Tempel** (vgl. Abb. S. 74) wurde aber Anfang unseres Jahrhunderts völlig renoviert, was ihm nicht unbedingt zum Vorteil gereichte. Wirklich sehenswert ist lediglich die silberne Einfassung des Cella-Eingangs, in der westliche und indische Elemente eine interessante Symbiose bilden. Nach der Instandsetzung hielten die Göt-

sammlungshalle eingerichtet worden ist. Vor dem Tempel befindet sich der Tempeltank, in dem die Gläubigen ihre rituellen Waschungen vornehmen, in dem Hausfrauen aber auch gelegentlich die Wäsche waschen und Kinder herumplanschen.

Entsprechend der goanischen Tradition steht gleich hinter dem Eingang zum Tempelbezirk ein mächtiger Lampenturm *(deepa stambha)*, der an Feiertagen erleuchtet wird. Das Hauptfest ist das Mahashivrata-Fest im Februar/März. Dann versammeln sich hier Tausende von Pilgern, und die Gläubigen begleiten die *lalkhi-* und *palkhi-*Prozessionen, bei denen man die Götterbilder – auf einer Art Sänfte plaziert – durch die Stadt trägt.

Der **Mahalakshmi-Tempel,** in dem die Gattin des Vishnu verehrt wird, steht mitten im Zentrum von Bandora. Im 16. Jh. kam das Kultbild der Göttin, die einen *linga* auf dem Haupte trägt, aus Colva im Distrikt Salcete hierher. Die höchste Gottheit der Anhänger des *shakti-*Kults wurde bereits von den Angehörigen der Herrscherhäuser der Silharas (8.–11. Jh.) und Kadambas (11.–14. Jh.) verehrt. Am Eingang des Tempelbezirks steht ein mächtiges Tor, dessen oberer Bereich als *nagarkhana* dient. Hier sitzen zu zeremoniellen Anlässen die Trommler und begleiten die kultische

terstatuen von Lakshmi-Narayana, Shanta Durga (Shanteri), Shiva (Betal) und Kamaksha Einzug. Entsprechend der zahlreichen Gottheiten, die in der Cella sowie in separaten Schreinen versammelt sind, ist die Anlage mit zwei *agrashalas* (Pilgerherbergen) an der Nord- und Südseite recht groß. Zu den verschiedenen Festen, die übers Jahr stattfinden, werden Dramen aufgeführt, für die eigens eine Bühne in der Ver-

Die Ost-West-Connection

Gewürzhandel, Spezereien und fremde Früchte

Die Entdeckung von Amerika und des neuen Seewegs nach Indien verdanken wir iberischen Seefahrern, die sich Ende des 15. Jh. aufmachten, um ihre Herrscherhäuser von dem venezianischen und arabisch-türkischen Handelsmonopol unabhängig zu machen. Die verstärkte Nachfrage nach Gewürzen, exotischen Gütern und Luxusartikeln in Europa hatte es den alteingesessenen Händlern ermöglicht, ihre Preise ins Unermeßliche zu schrauben. Da der Landweg nach Indien von den Türken abgeriegelt war, machte sich Kolumbus nach Westen auf, und Vasco da Gama umschiffte das Kap der Guten Hoffnung. Während jedoch Vasco da Gama am 10. 7. 1499 reich beladen mit Schätzen aus Indien nach Lissabon heimkehrte, gelang Kolumbus zwar die Entdeckung einer ›Neuen Welt‹, aber Pfeffer, das wichtigste Gewürz der damaligen Zeit, konnte er nicht finden. Daß Pfeffer den Gewürzhandel dominierte, läßt sich auch den Reisebeschreibungen des portugiesischen Zeitgenossen Duarte Barbosa entnehmen. In Cochin, Kerala, begeisterte ihn der Überfluß an Pfeffer, der »im ganzen Land wie Efeu an den Bäumen wächst«. Nun war den arabischen Händlern und Venezianern, die während des 15. Jh. durch den Pfefferhandel große Reichtümer erworben hatten, das Monopol genommen.

Auch an Zimt, der Rinde des Zimtbaums, herrschte in Indien kein Mangel. Gewürznelken und Muskat fanden die Portugiesen auf den Molukken. Fast 100 Jahre hielten sie den Handel mit diesen wichtigen Produkten in ihren Händen, bis die Holländer ihnen 1605 die Molukken-Inseln entrissen und die Franzosen 1770/72 nach der Einnahme der Insel Ceram (Molukken) lebende Pflanzen nach Mauritius und Réunion bringen konnten, um sie dort zu kultivieren. Bei einem derart geschäftigen Betrieb auf allen Weltmeeren konnte es nicht ausbleiben, daß keiner Nation die Führungsrolle im Gewürzhandel lange erhalten blieb. Die Portugiesen wurden von den Niederländern abgelöst, im späten 18. Jh. hielten die Briten für kurze Zeit das Monopol.

Wenngleich Amerika auf der anderen Seite des Globus dem Subkontinent und Asien zwar die Vormachtstellung als Gewürzländer nicht streitig machen konnte, traten die dort entdeckten Früchte schnell einen weltweiten Siegeszug an. Daß wir Europäer Kolumbus die Kartoffel und die Tomate verdanken, mag als Gemeinplatz gelten.

Aber daß die Portugiesen Pflanzen nach Indien trugen, die dort heute keiner mehr als fremd bezeichnen würde, ist sicherlich auch den meisten Indern nicht bewußt. Chili beispielsweise, die aus der indischen Küche nicht mehr wegzudenkende scharfe Zutat, heißt so, weil die Spanier annahmen, ihr Ursprung sei chilenisch. Tatsächlich wurde die Pflanze wohl zuerst in Peru und Bolivien kultiviert, aber das tat dem Erfolg des ›spanischen Pfeffers‹ keinen Abbruch.

Die Papaya verdankt ihren Namen der Indio-Bezeichnung *apapai*, was so viel wie Baum der Gesundheit bedeutet. Vasco da Gama bezeichnete die Pflanze als »goldenen Baum des ewigen Jungseins«, weil schon frühe Reisende von der Heilkraft ihres Milchsafts bei Verwundungen berichtet hatten. Die Ananas war eine der ersten Früchte, die Kolumbus in Begeisterung versetzte, als sie ihm Einheimische 1493 in Guadelupe zur Begrüßung vorsetzten. Spanier und Portugiesen versuchten dann, die Pflanze auf der Iberischen Halbinsel anzubauen. Im Jahre 1548 gelang deren Kultivierung zumindest auf Madagaskar. Um diese Zeit muß die Ananas auch nach Indien gekommen sein. Der berühmte Chronist Abu'l-Fazl berichtete in seinem »Akbarnama«, daß der Moghul-Kaiser Akbar (1556–1605) sie auf Festtafeln kredenzen ließ. Auch Guaven kamen aus Amerika nach Indien. Heute erzielt man dort die besten Zuchtversuche mit möglichst samenlosen Biotypen, wie der Safeda, der Harija, der Behat und der Lucknow-Guave. Als ein besonders wichtiger Wirtschaftsfaktor hat sich für Goa im Laufe der Jahrhunderte der Import des Cashew-Baums erwiesen (vgl. S. 129).

Einige Früchte, die dem Europäer originär indisch erscheinen, stammen ursprünglich aus anderen Ländern

Dörfliches Leben in Bandora

Handlung. In der Versammlungshalle befanden sich einst 24 aus Holz geschnitzte Bildnisse von Vishnu. Nachdem schließlich nur noch 18 dieser raren Skulpturen erhalten waren, entschloß man sich, die Kunstwerke dem Museum anzuvertrauen. Im Tempelbezirk finden übers Jahr (März/April, September/Oktober) Feste statt, während der auch Dramen aufgeführt werden.

Der **Shri Nagesh-Tempel,** ein Shiva-Heiligtum, befindet sich ganz in der Nähe des Mahalakshmi-Tempels. Einer Inschrift zufolge geht der Bau auf das Jahr 1413 zurück, als Devaraja I., der Herrscher von Vijayanagar, auch Goas Ge-

schicke lenkte. Anfang des 18. Jh. ließ Chatrapati Shahu, der Fürst von Satari, die Anlage gründlich renovieren. In der von einem oktogonalen Turm überhöhten Cella steht der *linga,* davor eine Skulptur des ruhenden Reittiers von Shiva, der Nandi-Bulle. Die dreischiffige Versammlungshalle ist mit Holzschnitzereien ausgestattet, die Szenen aus dem »Ramayana« wiedergeben.

Auf dem Weg zu den Tempeln von Priol passiert man **Farmagudi,** wo ein moderner **Ganesha-Tempel** steht. Dayanand Bandodkar, der erste Ministerpräsident von Goa, stiftete die Anlage 1966.

Priol

Etwa 9 km nördlich von Ponda entfernt liegen der Shiva-Tempel Shri

Manguesh und der Shri Mahalsa-Tempel. Im Laufe der Zeit haben im Umkreis der Kultstätten zwölf Pilgerherbergen *(agrashalas)* ihre Tore geöffnet, was für die Popularität der Heiligtümer unter den Gläubigen spricht. Priol mag mittlerweile 7000 Einwohner zählen.

Eine der meistbesuchten und bedeutendsten Kultstätten ist der **Shri Manguesh-Tempel.** Das Shiva-Heiligtum wurde um 1565 erbaut, nachdem das Kultbild aus Cortalim im Distrikt Mormugao gerettet worden war. Um- und Anbauten im 18. und 19. Jh. gaben dem Heiligtum sein heutiges Aussehen. Im Vorbereich steht der mächtige, weiß getünchte Lampenturm *(deepa stambha).* So wie an Festtagen in den Rundbogenöffnungen des *stambha* Lichter aufgestellt werden, erleuchtet man die Nischen des davorliegenden Tempeltanks durch Öllampen, die sich dann feierlich im Wasser spiegeln. Im Innern der dreischiffigen Versammlungshalle hängen europäische Glasleuchter. Die Wände sind in Anlehnung an die portugiesischen *Azulejos* weiß-blau gekachelt. Vor dem in Silber gefaßten Cella-Eingang ruht die silberne Figur des Nandi. Im Allerheiligsten steht der *linga,* das phallische Symbol der Schöpferkraft des Shiva. Das größte Tempelfest findet sieben Tage lang im Januar/Februar statt.

Ein Kilometer vom Manguesh-Heiligtum entfernt steht im Weiler **Mardol,** der berühmt für seine Blumenkulturen und Jasminblüten-Girlanden *(jayos)* ist, der **Shri Mahalsa Narayani-Tempel.** Hier werden Mahalsa, eine Form der Lakshmi, und Vishnu als Mohini in seiner weiblichen Erscheinung verehrt. Die Göttin Mahalsa, die in Goa als eine Inkarnation von Lakshmi und Parvati angesehen wird, ist unter der weiblichen Bevölkerung besonders populär, weil sie Wünsche erfüllen kann.

Über Mohini erzählt die Legende, daß Vishnu sich in die Gestalt dieses schönen Mädchens verwandelt hat, als zwischen den Göttern *(devas)* und Dämonen *(asuras)* ein erbitterter Kampf um ein Gefäß mit Unsterblichkeit verheißendem Nektar *(amrut)* ausgebrochen war. Da die Gefahr bestand, daß das Böse für immer auf der Welt regieren könnte, wenn die Dämonen des Lebenselexiers habhaft würden, griff die verführerische Mohini zu einer List: Sie versprach, den Nektar zwischen den Göttern und Dämonen gerecht aufzuteilen. Als sich die *asuras* und *devas* auf diesen ›Handel‹ eingelassen hatten, gab Mohini zunächst den Göttern reichlich von dem Nektar und verschwand danach mit dem Gefäß. So waren die Dämonen besiegt und die unsterblich gewordenen Götter wurden auf ewig zu den Herrschern des Universums.

Den Tempelbezirk betritt man durch ein Tor, das an Festtagen gleichzeitig als *nagarkhana* (Trommelkammer) dient. Vor der Kultstätte stehen zwei monumentale *tulasi vrindavans* (Aufbauten für heilige Tulsi-Pflanzen) sowie der steinerne Lampenturm *(deepa stambha)* und ein riesiger Bronze-leuchter, auf dem Garuda, das ›Fahrzeug‹ des Vishnu, thront. Der Leuchter ist eine moderne Zutat, seiner Machart nach jedoch traditionell. Wie bei ähnlichen Leuchtern in Nepal ruht der Lampenturm auf dem Panzer der Schildkröte Kurma, der zweiten Inkarnation des Vishnu, in der er die Erde vor dem Versinken im Weltmeer dadurch errettete, daß er sich mit seinem Panzer unter sie schob. Somit symbolisieren diese Leuchter sowohl die Weltenachse als auch den mythischen Weltberg Meru, den Mittelpunkt des Universums und Sitz der Götter.

Im Innern des Tempels sind einige kunstvoll ausgeführte Holz-schnitzereien zu sehen, deren feine Ornamentierung über die Härte des Materials hinwegtäuscht. In der Cella ist das Bildnis der Göttin Mahalsa Narayani aufbewahrt, das man in der zweiten Hälfte des 16. Jh. aus Verna (Salcete) hierher brachte. Von dem damals durch die Portugiesen zerstörten, aber wegen seiner Größe und Schönheit gerühmten Tempel in Verna ist heute nicht viel mehr als der verfallene Reinigungsbrunnen übrig geblieben. In Mardol werden im Februar und im September/Oktober große Tempelfeste begangen, zu denen sich neben den hinduistischen Gläubigen auch die christliche Bevölkerung einfindet.

Eingangshalle des Shri Lakshmi Narasimha-Tempels in Velinga

Velinga

In Velinga, 3 km von Mardol und 5 km von Ponda entfernt, verehren die Gläubigen Vishnu in seiner vierten Inkarnation als Löwenmensch (Narasimha). Im Kampf gegen den Dämon Hiranyakasipu, der weder von einem Menschen noch von einem Tier getötet werden konnte, verwandelte Vishnu sich in den Löwenmenschen – erst mit dieser List gelang es ihm, das Ungeheuer zu bezwingen. In dem Allerheiligsten *(garbhagriha)* der Kultstätte ist das Bildnis von Lakshmi-Narasimha unter einem reich verzierten Silberbaldachin plaziert, eine in Goa seltene Figurengruppe. Die Anfänge des **Shri Lakshmi Narasimha-Tempels** gehen auf das späte 16. Jh. zurück, als die Portugiesen den ursprünglichen Schrein im Distrikt Mormugao in Brand gesetzt hatten. Mineralwasserquellen speisen den zum Heiligtum gehörigen Tempeltank.

Devotionalienstand in Queula

Queula

Etwa 3 km südwestlich von Ponda liegt in dem Örtchen Queula, auch Kavle oder Kavalem genannt, der **Haupttempel der Göttin Shanta Durga.** Der über 400 Jahre alte Schrein wurde im Jahre 1738 vom Enkel des Shivaji umgebaut, im 19. Jh. kam es zu weiteren beträchtlichen Veränderungen. Ursprünglich stand das Kultbild in einem Tempel in Quelossim (Mormugao), wo heute noch die Überreste des Tempeltanks zu sehen sind. Shanta Durga, die Schlichterin eines Streits zwischen Shiva und Vishnu, steht als Friedensgöttin zwischen beiden.

Über dem Sanktuarium erhebt sich ein überkuppelter, oktogonaler, dreigeschossiger Turm europäisch-barocken Stils. Während im Erdgeschoß nur durch die Schießscharten spärliches Licht in den Cella-Umgang fällt, sind die oberen beiden Turmgeschosse mit Fensteröffnungen versehen. Auch der sechsstöckige Lampenturm *(deepa stambha)* nahe dem Eingangstor zum Tempelbezirk präsentiert sich mit seinen Säulenvorlagen und

Rundbogenöffnungen als ansehnliches Beispiel für die goanische Tempelbaukunst unter europäischem Einfluß.

Im Hindu-Monat *magha* (Januar/Februar) wird alljährlich das große Tempelfest begangen. Zu dieser Gelegenheit schickt die bekannte alteingesessene Familie der Mirandas aus Loutolim (Salcete) – Mario Miranda ist ein über Goa hinaus berühmter Cartoonist, sein Bruder Lucio Architekt und Sänger – regelmäßig einen Sack Reis und einen Korb Kokosnüsse zu Ehren der Göttin an den Tempel, auch wenn die Familie schon vor Generationen zum Christentum übertrat.

Borim und Siddanath-Hügel

In Borim, nur 5 km von Ponda und 12 km von Margao entfernt, steht ein kleiner Navadurga bzw. Vijayadurga geweihter **Tempel.** Nava heißt neun, und somit verkörpert die Göttin alle neun Aspekte ihres Wesens. Die Legende erzählt, eine Kadamba-Herrscherin habe das Kultbild im 12. Jh. gestiftet. Das über 1 m große Idol aus schwarzem Granit stellt die Göttin in ihrem Kampf mit dem Dämon Mahisha dar. Als Mahishamardimi ist Durga die siegreiche Büffeltöterin.

Von Borim gelangt man, wenn man von der Ponda und Margao verbindenden Straße in Richtung Osten abbiegt, nach etwa 4 km zum Siddanath-Hügel, dem höchsten Punkt im Distrikt Ponda. Von

dem 410 m hohen Berg, auf dem auch ein kleiner **Shiva-Tempel** steht, hat man einen weiten Ausblick auf das Um- und Hinterland bis hin zum Arabischen Meer. Die auf dem Berg entspringenden Quellen bewässern die tiefer gelegenen Areca- und Bananenplantagen. Als Picknickplatz ist der Hügel wegen der frischen Brise, die hier zumeist weht, ein beliebtes Ausflugsziel der Einheimischen.

Siroda

Weiter im Süden, 12 km von Ponda und etwa 10 km von Margao entfernt, liegt Siroda, das größte Dorf im Distrikt Ponda. Der Wochenmarkt, zu dem viele Händler und Besucher aus der Umgebung herbeiströmen, findet dienstags statt. Bekannt ist der Ort für seinen Tempel. Der **Schrein der Shri Kamakshi** soll schon 400 Jahre hier stehen, aber so wie sich der inzwischen bunt angestrichene Tempel heute repräsentiert, dürfte er im 18. und 19. Jh. umgebaut worden sein.

Man betritt den Tempelbezirk durch ein mit europäischen Architekturelementen gegliedertes Tor. Das Motiv der von Pilastern gerahmten Torbögen des Erdgeschosses wiederholt sich in verkürzter Form im Obergeschoß. Wie gewohnt steht der typisch goanische Lampenturm *(deepa stambha)* in Eingangsnähe. Über eine Vorhalle gelangt man in den dreischiffigen Versammlungsraum, dessen Säulen

Shri Kamakshi-Tempel

›Milchwasserfälle‹ und wilde Tiere – Der Distrikt Sanguem

mit Schnitzwerk verziert sind. Hier stehen die Bildnisse der Gottheiten Dattareya (Vishnu als Trinität von Brahma, Vishnu und Shiva) und Maruti (eine Shiva-Form). Dem Eingang zum Allerheiligsten, in dem auf einem Silberthron das Idol der Kamakshi als siegreiche Büffeltöterin (Mahishamardini) plaziert ist, verleiht ein reich ziselierter Türrahmen aus Silber die entsprechende Würde. Neben dem Bildnis der Hauptgottheit sieht man links und rechts die Statuen von Shiva und Vishnu als Kalbhairava (Shiva in einer seiner furchterregenden Formen) und Vitthal (Vishnu).

Sanguem im Südosten ist der größte und zugleich am dünnsten besiedelte Distrikt von Goa. Über 56 % des Landes sind von Wald und Urwald bedeckt. Dort liegt auch das ausgedehnteste Naturreservat von Goa, das 240 km^2 umfassende Bhagwan Mahaveer Sanctuary bei Molem.

Fährt man mit Bus, Bahn oder Taxi durch Sanguem, lohnt sich das allein schon wegen der Landschaftseindrücke, aber man kann auch den schönsten erhaltenen Tempel aus dem 13. Jh. in Tambdi Surla besichtigen.

Dudhsagar

Die ›Milchwasserfälle‹ von Dudhsagar (*dudh* – Milch) sind von Vasco da Gama mit der Bahn erreichbar. Ein Zustieg ist auch in Dabolim, Cansaulim, Majorda, Margao sowie in Chandor oder Colem (auch Collem oder Kulem) möglich. Die letzten 13 km von Colem weiter hinauf in die Ghats kann man jedoch nur mit der Bahn und nicht mehr mit dem Wagen zurücklegen. Für den steilen Weg, der durch das Naturreservat Bhagwan Mahaveer führt, wird in Colem eine zweite Dampflok vorgespannt, die, gemeinsam mit der ersten, den Zug dann gemächlich und schnaufend durch dichten Dschungel und Teak-Wälder hinauf auf die Ghats zieht.

An den **Dudhsagar Falls** angelangt, versammeln sich die meisten Besucher unter der schattenspendenden Eisenbahnbrücke, vor der sich das vom Berg herabfallende Wasser zunächst in einem kleinen See staut, bevor es über die Felsen fließt und weiter ins Tal stürzt. Während der Saison ist eine kleine ›Snackteria‹ geöffnet, ansonsten ist man auf die ›cold drinks‹ angewiesen, die von den Einheimischen angeboten werden.

Bis zur planmäßigen Rückfahrt des Zugs, der nach kurzem Halt am Wasserfall Richtung Londa, bzw. Pune oder Bangalore weiterzokkelt, kann es manchmal einige Stunden dauern. So richtet man sich am besten, vorausgesetzt, man will den Dschungel nicht auf eigene Faust erkunden – es soll einen ausgeschilderten Fußpfad zurück nach Colem geben –, auf die Wartezeit ein. Irgendwann kommt dann die zweite Lokomotive aus Castle Rock/Londa wieder zurück ins Tal gefahren. Die Fahrer nehmen gern einige Touristen mit, für Reisegruppen ist allerdings kein Platz.

Anreise: Morgens ab Vasco da Gama (Halt auch in Margao und Colem) mit dem Zug (Secunderabad Express) Richtung Bangalore. Der letzte Zug zurück verläßt Dudhsagar um 16.35 Uhr.

Bhagwan Mahaveer Sanctuary

Für den Ausflug in das 240 km^2 große Bhagwan Mahaveer Sanctuary sollte man sich einen Tag Zeit nehmen, oder gar noch besser eine Übernachtung einplanen, vor allem, wenn man von dort den Tempel von Tambdi Surla besichtigen möchte.

Der National Highway 4A, der nach Belgaum und Bangalore weiterführt, verläuft unmittelbar durch den Naturpark. Von Panjim bis zum ›Checkpost‹ bei Molem sind es 58 km (1,5 Std.) und von Margao etwa 46 km. Vom Distrikt Salcete empfiehlt sich die Anreise mit der Bahn. Die Fahrt von Margao nach Colem muß man sich dann mit einem Scooter oder Taxi nach Mo-

lem, der Anlaufstelle des Tourist Complex, fahren lassen.

Der Naturschutzpark ist reich an Tieren. Bisonherden, verschiedene Rotwildarten, Schakale, Affen, Wildschweine und sogar Panther wurden des Nachts gesichtet. Nur die wenigsten Gäste werden es wohl bedauern, wenn sie die Königskobra in freier Wildbahn nicht zu Gesicht bekommen. Über 154 Vogelarten haben die Ornithologen im Bhagwan Mahaveer-Park gezählt, darunter verschiedene Eisvögel, Fliegenschnäpper, Spechte, Hornvögel und viele Raubvogelarten wie Bussarde, Adler oder Falken.

An vitaminreichem Reiseproviant herrscht in Goa kein Mangel

Der Mahadeva-Tempel, im Hintergrund
die West-Ghats

 **Unterkunft & Verpflegung:**
Molem Tourist Resort, Molem, ✆ 08 34/60 02 38, Reservierungen: Goa Tourism Development Corporation, Trionora Apartments, Dr. Alvares, Costa Rd., Panjim, ✆ 22 65 15, 22 41 32, 22 67 28, mit Restaurant und Bar, preiswert; Forest Rest House, Molem, Reservierungen: Deputy Conservator of Forest, Junta House, 3. Stock, Panjim, ✆ 08 32/4 59 26, einfache Zimmer mit Deckenventilator und Bad, Schlafsäle für Studenten und Jugendgruppen.

Der Distrikt Sanguem

Tambdi Surla

Der **Mahadeva-Tempel** von Tambdi Surla liegt im Naturreservat Bhagwan Mahaveer, etwa 16 km von Molem entfernt. Das Forest Department bietet auf Anfrage Ausflüge dorthin an. Obwohl die Straße bis zum Dorf Surla und weiter zum Tempel vor einigen Jahren ausgebaut wurde, fließt der Fremdenverkehr nur spärlich. Noch kommt man sich vor wie ein Reisender im späten 18. Jh., der die Geheimnisse Indiens auf einsamen Pfaden durch Dschungel und an abgelegenen Dörfern vorbei, langsam entdeckt. Die Landschaftsszene, in welche der kleine Tempel wie auf einem Aquarell der englischen Malerreisenden Thomas und William Daniell hineinkomponiert erscheint, ist sehr romantisch.

Golden leuchtet am Abend die Sonne durch die Palmenhaine von Goa

Der Shiva-Tempel aus der späten Kadamba-Epoche im 13. Jh. ist der älteste und besterhaltene in Goa. Die heilige Stätte besteht aus quadratischer Cella *(garbagriha)* mit zweistöckigem *shikara*-Aufbau, Vestibül *(antarala)* und einer überdachten, aber nach drei Seiten hin offenen Vorhalle *(mandapa),* an deren Westseite sich vier Nischen mit Kultbildern befinden.

Im Zentrum der Vorhalle hält Nandi, das Reittier des Shiva, Wache; der *linga* des Shiva steht im Sanktuarium. Gemeißelte Rosetten und Lotusblütenmotive schmücken die Basaltdecken. Stilistisch erinnern die vier monolithischen, kunstvoll ausgearbeiteten Säulen des *mandapa* und die skulptierten Quaderplatten an der Decke an den Hoysala/Yadava-Stil, der in den Tempelanlagen von Somnathpur und Halebid, beide stammen aus dem 13. Jh., seinen Höhepunkt erreichte. Die Kultstätte wurde Anfang der 80er Jahre restauriert, ergänzt und zum Denkmal erklärt. Im nahen Weiler Tambdi Surla lebt der für den Tempeldienst zuständige Brahmane. Er ist gleichzeitig Angestellter des Archaeological Survey of India und wacht über die Unversehrtheit des Denkmals, das heute wieder von gläubigen Hindus als Andachtsstätte genutzt wird.

Rivona

In der Nähe von Rivona im Süden des Distrikts Sanguem befindet sich der **Damodar-Tempel** von Zambaulim, der nach der Errichtung im späten 19. Jh. wiederholt erweitert und umgebaut wurde. Interessanter als der 1966 und 1972 modernisierte Tempel ist das jährliche, sieben Tage dauernde Shigmo-Fest im Hindu-Monat *phalguna* (Februar/März). Während dieser ausgelassenen Hindu-Feier, die dem christlichen Karneval vergleichbar ist und mit der ein Jahrmarkt sowie Tanz- und Theateraufführungen einhergehen, wird dienstags nach altem Brauch *gulal* (rotes Pulver) in die Menge geworfen. Bei dieser Gelegenheit kann man sich mit dem Pulver und gefärbten Wasser ordentlich bespritzen lassen und sollte aus diesem Grunde nur in einfacher, aber dem Anlaß angemessener Garderobe erscheinen.

Ein weiterer kleiner **Felsentempel** bei Rivona besteht aus einer natürlichen Höhle, die mit einem großen Vorhof und einer darauf hinabführenden Treppe versehen wurde. In einer im Südwesten gelegenen Nische befindet sich eine Wasserquelle. Man vermutet, daß diese Anlage neben rituellen Handlungen auch der menschlichen Behausung diente und möglicherweise buddhistischen Ursprungs ist. Eine Datierung war bisher jedoch aufgrund fehlender Inschriften noch nicht möglich. Der Fund einer Buddha-Skulptur außerhalb der Höhle macht allerdings eine Zuschreibung in das 8. Jh. wahrscheinlich. Der Volksmund bezeichnet die Höhle als Rishivana, als Platz, an dem sich Heilige und Einsiedler aufgehalten haben. Lokale Legenden erzählen, daß König Rama, der Held des »Ramayana«-Epos, auf seinem Weg nach Lanka (Sri Lanka) in Rivona Halt gemacht habe.

Von Vasco da Gama bis tief in den Süden

Palmengesäumte Strände
so weit das Auge reicht

Chandor – das Chandrapur
der Kadamba-Dynastie

Höhepunkte indo-lusitani-
scher Kirchenkunst im
Rachol-Museum

Palolem Beach und
Cotigao-Naturschutzpark

Café am Palolem Beach

Von Vasco da Gama in den Süden

Hinter verführerischen Strandresorts gilt es alte Kulturlandschaften zu entdecken. Auch der Süden, insbesondere Salcete, bietet viel Abwechslung: Margao, Chandor und das Rachol-Seminar laden zu Ausflügen ein. Noch weiter südlich, dort, wo Goa noch archaisch und dünn besiedelt ist, liegt das Land des Feni und der Schmuggler.

Das ›wirtschaftliche Herz von Goa‹ – Der Distrikt Mormugao

In Mormugao, dem ›wirtschaftlichen Herz von Goa‹, ist die Einwohnerdichte am größten. Der Hafen von Vasco da Gama, der zweitbedeutendste an der indischen Westküste, zieht nicht nur Arbeitssuchende aus Goa an. Nach der Angliederung Goas an Indien fanden dort auch Zehntausende aus den Bundesstaaten Maharashtra, Karnataka, Gujarat, Andhra Pradesh, Kerala und Tamil Nadu Lohn und Brot.

Mormugao und Vasco da Gama

Der Hafen Mormugao und die Stadt Vasco da Gama entstanden im späten 19. Jh., als der kommerzielle Schiffsverkehr im Zuge der Industrialisierung größere Formen annahm. Gleichzeitig wurde die 82 km lange Eisenbahnstrecke zwischen dem Hafen und der Anschlußstelle der Southern Central Railway in den westlichen Ghats angelegt. Von Anfang an spielte der Passagierverkehr eine eher untergeordnete Rolle. Und auch noch heute werden vor allem Erze aus dem Hinterland zum Export in den Hafen Mormugao gebracht.

Aus dem relativ verschlafenen Hafenvorort Vasco wurde in den letzten 30 Jahren eine Art ›Mini-Indien‹: Dort ließ sich die bunteste Mischung aus verschiedenen indischen Volksgemeinschaften nieder, die man in Goa finden kann. Hatte die Stadt 1961 nur 20 000 Einwohner, so stieg die Zahl binnen drei Jahrzehnten auf über 100 000 an, im Jahre 1981 waren es noch 70 000. Als typische ›Arbeiterstadt‹ entwickelte Vasco sich auch zu einem Zentrum der Fußballbegeisterung.

Die rasterartig ausgelegte Stadt ist für Urlauber nicht besonders attraktiv. Sieht man davon ab, daß von dort die Züge Richtung Osten abfahren und für die Gäste des Bogmalo Beach dort die nächstgelegenen Reiseagenturen und Postämter liegen, muß man nicht unbedingt nach Vasco fahren und den Hafen auch nur dann besuchen, wenn man sich für die groß angelegte Verschiffung der Eisenerzladungen oder die dort stationierten indischen Militärschiffe interessiert.

ⓘ Information: Tourist Information Centre, Government of Goa, Tourist Hostel, Vasco da Gama, ✆ 51 31 19, Tourist Information Centre, Government of Goa, Dabolim Airport, ✆ 51 26 44; Reisebüros: Menezes Air Travel, unweit des Taxistands, Vasco, ✆ 51 23 64; Thakkers Travel Service (KLM), Thakker House, Swatantra Path, Vasco, ✆ 51 39 59. *PLZ:* Vasco-403 802, *Vorwahl:* 08 34.

 Unterkunft & Verpflegung: DZ um 400–600 Rs plus 5 bis 10 % Steuer): Hotel La Paz Gardens, Swatantra Path, ✆ 51 21 21, Fax 51 33 02, 72 AC-Räume, Bar & Restaurant; The Citadel, Pe. José Vaz Rd., ✆ 51 31 90, 51 20 97, Fax 51 30 36, 36 Zimmer mit und ohne AC, Restaurant & Bar; Hotel Rukmini, nahe M. P. T. Hall, Dattatreya Deshpande Rd., ✆ 51 23 50, 15 Räume mit und ohne AC. DZ um 300 Rs plus Steuer 5 %: GDTC Tourist Hostel, Swatantra Path, ✆ 51 08 29, 64 einfache Zimmer mit und ohne AC, Bar & Restaurant, Touristeninformationszentrum, ✆ 51 31 19.

🚆 Anreise: Mit Bus und Bahn von Dabolim (Flughafen) 6 km, Mar-

Der Distrikt Mormugao

gao (34 km), von Panjim (30 km) mit dem Bus.

 Ärztliche Versorgung: Salgaocar Medical Research Centre, Airport Rd., Chicalim, Vasco, ✆ 51 25 24.

 Notruf: Polizei ✆ 100; Feuerwehr ✆ 101, Ambulanz ✆ 102.

Bogmalo

Der Bogmalo Beach, nur ca. 3 km vom Flughafen Dabolim entfernt, besteht aus einer kleinen, geschützen Sandbucht unterhalb eines Felsvorsprungs. Abwechslung bieten hier die von der Fünf-Sterne-Anlage offerierten Sportmöglichkeiten und eine Ansammlung von Buden mit kleinen Tavernen, Schneidereien und Souvenirgeschäften, die vor dem Hotel liegt. Zum nächsten Hotelkomplex nach Majorda sind es vom Bogmalo Beach ca. 30 km.

 Unterkunft & Verpflegung: *Luxuskategorie* (DZ um 130–170 US$ plus Luxussteuer 15 %): Sarovar Park Plaza Resort, Bogmalo Beach, ✆ 51 33 11–5 und 51 32 91–5, Fax 51 25 10, 120-Zimmer-Anlage mit Bars und Restaurants, Pool, Health Club und anderen Annehmlichkeiten, unmittelbar am Strand gelegen. *Mittlere Preisklasse* (DZ 450–800 Rs plus 5–10 % Steuer): Vinny's Holiday Resort, Airport Dabolim-403 801, ✆ 51 01 74, 10 Räume, davon 3 mit AC und TV, Bar & Restaurant, einige Minuten bis zum Strand; Sea-View Resort, Bogmalo Beach, ✆ 51 44 42, 12 Zimmer, davon 3 mit AC, Bar & Restaurant, einige Minu-

ten zum Strand; Joet's Guest House, Bogmalo Beach, ✆ 51 49 97, 13 kleine Räume ohne AC, Bar & Terrassenrestaurant, direkt am Strand gelegen. Die Zimmer sind jedoch vom Meer abgewandt gebaut, so daß die kühlende Brise ausbleibt. *Vorwahl:* 08 34.

Lusitanische Villen und Luxushotels – Der Distrikt Salcete

Salcete gehörte seit 1530 zu den ›alten Besitzungen‹ der Portugiesen. Dementsprechend zahlreich sind dort auch die Kirchen und lusitanischen Villen. Durch den Bau mehrerer Luxushotels in den letzten Jahren dürfte Salcete mittlerweile den nördlichen Distrikten Tiswadi und Bardez den Rang abgenommen haben, den größten Fremdenverkehrsumsatz im Staate zu machen. Traditionell lebten dort die Menschen von der Landwirtschaft und vom Fischfang. Bevor der Tourismus als Einnahmequelle hinzukam, waren Konserven- und Seifenfabriken das andere ökonomische Standbein.

Margao

Die Distrikthauptstadt Margao (Madgaon) wird wohl inzwischen über 75 000 Einwohner zählen. Als wichtiger Handels- und Verkehrsknotenpunkt des Südens ist sie ne-

Die Distrikte Salcete und Quepem

ben Panjim die zweite, heimliche Hauptstadt von Goa. Der Überlieferung zufolge lag in Margao eine der frühesten arischen Ansiedlungen von Goa, die auch eine berühmte Brahmanen-Schule *(mathagrama)* besaß – aus *mathagrama* soll sich denn auch der Name Margao ableiten lassen. Im Jahre 1564 kamen die Jesuiten nach Margao.

1565 errichteten sie die Heiliggeistkirche auf den geschleiften Grundmauern eines Hindu-Tempels, der Damodar Makaji, einer Form des Vishnu geweiht war. Bei Umbauarbeiten an dem Konvent der Kirche im Jahre 1967 wurde eine Shiva-Statue auf dem Gelände ausgegraben, die man heute im Staatsmuseum in Panjim besichtigen kann.

Zentrum der Stadt ist auch heute noch der ehemalige Praça Jorge Baretto, der, in **Aga Khan Garden** (1) umbenannt, als kleiner Stadtpark mit Rasenflächen und Blumenrabatten die Städter mit ihren Kindern zur Kurzweil einlädt. Von dort sind die wichtigsten Punkte schnell erreicht. Das **Hauptpostamt** (2, GPO) an der Aba de Faria Road, der **Busbahnhof** (3), die **State Bank of India** (4), das **Touristeninformationsbüro** (5) an der gegenüberliegenden Schmalseite des Parks hinter dem Gebäude der Stadtverwaltung und weiter in Richtung Osten der Markt. Es gibt zwei Märkte in Margao, einen alten, den Mercado Vasco da Gama, und den neuen, regelmäßig angelegten **Mercado Afonso de Albuquerque** (6).

Die Hindu-Tempel der Stadt (Hari Mandir, Damodar-Tempel, Vitthal Mandir) sind alle modern.

In seinen Ursprüngen soll der **Hari Mandir** in der Nähe des neuen Markts auf den Beginn unseres Jahrhunderts zurückgehen. Im Allerheiligsten stehen Silberskulpturen der Gottheiten Vitthal und Rakhumayi. Die Hauptattraktion ist das jährliche Dindi-Fest im Oktober/November, an dem Tausende von Gläubigen an einer Prozession vom Hari Mandir zum **Vitthal Mandir** (7) teilnehmen, wo ebenfalls Vitthal und Rakhumayi verehrt werden.

Im Jahre 1910 wurde, nachdem Ende des 19. Jh. das Bildnis der Gottheit Damodar aus Zambaulim im Distrikt Quepem nach Margao gebracht worden war, der **Damodar-Tempel** (8) gebaut. An den Montagen des Hindu-Monats *sravana* (Juli/August), wenn sich viele

---

Margao   1 Aga Khan Garden   2 Hauptpostamt   3 Busbahnhof   4 Bank of India   5 Touristeninformation   6 Mercado Afonso de Albuquerque   7 Vitthal Mandir   8 Damodar-Tempel   9 Heiliggeistkirche   10 Stadtverwaltung

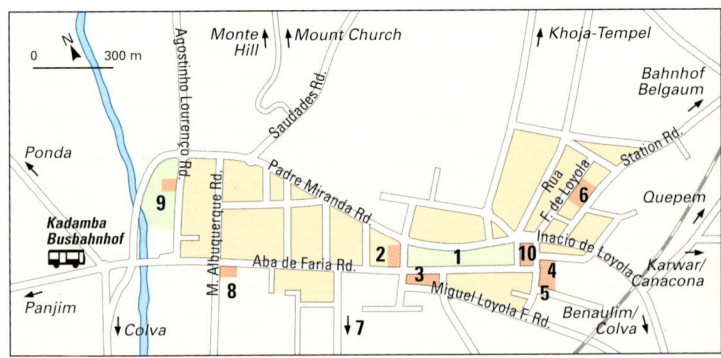

Straßenszene in Margao

Gläubige versammeln, werden im Tempel religiöse Lieder *(bhajans)* gesungen.

Die im Jahre 1565 gegründete **Heiliggeistkirche** (9, Holy Spirit Church/Espirito Santo), die nach mehrmaligen Zerstörungen 1675 wieder aufgebaut wurde, orientiert sich an dem großen Vorbild der Augustinerkirche Nossa Senhora da Graça (1597–1602) in Alt-Goa. Ihre Fassade erinnert an die noch erhaltene Santanen-Kirche in Talauli, aber da die Langhausfront der Heiliggeist-Kirche schlichter ausgefallen ist und die beiden flankierenden Türme graziler, hat das Gotteshaus weniger von der barocken Schwere, welche die Santa-

na vermittelt. Gemeinsam mit dem weiß getünchten Monumentalkreuz, das der Kirche gegenüber auf der Platzmitte steht, sowie mit den umliegenden lusitanischen Stadthäusern bildet der Kirchplatz ein mediterran anmutendes Ambiente.

Neben dem Hauptaltar schmücken neun Nebenaltäre das Kircheninnere. In der Sakristei ist außer einigen kostbaren Goldschmiedearbeiten und kunstvoll bestickten Meßgewändern eine Monstranz verwahrt, die Philip II. von Kastilien in Toledo anfertigen ließ. Alljährlich im Mai findet eine der größten Kirchfeiern Goas in und um die Holy Spirit-Kirche statt. Wenn das Heiliggeistfest begangen wird, kommen mehr als 30 000 Menschen zusammen, die, wenn auch nicht alle als fromme Pilger,

Marktfrauen in Margao

den gleichzeitig aufgebauten Jahrmarkt besuchen.

Margao besitzt nicht wenige prachtvolle Villen, die von außen zu betrachten sich lohnt. Das Figueiredo de Albuquerque/Dr. Eurico Silva-Haus, eine Doppelvilla, die im Volksmund Seven Shoulders genannt wird, stammt aus dem 17. Jh. Den Namen erhielt das Gebäude, weil es ursprünglich einmal sieben stattliche Giebel aufwies, von denen heute nur noch drei erhalten sind. Im Laufe der Zeit schrumpfte das Gebäude auf ein Drittel seiner vormaligen Größe zusammen, heute wohnen dort zwei Familien. Das Dr. Armando

Alvares-Haus und das Fenoloa Rebello-Haus vermitteln ebenfalls einen Eindruck vom großbürgerlichen Leben der Vergangenheit.

 Information: GTDC Tourist Information Centre, Tourist Hostel, ✆ 2 25 13.

Unterkunft & Verpflegung: Goa Woodlands Hotel, Miguel Loyola Furtado Rd., ✆ 22 11 21–5, 42 preiswerte Räume mit und ohne AC, Bar und Restaurant; GTDC Tourist Hostel, Luis Miranda Rd., hinter der Stadtverwaltung, ✆ 72 19 66, 22 04 70, 69 Zimmer mit und ohne AC, Bar und Restaurant, Touristeninformationsbüro; Longuinhos, Luis Miranda Rd., gegenüber dem Tourist Hotel gelegen, Bar und Restaurant, keine Zimmer, vegetarische und nicht vegetarische Küche, Backwaren. *PLZ:* Margao-403 601, *Vorwahl:* 08 34.

Reisebüros: Forway Travels, Garden View Building Phase I Block C-601, ✆ 22 58 30; Sarken Tours & Travels, Mabai Hotel, am Aga Khan Garden, ✆ 22 19 96, Fax 22 19 97 (Mo–Sa 9–13 und 14–17.30 Uhr); Menezes Air Travel, Luis Miranda Rd., ✆ 73 22 14.

Anreise: Zwischen Majorda und Margao (ca. 8 km) bestehen Bus- und Bahnverbindungen. Colva und Margao (ca. 6 km) sind mit öffentlichen Bussen, Taxis und Auto-Rickshaws verbunden. Die Busse fahren in regelmäßigen Abständen zwischen 7 und 18.30 Uhr von Margao Richtung Colva ab (Halt in Benaulim). Der Busbahnhof liegt am Municipal Garden, der Taxistand hinter dem Municipal Building. Der Busbahnhof (KTC) für die Busse von und nach Panjim (44 km) liegt außerhalb am nördlichen Stadtrand gegenüber der Straße nach Colva.

 Ärztliche Versorgung: Government Hospicio, Casualty Ward, ✆ 73 40 66.

Notruf: Polizei ✆ 100; Feuerwehr ✆ 22 01 68; Ambulanz ✆ 100.

Majorda

In der 10 000-Seelen-Gemeinde, die aus mehreren Dörfern und Weilern besteht, leben zumeist katholische Fischer und Bauern. Als 1984 die Fünf-Sterne-Hotelanlage des Majorda Beach Resort eröffnet wurde, hielt erstmals der Tourismus Einzug. Inzwischen haben die Bewohner mit einigen Snack-Bars, Tavernen und Souvenirläden auf den Fremdenverkehr reagiert, und allenthalben sind Bauaktivitäten festzustellen, die das Bild des Dorfes jedoch nicht unbedingt verbessern.

Die **Mãe de Deus-Kirche** (Kirchfest am 5. 5.) datiert in das Jahr 1588, als die Jesuiten nach Majorda kamen. Vor dem Siegeszug des Christentums muß es in Majorda und Umgebung einige prächtige Hindu-Tempel gegeben haben. Im Museum von Panjim wird eine Nandi-Skulptur aus dem 10. Jh. aufbewahrt, die in Utorda ausgegraben wurde. Dort finden während der Weihnachtswoche verschiedene Aktivitäten statt, wie etwa das Weihnachtssingen (auch an der Majorda-Kirche), ein Weihnachtssternwettbewerb und ein Wettbewerb über die schönste Krippenausstattung. Darüber hinaus wird ein Bullenwagenrennen veranstaltet.

🛏️✕ Unterkunft & Verpflegung:
Obere Preisklasse (DZ um 2500–3000 Rs plus Luxussteuer 15 %): Majorda Beach Resort, Majorda Beach-403 713, ✆ 22 00 25/26, Fax 73 02 12, 120-Zimmer-Anlage mit Pool, Health Club, in Parklandschaft und mehreren Bars & Restaurants, Boutiquen etc.; The Regency, Utorda-403 713, ✆ 22 39 78, 75 41 80–5, Fax 75 41 86, nicht zu große, wohldesignte 5-Sterne Anlage mit allen Annehmlichkeiten dieses Standards, Pool, Health Club etc.; Nanu Resort, Betalbatim-403 713, ✆ 73 30 29, 73 49 50–3, Fax 73 44 28, 72-Zimmer-Anlage im Cottagestil unter maximaler Ausnutzung des Geländes, alle Zimmer mit AC, Pool, Bar & Restaurant. *Mittlere Preisklasse* (DZ um 750 -1200 Rs plus 15 % Luxussteuer): Hotel Shangrila, Majorda-403 713, ✆ 22 39 37, Fax 22 04 04, 12 Räume mit und ohne AC, Bar & Restaurant Old Comfort, Majorda-403 713, kein ✆, 6 Räume mit AC. *Untere Preisklasse* (DZ um 200 bis 350

Rs plus 5 % Steuern): Goodfaith Lodge, House No. 356/1, Majorda-403 713, ☏ 25 43 22, Fax 25 42 52, sehr einfach, 10 Minuten zum Strand. *Restaurant:* Beach Shack Starfish, Utorda Beach, wohlschmeckende Fischgerichte. *Vorwahl:* 08 34.

Colva

Der Colva Beach (Abb. S. 174/175), der sich in verschiedene Strandabschnitte mit unterschiedlichen Namen gliedert, ist über 30 km lang.

Vom Velsao Beach im Norden kann man, wenn einen denn die Füße so weit tragen, ausgedehnte Strandspaziergänge entlang der Majorda und Betalbatim Beaches bis hinunter zum Mobor Beach machen. Dabei wird man je nach Saison und Tageszeit an manchen Strandabschnitten der einzige Mensch weit und breit sein, wenn nicht gerade die Fischer ihrer Arbeit nachgehen.

Colva wurde schon in den 70er Jahren von der internationalen Travellerszene entdeckt. Mit den fremden Gästen entwickelte sich recht

schnell eine Infrastruktur mit kleinen Hotels, Bars und Restaurants, die sich an eine breite und sehr gemischte Klientel wenden. So steht hier auch keine Luxusherberge, doch die Vielzahl der Mittelklassehotels und Lokale bietet zumindest so viel Abwechslung, daß man während eines zweiwöchigen Aufenthalts jeden Abend ein anderes Restaurant testen kann.

Das Dorf hat um die 3500 Einwohner, die traditionell vom Fischfang leben. Auch sie wurden vor 400 Jahren zum Christentum bekehrt. Berühmt ist die **Kirche Unserer Gnadenreichen Frau**/Our Lady of Merces (1581), in der auf dem Hauptaltar eine Skulptur des Christuskindes verehrt wird. Zur Fama de Menino Jesus, dem Fest des Jesusknaben, strömen alljährlich in der ersten Oktoberhälfte Gläubige aus vielen Teilen Goas zusammen. Der Legende nach soll die Skulptur, die in Colva schon mehrere Wunder bewirkt hat, von dem Jesuitenpater Bento Ferreira nach Goa gebracht worden sein. Er hatte sie an der Ostküste von Afrika gefunden, nachdem er dort auf seiner Reise nach Indien schiffbrüchig geworden war. Die Fama de Menino Jesus geht unter Beteiligung des ganzes Dorfs mit einem großen Jahrmarkt einher. Im Mai wird das Kirchfest der Gnadenreichen Frau/ Our Lady of Merces begangen.

ℹ Information: Colva Beach Cottages, ✆ 72 22 87. *PLZ:* Colva-403 708, *Vorwahl:* 08 34.

🛏 Unterkunft: *Obere Preisklasse* (DZ um 2500 Rs plus 15 % Luxussteuer): Sea Queen Beach Resort, ✆ 22 04 49, Fax 22 20 04, alle Zimmer mit AC, Pool, Bar & Restaurant, Gruppenhotel. *Mittlere Preisklasse* (DZ um 600–1250 Rs plus Steuer 15 %): Hotel Silver Sands, ✆ 22 16 45, 66 Räume mit AC, Pool, Bar und Restaurant; Longuinhos Beach Resort, ✆ 72 29 18/19, 32 Zimmer mit und ohne AC, Gartenanlage, Bar & Restaurant, unmittelbar am Strand, Gruppenhotel; William's Resort, ✆ 22 10 77, 73 39 64, Fax 22 28 52, 36 AC-Räume, Pool, Bar & Restaurant, Gruppenhotel, ca. 5 Min. zum Strand; Sukhsagar Beach Resort, ✆ 22 18 88, 73 02 24, 19 Räume mit und ohne AC, Bar & Restaurant; Colva Beach Resort, ✆ 22 19 75, 73 01 98, 18 Zimmer mit und ohne AC, Bar & Restaurant; La Ben Resort, ✆ 73 20 09, 22 Räume mit und ohne AC, Bar und Restaurant.

✕ Restaurants: Conchita, Colva Beach Resort, goanische und westliche Küche, Fischgerichte; A Tartaruga, Longuinhos Beach Resort, goanische, portugiesische, westliche und indische Gerichte, Fischgerichte & Tandoor-Spezialitäten, Terrasse mit Blick auf's Meer, an manchen Abenden Live-Musik; William's Resort, Bar & Restaurant, große Auswahl an int. Speisen; La Ben Resort, Terrassenrestaurant mit moderater Speisekarte und Preisen; Joecons, Beach Shack direkt am Strand, Fischgerichte, westliche und indische Küche.

🍸 Unterhaltung: Das Nachtleben spielt sich in Colva in folgenden Bars und Kneipen ab: New Sunshine Disco, im Norden von Colva, nahe dem Sea Queen Resort; Castaways, hinter Joecon's, Bar & Disco Splash, etwas weiter südlich, Bar und Disco.

Reisebüros: Sanatan Air Travel, S-15 Sanzgiri Arcade, nahe der Colva-Kirche, ✆ 08 34/22 58 76, geöffnet: Mo–Sa 9.30–19 Uhr, übernimmt Bestätigungen von Tickets, autorisierte Wechselstube.

Busverbindungen: Die KTC-Bushaltestelle befindet sich vor dem Kreisverkehr auf dem Weg zum Strand; Busse pendeln zwischen Margao und Colva tägl. zwischen 7 und 18.30 Uhr. Mittwochs bieten Privatbusse ihre Dienste zwischen Colva und dem Flohmarkt von Anjuna an (ca. 70 km). Abfahrt in Colva zwischen 8 und 8.30 Uhr, Rückfahrt von Anjuna um 17.30 Uhr.

Ärztliche Versorgung: Government Hospico, Margao-403 601, ✆ 08 34/73 40 66.

Haus bei Benaulim

Notruf: (Margao) Polizei ✆ 100; Feuerwehr ✆ 22 01 68; Ambulanz ✆ 100.

Benaulim

Der 10 000 Einwohner zählende Ort Benaulim, vom Volksmund auch Banavali genannt, wird bald seine eigene Fünf-Sterne Anlage erhalten. Die Taj-Gruppe hat sich im Süden, in der Nähe des Royal Goan Beach Clubs, der nur Clubmitgliedern zur Verfügung steht, einen großen Strandabschnitt reserviert und die Dünenlandschaft nach den Vorstellungen ihrer Architekten völlig ummodeliert.

Auch wenn in den letzten Jahren ein paar neue Hotels entstanden sind, die sich auf Pauschaltouristen aus England eingerichtet haben,

mieten sich zumeist Individualtouristen in die einfachen Pensionen und Cottages ein. Wer seine Ansprüche nicht an den Standards des internationalen Pauschaltourismus mißt und auch auf nächtliche Unterhaltung verzichten kann, für den mag Benaulim ein idealer Ort für einen geruhsamen Strandurlaub mit Lokalkolorit sein.

Das geschäftliche Zentrum des Ortes konzentriert sich um die Straßenkreuzung an der Maria Hall. Hier befinden sich einige Geschäfte, die Apotheke, die Bank und ein paar Kneipen.

In der **Maria Hall** werden in der ›marriage season‹, also dann wenn – zumeist im Herbst – die Zeichen für Eheschließungen gut stehen, Hochzeitsfeste ausgerichtet. Auf dem Subkontinent sind Hochzeiten traditionell mit viel Aufwand und, dem sozialen Status der Familie entsprechend, mit mehr oder weniger Pomp verbunden. Weil auch alle Nachbarn, Freunde und die gesamte Verwandtschaft eingeladen werden, kommen schnell entsprechend große Hochzeitsgesellschaften zusammen. Nicht selten verschulden sich die Brauteltern über Jahre, um ein ›angemessenes‹ Fest zu finanzieren.

  Unterkunft & Verpflegung: *Mittlere Preisklasse* (DZ um 700 bis 1000 Rs plus 10–15 % Luxussteuer): Carina Beach Resort, Vasvaddo, Tambdi Matti, ✆ 73 41 66, 20 Räume mit und ohne AC, Pool, Bar und Restaurant; Palm Grove Cottages, Vasvaddo,

Tambdi Matti, ✆ 72 25 33, 16 Räume mit und ohne AC, Bar & Gartenrestaurant. *Untere Preisklasse* (DZ um 300–500 Rs plus 5 % Steuer): L'Amour Beach Resort, Benaulim Beach-403 716, ✆ 73 37 20, 73 79 60/62, 30 Zimmer mit und ohne AC, sehr strandnah, einfache Zimmer, Bar & Restaurant, Reiseagentur, autorisierte Wechselstube. *Untere Preisklasse* (DZ um 100–200 Rs plus 5 % Steuer): Rosario's Inn, Vasvaddo, House No. 1611 (A), Benaulim-403 716, kein Telefon, 14 Räume, sehr einfach; Caravan Tourist Home, Vasvaddo, House No. 1409, nahe der Bank of Barda, kein Telefon, 4 Zimmer in alter Villa, einfach. *PLZ:* Benaulim-403 716, *Vorwahl:* 08 34.

Varca

Etwa 7 km südlich von Colva liegt das 1990 eröffnete Ramada Renaissance Resort in einen Palmengarten eingebettet direkt am Strand von Varca. Außer der luxuriösen Infrastruktur, die das Hotel bietet, gibt es in dem 4000-Seelen-Dorf bisher kaum touristische Abwechslungen, doch ist man zu Fuß oder mit dem Rad bald in Benaulim und Colva sowie dem 6 km entfernten Cavelossim mit den neu errichteten Hotelkomplexen.

Varca besitzt zwei Gotteshäuser, **St. Minguel** und **Nossa Senhora da Gloria,** deren bescheidene Kirchfeste im Mai und November begangen werden. Ferner gibt es drei Schulen, ein Postamt, eine Bank sowie ein paar Geschäfte und Tavernen, aber keinen Wochenmarkt oder Basar.

Es bleibt abzuwarten, wie lange es dauern wird, bis sich die ersten Bewohner auf die Fremdenindustrie stürzen und Imbißbuden und Souvenirläden eröffnen. Das Konzept der Hotelgiganten, ihre Gäste in vom goanischen Leben isolierten Luxusanlagen mit Tennisplätzen, Fitness-Centern, Sportangeboten sowie Shopping-Arkaden und verschiedenen Restaurants einzufangen, hat bisher an keinem Strand vollends Erfolg gehabt.

So wie sich um das Bogmalo Beach Hotel und um den Fort Aguada-Komplex Restaurants, Pensionen und Antiquitätenläden geschart haben, werden vielleicht auch in Varca Tavernen und Geschäfte eröffnen, die den Gast aus seinem selbst gewählten Luxus-Gefängnis locken sollen. Derartige Entwicklungen sind für beide Seiten, sowohl für die Touristen als auch für die Einheimischen, so lange als positiv anzusehen, wie die Geschäfts- und Bauaktivitäten nicht überhand nehmen und die Dorfstrukturen zerstört werden. Bleibt zu hoffen, daß dem, was in Calangute geschehen ist, noch rechtzeitig Einhalt geboten wird, und man in anderen Orten die Bauvorschriften – kein Haus höher als eine Palme, Neubauten bis auf die maximale Nähe von 300 bzw. 500 m hinter der Hochwasserlinie, keine traditionsfremden Baustile, maximale Größe von zehn Räumen pro Hotel/Pension, keine Einzäunung der Strände – auch wirklich beachtet.

 **Unterkunft & Verpflegung:** *Luxuskategorie* (DZ um 150–250 US$ inkl. Steuern): Ramada Renaissance Resort Goa, Varca-403 721, ✆ 08 34/24 52 00, Fax 24 53 35; großzügige, im goanischen Stil gebaute 200-Zimmer-Anlage mit Pool, eingebettet in eine tropische Gartenlandschaft, 9-Loch Golfplatz, verschiedene Wassersportmöglichkeiten, Health Club, Spielcasino, Shopping Arcade. *Obere Preisklasse* (DZ um 2000–3500 Rs plus Luxussteuer 15 %): Resorte de Goa, Fatrade, Varca-403 721, ✆ 08 34/24 50 66/67, 24 53 08/09, Fax 24 53 10, etwas fade 56-Zimmer-Anlage mit Pool, Tennisplatz und Garten, Restaurants & Bars.

Cavelossim und Mobor

Wenn man die Investitionen betrachtet, die in den letzten Jahren am Cavelossim und Mobor Beach getätigt wurden, so wird sich dieser bisher südlichste erschlossene Strandabschnitt in Goa zum Touristenzentrum par excellence entwickeln müssen. Einige Konzerne haben dort auf vier Luxusanlagen gesetzt, deren Betten regelmäßig belegt sein müssen, wenn ein stattlicher Gewinn erwirtschaftet werden soll. Das Hotel Leela-Beach überstrahlt freilich alle anderen an Komfort und architektonischer Finesse. Die Architekten ließen sich durch den Verlauf des Flüßchens Sal dazu inspirieren, eine kleine Lagunenstadt anzulegen. Daß dafür Hunderte von Kokospalmen gefällt wurden, hat man in Goa recht übel genommen, und Umweltgruppen erreichten sogar, daß eini-

ge zu weit in den Strand hineinge-
baute Strukturen wieder abgerissen
wurden. Trotzdem präsentiert sich
die Anlage als eines der gediegen-
sten Strandhotels in Indien. Daß es
trotz seiner stattlichen Preise stets
gut ausgebucht ist, verdankt das
Leela jedoch nicht unbedingt allein
den ausländischen Touristen, sondern ebensosehr den *nouveaux-
riches* aus Bombay und anderen indischen Großstädten. Sie haben
das Leela zu ihrem Marbella er-
wählt, hier ist man unter seinesglei-
chen und läßt sich sehen.

Hat man seine Unterkunft im Distrikt Salcete, so bieten sich im Süden auch einige Abstecher in die
nähere und etwas entferntere Umgebung an. Man kann zum Cabo
de Rama im Canacona-Taluka reisen, in den Distrikt Quepem oder,
was üblicher ist, nach Chandor, der
alten Kadamba-Hauptstadt.

Unterkunft: *Luxuskategorie* (DZ
um 245–330 US$ inkl. Luxus-
steuer): The Leela Beach, Mobor, ✆
74 63 63/73, Fax 74 63 52, 200-Zim-
mer-Anlage mit Pool, Tennisplätzen,
Übungsgolfplatz, Health Club, breitem
Sportangebot, mehreren Restaurants &
Bars, Spielcasino, Disco, Shopping-Ar-
kade. *Obere Preisklasse* (DZ um
130–170 US$ inkl. Luxussteuer): Holi-
day Inn Resort, Mobor Beach, ✆
74 63 03–9, Fax 74 63 33, 140-Zim-
mer-Anlage mit Pool und Garten, Restaurants & Bar, Health Club, Tennis-

platz. *Obere bis mittlere Preisklasse* (DZ
um 130 US$ inkl. Luxussteuer): Old An-
chor, Mobor Beach, ✆ 74 63 37, 350-
Betten-Anlage, die einer gigantischen
Galere nachempfunden ist, ein archi-
tektonischer Alptraum, mit Pool, Bar &
Restaurant, einige Minuten zum Strand;
Dona Sylvia Beach Resort, Cavelossim
Beach, ✆ 74 63 21–8, Fax 74 63 20,
freundliche 170-Zimmer Anlage mit
Pool, Bar & Restaurant. *Untere Preis-
klasse* (DZ um 350–500 Rs plus 5 %
Steuer): Gaffino's Beach Resort, Mobor

Mobor: Mündung des Sal

Beach, ☎ 74 63 85, 74 64 30, 16 Zimmer in einem kleinen Familienbetrieb, Bar & Restaurant, gegenüber errichtet Gaffino z.Zt. eine erheblich größere Anlage, etwa 10 Min. zum Strand. *PLZ:* Cavelossim-403 731, *Vorwahl:* 08 34.

 **Restaurants:** Neben den Restaurants in den Hotels gibt es in Cavelossim zunehmend kleinere Lokale und Beach Shacks, denen man trotz der von den großen Hotels aufgestellten Warnschilder durchaus eine Chance geben sollte. Die Qualität kann von Jahr zu Jahr wechseln. Ocean View, Beach Shack vor dem Leela, einfache indische & westliche Gerichte; Seagull, Bar & Restaurant, Betul, Fischgerichte; Lagosta, Mobor, vor dem Holiday Inn, Sizzler, Fischgerichte, indische & westliche Gerichte.

 **Unterhaltung:** Das abendliche Vergnügungsangebot beschränkt sich zumeist auf die Einrichtungen in den Hotels. Das Leela Beach hat eine

Diskothek. Im Gato Loco, Garth's Leisure Beach, Cavelossim, gibt's ebenfalls Tanz. Das größte der zwei Spielcasinos in Goa befindet sich ebenfalls im Leela.

Chandor

Das ehemalige Chandrapur der Bhojas (3.–7. Jh.) und Kadambas (11.–Anfang 14. Jh.) ist heute ein 7000 Einwohner zählender Ort mit einer Bahnstation, der ersten hinter dem 14 km entfernten Margao Richtung Londa in den West-Ghats.

In Chandor-Cota (auch Kotta – *kotha* [Sanskrit] bedeutet Fort und erinnert daran, daß dort eine Festung stand, die Muhammad-ibn-Tughluq um 1328 zerstörte) blieben von einem alten Shiva-Tempel aus dem 7. Jh. nur die Backsteinfundamente stehen. Die zerstörte Nandi-Figur aus Basalt datiert in die gleiche Zeit. Ausgrabungen brachten sogar noch ältere Zeugnisse aus dem 4. Jh. zutage, die heute aber wieder vom Dschungel überwachsen sind.

Von der glorreichen Vergangenheit der alten Hindu-Hauptstadt ist somit heute nicht mehr viel zu sehen, doch zeugt die stattliche **Doppelvilla** der Familien de Menezes Bragança und de Bragança Peireira von dem indo-portugiesischen Chandor. Luis de Menezes Bragança (1878–1938) war ein bekannter Journalist und patriotischer Freiheitskämpfer, Antonio-Elzeario de Bragança Pereira diente seit dem Jahre 1886 als spanischer Vizekonsul in Portugiesisch-Indien und machte sich um den Anschluß Chandors an das Eisenbahnnetz verdient. Den linken Teil der Villa – der rechte Teil gehört der Familie Menezes Bragança und ist nicht zugänglich –, die im späten 18. Jh. errichtet und im 19. Jh. umgebaut wurde, kann man gegen Voranmeldung und einen Obolus zum Erhalt des Hauses besichtigen (Hausherr Alvaro de Bragança Pereira).

Neben dem großen Festsaal mit Glaskandelabern, Spiegeln und reichverzierten Sitzmöbeln, in dem die Adelsfamilie ihre Empfänge und Bälle zu geben pflegte, kann man mehrere Wohnräume mit goanischem Interieur und einem Sammelsurium von Antiquitäten, Photographien und Andenken bewundern. Der Gastgeber und das ihn umgebende Ambiente, das offenbar zu seiner Welt geworden ist, aus der er gerne Histörchen erzählt, geben dem Besucher Gelegenheit, sich in Szenen aus einer glanzvollen, aber inzwischen verstaubten und vergangenen Nostalgiewelt hineinzudenken. Gerne wird der alte Herr seine Besucher auch in die zum Haus gehörende Kapelle führen, die eine Reliquie des hl. Francisco Xavier beherbergt.

Die Familie Bragança Pereira bemüht sich sehr um den Erhalt des alten Familienbesitzes. Ohne größere Investitionen, die sie allein nicht aufbringen kann, wird das Anwesen jedoch nicht zu bewah-

Rebell mit der Feder

Luis de Menezes Bragança

Der wohl berühmteste Sohn von Chandor wurde am 15. 1. 1878 als einziger männlicher Nachfahre der Familie Menezes Bragança in jener prächtigen Stadtvilla geboren, deren linker Teil heute ein Ausflugsziel vieler Goa-Reisender ist. Ausgebildet und erzogen im Rachol-Seminar, wollte Menezes Bragança als guter Katholik zunächst die geistliche Laufbahn einschlagen. Als Zwanzigjähriger hatte er seine Einstellung zur Religion jedoch so gründlich gewandelt, daß er als junger Journalist durch provokative Aufsätze, in denen er die »biblischen Märchen« zu demaskieren suchte, von sich Reden machte. Als Agnostiker und Freidenker wollte er aus Protest gegen die Kastengesellschaft auch eine »nicht-standesgemäße« Ehe eingehen, aber schließlich konnte er doch noch von seiner Familie davon abgehalten werden.

Wohnraum in der Villa Bragança

Im Jahre 1900 gründete Menezes Bragança zusammen mit einem Journalisten namens Gomes die erste Tageszeitung von Goa, »O Heraldo«, in portugiesischer Sprache. Das Blatt stürmte die Festungen des konservativen Denkens und der Kolonialmacht Portugal. Ein Gerichtsverfahren wurde gegen Bragança eingeleitet. Als er aber schließlich siegreich aus dem Gerichtssaal ging, war er weit über die Grenzen Goas hinaus bekannt.

In der Folgezeit gründete er zwei weitere Zeitschriften »Nacionalista« und »Comercio«, in denen er Artikel veröffentlichte, die für ein freies unabhängiges Goa eintraten und für die Gründung einer säkularisierten Republik. Im Jahre 1911 kam die erste Ausgabe der vierten von ihm publizierten Zeitung heraus. »O Debate«, versuchte, die goanische Gesellschaft aus ihrer kulturellen und politischen Apathie wachzurütteln. Menezes Bragança richtete das Augenmerk der Goaner zum ersten Mal auf die Freiheitsbewegungen in Indien, außerhalb der engen Landesgrenzen von Goa. Somit wird ihm heute das Verdienst zugesprochen, die goanische Nationalbewegung initiiert und die Verbrüderung der Goaner mit ihren indischen Nachbarn vorbereitet zu haben. In den 20er Jahren schließlich wurde die Zeitschrift »Prakash« (Licht) das Hauptorgan seines Engagements. Als dem faschistischen Regime in Portugal das Blatt zu unbequem wurde, ließ die Regierung es 1926 verbieten.

Menezes Bragança setzte sich nicht nur journalistisch für die Freiheit von Goa ein. Im Jahre 1918 führte er die Masse der empörten Bürger an, die in Margao auf die Straße gingen, um gegen die *Carta Organica* aus Lissabon zu protestieren, die den Goanern die erhoffte Unabhängigkeit versagte. Von 1910 bis 1913 war Menezes Bragança Präsident des Stadtrats von Panjim, ab 1919 Oppositionsführer in der Legislativen Versammlung, 1921 Vorsitzender des Provincial Congress Goa und 1924 Delegierter der Kolonien-Konferenz, die in Lissabon abgehalten wurde.

Nach seinem Tod 1938 wurde sein Grab in Chandor zum Ziel des alljährlichen Pilgerzugs engagierter Bürger, wenn seinem Todestag gedacht wurde. Im Jahre 1946 ließ das Salazar-Regime seine letzte Ruhestätte von bewaffneten Soldaten umstellen, weil man befürchtete, die Versammlung könnte in einen Massenprotest gegen die Regierung ausufern. Es kam zu Ausschreitungen und Verletzten.

1963 taufte man das Vasco da Gama-Institut in Panjim, eine der angesehensten Kultureinrichtungen von Goa, in Menezes Bragança Institute um.

ren sein. Das Erdgeschoß wurde bereits zugemauert, weil es durch die Setzrisse nicht mehr bewohnbar war. Durch die Absenkung des Fundaments und die regelmäßigen Monsunregen hat auch das *piano nobile* sehr gelitten. Es wäre zu wünschen, daß sich die goanische Denkmalpflege dieser und anderer Villen im Lande annehmen würde.

Die Kirche **Our Lady of Bethlehem** (Nossa Senhora de Bélem, Unsere Liebe Frau von Bethlehem) auf dem Platz vor der Bragança-Villa wurde 1645 von den Jesuiten erbaut, die Fassade erneuerte man 1949. Auch dieses Gotteshaus steht am Ort eines Hindu-Heiligtums, dem Saptamatrika-Tempel (*sapta* – sieben, *matrika* – Mütter). Zum Kirchfest der Patronatsheiligen (Nossa Senhora de Bélem) von Chandor, dem Dreikönigsfest am 6. 1., führen drei als Kaspar, Melchior und Balthasar verkleidete Knaben den Umzug an.

Mit den stuckverzierten Monumentalkreuzen bilden die Kirchenfassade und die über 100 m lange Hausfront der Bragança-Villa den entsprechenden Rahmen für die jährlich wiederkehrenden Umzüge und Festivitäten, die auf dem großen Platz von Chandor stattfinden.

Chandranath Hill

Der 328 m hohe Chandranath-Hügel südlich des Paroda-Flusses bezieht sich in seiner Namensgebung wohl auf die Blütezeit von Chandrapur. Im **Tempel des Shri Chandreshwar Bhutnath** huldigte man der Familiengottheit der Kadambas. Der Aufstieg über fast 200 Stufen zu dem Heiligtum, in dem sich ein Shiva-linga befindet, der in Vollmondnächten vom Mondlicht beschienen wird, lohnt sich nicht so sehr aus kunsthistorischem Interesse, sondern weil man von dort einen wunderschönen Ausblick auf die grüne Hügellandschaft bis zum Arabischen Meer hat, wo an manchen Abenden die Sonne geradezu dramatisch am Horizont verschwindet.

Rachol-Seminar

Im Norden des Distrikts Salcete, am Ufer des Zuari, liegt das Rachol Seminary. Im Laufe des 17. Jh. erlangte die Jesuitengründung die gleiche Berühmtheit wie zuvor das St. Paul's-Kolleg in Alt-Goa. Das Seminar und die dem Ordensgründer Ignatius von Loyola geweihte Kirche thronen auf einer Anhöhe, den Zuari überblickend, dort wo Diego Rodrigues 1564 einen Hindu-Tempel schleifen ließ und über 300 Jahre lang immer wieder heftige Kämpfe um eines der ältesten Forts von Goa stattfanden.

Bereits kurz nach 1520 nahm die Armee des Vijayanagar-Reichs die Rachol-Feste ein und übergab sie wenig später den Portugiesen. Die streitbaren Marathen führten aber immer wieder bedrohliche Angriffe auf den militärischen Au-

Rachol-Seminar

ßenposten der europäischen Kolonialmacht aus, so daß sie 1604,
1684 und 1745 nach erheblichen
Kriegszerstörungen ausgebessert
werden mußte. Da nach dem Anschluß der ›neuen Besitzungen‹ die
strategische Lage des Forts unwich-
tig geworden war, gab man sie dem
Zerfall anheim, heute ist bis auf das
Eingangstor kaum noch etwas von
dem einst so wichtigen Bollwerk
zu erkennen.

Den Grundstein für das Seminar-
Gebäude legte am 1. 11. 1606 König Dom Sebasteão höchstpersön-
lich. Man darf es wohl als Politikum ansehen, daß der Herrscher

sich die Mühe machte, denn
schließlich waren die Jesuiten zu
der Zeit eine starke, Papst und König unterstützende Macht. Bis zur
Vertreibung der Jesuiten im Jahre
1762 fungierte das Seminar, dem
auch eine der ersten drei von insgesamt vier Druckereien Asiens angeschlossen war, als Schule der
Theologie und als Forschungszen-
trum für indische Sprachen. Insgesamt 16 Bücher wurden hier herausgegeben, darunter als erster
Druck im Jahre 1616 das »Christian Purana«, die erste Übersetzung
des Evangeliums ins Maharati.
Noch heute beherbergt die Lehr-
stätte eine der größten Bibliothe-
ken Goas und die wenigen Priesterschüler, die hier ihren Studien
nachgehen, dürften sich wohl

kaum einen besinnlicheren und friedlicheren Ort wünschen können.

Seit 1991 hat sich der dem Heiligen Ignatius von Loyola geweihten Kirchen und den dazugehörigen Seminargebäuden mit Museum die Calouste Gulbenkin Stiftung aus Portugal angenommen und bereits weite Teile der Anlage restauriert. Im Januar 1994 konnte das **Rachol Museum of Christian Art** eingeweiht werden, das zwar klein ist, aber einige ganz herausragende Stücke indo-portugiesischer Tafelmalerei aus dem 17. und 18. Jh. aufzuweisen hat sowie Monstranzen, Elfenbeine und Silberarbeiten, die aus den Kirchen Alt-Goas und Loutolims stammen (geöffnet: Di–Sa 9.30–17 Uhr, Eintritt: 5 Rupien).

Cashew-Plantagen und Reisfelder – Der Distrikt Quepem

Die Einwohner dieses Distrikts leben vornehmlich von der Landwirtschaft. Touristen sieht man nur auf der Durchreise, wenn sie zum Cabo de Rama oder nach Canacona wollen. Dieses Bild wird sich auch in Zukunft kaum ändern, denn die Region verfügt nur über einen Strand, den Betul Beach, der aber als Naturschutzgebiet eingestuft ist, so daß sich hier keine Infrastruktur entwickeln wird. Quepem, die Distrikthauptstadt mit etwas über 4000 Einwohnern bietet keine Sehenswürdigkeiten. **Fatorpa** ist der einzige Ort, der einen kurzen Abstecher lohnt. Dort kann man zwei der Shanta Durga geweihte Tempel besichtigen, die im typisch goanisch-europäisierenden Baustil errichtet wurden. Auf beiden Türmen über den Sanktuarien thronen ›islamische‹ Zwiebelkuppeln. Vorhalle und Versammlungsraum sind mit ziegelgedeckten Dächern versehen, die entfernt an *shikharas* erinnern. Im Innern der Haupthalle zeigt sich erneut, daß der basilikale Grundriß portugiesischer Kirchenbauten Pate stand. Zwischen Sanktuarium und *mandapa* ist ein querschiffartiger Baukörper mit Seitenausgängen geschaltet. Das vergoldete, aus dem 16. Jh. stammende Kultbild in der Cella des größeren der beiden Tempel befand sich ursprünglich in Cuncolim im Distrikt Salcete. So heißt denn auch die Göttin bei den Gläubigen, darunter manche Christen, Shanta Durga Cuncolcarin. Im kleineren, 1991 gründlich renovierten Tempel, etwas außerhalb des ersten, wird Shanta Durga Fatarpecarin verehrt.

Die zahlreichen Anhänger der Shanta Durga glauben, daß die Göttin sich ihnen in ihren Träumen offenbart und dabei Opfergeschenke von ihnen fordert. So sammeln sich im Laufe eines Jahres üppige Gaben, die dann während der Tempelfeste öffentlich versteigert

Reisfeld in Quepem

werden; der Erlös fließt dem Tempelvermögen zu.

Eines der größten Tempelfeste von Goa findet hier in Fatorpa statt. Zur Shanta Durga Cuncolcarin Jatra im Dezember/Januar (Hindu-Monat *pansha*) schlagen über 500 Aussteller und Händler ihre Stände auf. Haushaltsartikel, Spielzeug, Devotionalien, Blumen und Süßigkeiten wechseln die Besitzer, wenn sich mehr als 50 000 Kirmesbesucher von nah und fern zu den Feierlichkeiten und Theateraufführungen einfinden.

Landschaftlich ist der weitere Weg auf der Nationalstraße 17 nach Süden sehr reizvoll. Man fährt die kurvenreiche, bergige Straße an Cashew-Plantagen, terrassenförmig angelegten Reis- und Gemüsefeldern, jungen Teakholz-Plantagen und Eukalyptus-Wäldern vorbei.

Kulturell und landschaftlich reizvoll – Der Distrikt Canacona

Im tiefen Süden von Goa leben nur 3,5 % der Gesamtbevölkerung. Die meisten Einwohner von Canacona, 95 %, sind in ländlichen Gebieten in nur acht Dörfern ansässig, wäh-

Der Distrikt Canacona

rend man das neunte Dorf, Chauri, mit etwa 1900 Einwohnern, zur Distrikthauptstadt erklärt hat. Neben der Produktion von Holzmöbeln sind Backwaren und die Herstellung von Trockenfisch sowie Kokos-Feni die wichtigsten Wirtschaftszweige.

Das staatliche Department of Tourism plante ursprünglich eine Weiterentwicklung des abgelegenen Distrikts durch ein bereits an einen Konzern vergebenes Hotelprojekt am Agonda-Strand, jedoch setzten sich die Fischer von Agonda erfolgreich zur Wehr, so daß man die Anlage gar nicht erst begann. Die Straße zum Cabo de Rama wurde indes Anfang der 90er Jahre neu ausgebaut.

Cabo de Rama

Will man das Cabo de Rama besuchen, so muß man sich mit dem Bus oder Taxi von Margao auf den National Highway 17 nach Süden Richtung Chauri (Karwar) begeben. Bei Fatorpa, 17 km von Margao entfernt im Distrikt Quepem gelegen, kommt man an zwei Shanta Durga-Tempeln vorbei, die einen Halt lohnen (vgl. S. 187 f.).

Die südlichste der goanischen Festungen – es gibt zwar noch eine weitere portugiesische Feste auf der Anjidiv/Angediva-Insel, die lange Zeit als Gefängnis diente, heute aber nicht zu besichtigen ist, da sie 1991 der indischen Marine übereignet wurde – heißt Cabo de Rama, weil der Legende zufolge Vishnu in seiner siebten Inkarnation als Prinz Rama auch dort auf der Suche nach seiner Gemahlin

Sita für kurze Zeit gelebt haben soll, bevor er sich nach Ceylon aufmachte. Die Ursprünge der Bastion gehen auf vorportugiesische Zeiten zurück. Der König von Sunda soll das Fort den Europäern endgültig abgetreten haben, als er ihnen im Jahre 1791 seine Gebiete unterstellte.

Schon 1763 schoben portugiesische Truppen dort Wache, um drohende Angriffe der Marathen auf ihre und ihres Verbündeten (Raja von Sunda) Gebiete abzuwehren. Heute gibt es aber nicht mehr allzu viel von den inneren Strukturen zu sehen. Die gewaltige Anlage besteht aus einer großen, befestigten ins Meer auskragenden Land-

zunge, die zum Landesinnern mit einem recht beachtlichen Graben versehen ist. Innerhalb des Forts machten zwei natürliche Quellen die Besatzung von äußerer Wasserzufuhr unabhängig. Die Festung diente, als sie ihre strategische Bedeutung verloren hatte, als Gefängnis.

Palolem

Der Strand von Palolem – er ist landläufig als Paradise Beach bekannt – wird noch als sogenannter Geheimtip gehandelt, aber wenn man sich auf den langen Weg nach Süden aufmacht, sollte man sich nicht der Illusion hingeben, dort der einzige Fremde zu sein. Die Einwohner von Palolem leben hauptsächlich vom Fischfang und

Strandvergnügen

Toddy-Zapfer und Feni-Schmuggler

Der Palmensaft Toddy wird gewonnen, indem man die Flüssigkeit aus angeritzten Kokospalmbäumen in einem Behälter auffängt. Das Zapfen von Toddy *(Toddy-tapping)* ist in vielen Gebieten des Subkontinents eine alte Wirtschaftsform, weil sich der Palmensaft in ganz unterschiedliche Lebens- und Genußmittel verwandeln läßt. Toddy kann als Hefeersatz dienen, man kann Zucker daraus gewinnen, in Goa jedoch wird Toddy hauptsächlich gezapft, um alkoholische Getränke zu produzieren. Der fermentierte Saft wird als Palmwein getrunken, und das gebrannte Destillat, Feni genannt, ist ein hochprozentiger Schnaps.

Die Besitzer *(bhatkar)* von Kokospalmen markieren die Stämme und verpachten sie an Toddy-Zapfer *(render)*. Zumeist wird eine bestimmte Menge an Feni als Gegenleistung für den Eigner der Bäume ausgehandelt, aber auch darüber hinausgehende Bargeldzahlungen sind üblich.

Die Toddy-Zapfer, die zumeist kein Land besitzen und auf gepachtete Bäume angewiesen sind, gehören in der Mehrzahl der christianisierten Sudra-Kaste an. Die Toddy-Gewinnung ist ein einträgliches Geschäft, insbesondere wenn die Sammler den Rohstoff zu Alkohol weiterverarbeiten.

Um Toddy zapfen zu können, muß der *tapper* den später fruchttragenden Zweig an der Palmspitze mehrere Male anritzen und ihn gleichzeitig mit einem Seil, das aus der Faser des Palmblatts hergestellt wurde, fest umwinden. Nach mehreren Tagen kann die Toddy-Gewinnung, die angeblich auch für den Fruchtertrag förderlich ist, beginnen. Ein irdenes Gefäß wird unter die angeschnittene Stelle des Zweigs gehängt. Zweimal täglich, morgens und abends, klettert der Toddy-Zapfer auf die Bäume um die Gefäße auszutauschen. Um die Mittagszeit muß er meist nochmals hinaufklettern, um durch ein erneutes Anritzen des Zweigs die Saftproduktion zu steigern.

Eine Kokospalme kann bis zu 450 l Toddy jährlich einbringen. Aus dem süßen *niro,* der reinsten Form, die sich nur durch die sorgfältige und regelmäßige Reinigung des angeschnittenen Bereichs gewinnen läßt, wird Zucker hergestellt. Als unfermentiertes Getränk soll der *niro* Fieber und Gonorrhöe heilen.

Die meisten Toddy-Zapfer in Goa verarbeiten den Toddy zu Feni. Die Destillation wird in zwei einfachen, durch ein Bambusrohr

miteinander verbundenen Gefäßen bewerkstelligt. Ein großes Gefäß mit Toddy wird über einem offenem Feuer erhitzt und das Destillat kann in einem kleineren, wassergekühlten Aufsatz abtropfen. Es wird üblicherweise zweimal gebrannt, um so den Alkoholgrad zu steigern.

Kokos-Feni ist um einiges billiger als Cashew-Feni, der aus Cashew-Äpfeln gewonnen wird. Unter Zumischung von Erfrischungsgetränken auf Zitrusfruchtbasis – etwa Limca – schmeckt Feni europäischen Gaumen wahrscheinlich besser als pur oder mit Wasser vermischt, wie ihn Goaner trinken. Zugegebenermaßen riechen beide Schnäpse nicht sehr appetitlich. Einen Genuß bereiten sie Zugereisten wahrscheinlich erst, wenn sich der Barmixer ihrer annimmt und einen tropischen Cocktail zaubert.

Fast überall in Goa wird Toddy gezapft, der zum Teil auch in Schwarzbrennereien getragen wird, wo sich die Einheimischen ein erträgliches Sümmchen nebenbei verdienen. Nirgendwo in Indien wird nämlich die Herstellung und der Genuß von alkoholischen Getränken so liberal gehandhabt wie in Goa. Fast in jedem Dorf gibt es mehrere Bars, und *dry days* (Tage, an denen Alkohol weder verkauft noch ausgeschenkt wird) kennt man hier nicht. Auch Produkte, die nicht in Goa hergestellt werden, sind nirgendwo so billig wie hier. Da in manchen Staaten der Indischen Union Prohibition besteht, wie etwa in Gujarat und Karnataka, verwundert es nicht, daß Goa ein Ziel vieler Inder aus den ›trockenen‹ Bundesstaaten ist und der Alkoholschmuggel von Goa ein gutes Geschäft sein muß. Geschmuggelt wird hauptsächlich auf der Seeroute. Es gibt viele Fischer, die sich nebenberuflich dem Schmuggel widmen. So kann man in Palolem des Nachts Boote beobachten, die mit einer reichen Ladung Feni ins Meer stechen.

Landschaft in Canacona

von den Tätigkeiten, die sich um Herstellung und Vertrieb von Kokos-Feni drehen, wie etwa dem *toddy tapping,* der Destillation, dem Verkauf oder auch dem Schmuggel.

Der aus zwei Weilern, Nagorem und Palolem, bestehende Ort ist eingebettet in einen ausgedehnten Kokospalmenhain. Hier stehen fast überall die hohen Bäume, die auch die menschenleere Bucht säumen. Die Hütten der Fischer und Feni-Hersteller liegen verstreut im Palmenwald, der das gleißende Sonnenlicht durch die sich in der Brise wiegenden Blattwedel wohltuend gefiltert herabfallen läßt. Selbst wenn mittlerweile immer mehr

Touristen den Ort durchstreifen und sich sonntags Busladungen von Picknickgesellschaften aus dem ›trockenen‹ Karnataka einfinden, liegt an normalen Wochentagen Stille über der Bucht. Ähnlich leise wie die Brandung heranrollt, so lautlos gehen die Toddy-Zapfer ihrem Geschäft nach, um die Gefäße auszuwechseln und in der Baumkrone nach dem Rechten zu sehen.

Viele der 9000 Anwohner haben sich inzwischen auf den Fremdenverkehr eingestellt. In ihren Häusern oder in provisorisch aufgestellten Palmhütten und Zelten kann man sich einmieten, wenngleich vielfach auf fließendes Wasser oder gar ein WC verzichtet werden muß. Daneben gibt es auch ein paar einfachere kleine Hotels, in die sich vornehmlich junge,

westliche Rucksacktouristen ein-
buchen, wenn sie nach ihren voll-
brachten Globetrotteranstrengun-
gen durch Asien ein paar Wochen
ausspannen wollen. Aber selbst
unter den Einheimischen ist ein
Wochenendausflug zurück in das
›urstämmige‹ Goa sehr beliebt. Sie
kommen an Wochenenden, um
sich hier fern der modernen, westlichen ›Zivilisation‹ einzumieten
und dann fangfrische Tiger Prawns
oder Lobster zu genießen.

Der Südteil des Strands von Palolem ist als Naturreservat ausge-
wiesen. Eine weitere Erschließung
dieses südlichsten Distrikts von
Goa plant die goanische Regierung
nicht.

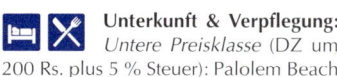 **Unterkunft & Verpflegung:**
Untere Preisklasse (DZ um
200 Rs. plus 5 % Steuer): Palolem Beach
Resort, Palolem Beach, Palolem-403 702,
✆ 08 34/64 30 54, 9 einfache Zimmer
mit Bad, Bar & Strandrestaurant, direkt
am Strand. Maria, Bar & Restaurant, Pa-
lolem-403 702, kein Telefon, vermietet
Privaträume; Amigos, Bar & Restaurant,
Palolem Beach, Palolem-403 702, vermietet Palmhütten für 150 Rs.

Cotigao-Naturschutzpark

Das Reservat von Cotigao, mit 105
km^2 das zweitgrößte in Goa, wurde
1968 eingerichtet. Größtenteils
laubwechselnde Wälder bedecken
die bergige Landschaft, die höchste
Erhebung ist der Mandram Peak
mit 622 m. In kleineren Gebieten
wurden auch Teak- und Gummi-
plantagen angelegt.

Von einigen Hochständen im
Park kann man wilde Bison- und
Rotwildherden beobachten. Ferner

›Begegnung‹ am Mallikarjuna-Tempel

gibt es Wild- und Stachelschweine, verschiedene Affenarten und eine reiche Vogelwelt. Panther sieht man, wenn man sich nachts auf einem der Hochstände in Geduld übt. Im Naturschutzgebiet liegen kleine Weiler, in denen etwa 1200 der Ureinwohner von Goa leben. Sie gehören den Stämmen der Velip, Kunbi und Dhangar an und bestreiten ihr Auskommen durch Akkerbau und Handwerk. Der Park ist jedoch kein Museumsdorf!

  **Unterkunft & Verpflegung:** Das Forest Rest House gegenüber dem Parashurama-Tempel bietet einfache Unterkunftsmöglichkeiten, aber keine Verpflegung. Da nur zwei Wohneinheiten zur Verfügung stehen, sollte man im voraus reservieren: Deputy Conservator of Forest, Junta House (3. Stock), Panjim, ☎ 08 32/4 59 26; weitere einfache Unterkünfte stehen in Chauri und Palolem zur Verfügung.

Anreise: Von Panjim sind es 90 km bis nach Cortigao, von Margao ungefähr 47 km. Ohne eine Übernachtung einzuplanen, ist es von Norden kaum ratsam, nach Cortigao zu reisen. Die Nationalstraße 17 führt fast bis an den Eingang des Parks am Weiler

Shisheval heran. In der Nähe befindet sich auch das Forest Rest House. Busse fahren in jedem Fall bis Chauri, von wo lokale Transportmöglichkeiten nach Poinguinim bestehen. In Chauri kann man auch Fahrräder mieten.

Partagal und Shristhal

Unweit des Naturschutzparks Cotigao liegen einige Tempel. Im **Jeevottam Math** in Partagal befindet sich eine Brahmanen-Schule, in der junge Studenten über vier Jahre lang zu Priestern ausgebildet werden. Das Seminar, in dem hauptsächlich Vishnu-Anhänger der urstämmigen Gauda-Volksgruppe Unterricht erhalten, geht auf eine lange Tradition zurück. Der Schrein des Tempels ist Ramadeva geweiht (Vishnu in seiner sechsten Inkarnation als Parshurama). Zentral vor der Kultstätte steht eine gewaltige Lichtersäule *(deepa stambha)* aus Bronze. Sie trägt das Bild des Garuda (Reittier Vishnus) und ruht mit ihrer Basis auf einer Schildkröte, die Vishnu als Kurma darstellt, der zweiten Inkarnation des Gottes, in der er die Welt vor dem Versinken unter dem Berg Mandhara rettete, als er den Berg auf seinem Schild emporhob.

Eine breite Treppe führt in den Schul- und Tempelbezirk hinab, wo man im schattenspendenden Innenhof zunächst auf die jungen Priesterschüler trifft. Einige sitzen, die Brahmanen-Schnur um den Oberkörper gelegt, auf dem Boden und studieren die heiligen Schriften, andere unterhalten sich oder dösen in der Mittagshitze. Die Atmosphäre hat nichts ›Heiliges‹ oder Ehrfurcht einflößendes an sich. Die Brahmanen und ihre Schüler leben hier nicht in Klausur, vielmehr sind Schule und Tempel allen zugänglich.

Durch ein Tor gelangt man in das Tempelinnere. In der Cella steht die Steinskulptur die Rama, links und rechts daneben die Figuren von Sita, seiner Gemahlin, und Lakshman, dem älteren Bruder Ramas. Während des Ramnavami-Fests im Hindu-Monat *chaitra* (März/April) werden hier die hölzernen, reich verzierten Tempelwagen *(rathas)* mit den Götterbildnissen um den Bezirk des Heiligtums gezogen.

Der ursprüngliche **Mallikarjuna-Tempel** in Shristal soll sehr alt sein, doch wurde die Anlage im 18. Jh. durch einen Neubau ersetzt. Das große Shiva-Heiligtum verfügt über mehrere Pilgerherbergen und einen stattlichen Tempeltank für die zeremoniellen Waschungen. Geschnitzte Holzsäulen tragen die Decke der Versammlungshalle *(antarala)*. Vor dem mit Silber beschlagenen Cella-Eingang, auf dem die Göttin Sarasvati und Ganesha, der elefantenköpfige Sohn des Shiva, zu erkennen sind, ruht ein schwarzer Nandi aus Stein. Im Allerheiligsten wird der Shiva-linga unter einem prächtigen Silberbaldachin aufbewahrt.

Erläuterung ausgewählter Fachbegriffe (Glossar)

Ädikula (lat. kleines Haus), Nische, die von Stützen gerahmt und von einem Giebel bekrönt ist

Ästuar Unter dem Einfluß der Gezeiten stehende Gebiete an Flußmündungen in Meeresnähe

Agrashalas Pilgerunterkünfte in Tempeln,→ *Dharmashalas*

Alluvial (lat. *alluvio*), Anschwemmung, geologisch noch junge Anschwemmungen seit der letzten Eiszeit

Amrut Von Sanskrit *amrta*, lebensverlängernde Kraft, die in Pflanzen wohnt; Pflanzensaft, Göttertrank, der Unsterblichkeit verleiht

Antarala Bauteil des Hindu-Tempels, Verbindungselement zwischen → *mandapa* und → *garbhagriha*, dem Allerheiligsten

Apsaras Himmlische Nymphen

Asuras Dämonen. Das Wort *asura* bezeichnet in der jüngeren vedischen Literatur fast ausschließlich götterfeindliche Wesen

Avatara Inkarnation einer Gottheit

Ayurvede Naturheiler, dessen Wissen auf den ayurvedischen Schriften beruht, die um 500 n. Chr. in den Sammelwerken der Samhitas zusammengetragen wurden

Azulejo Glasierte Kachel, traditioneller Wandschmuck an Innen- und Außenwänden portugiesischer Gebäude, ein- oder mehrfarbig, vielfach blau-weiß

Baldachin Ursprünglich kostbarer Seidenstoff (ital. *Baldacco,* Bagdad), Prunkhimmel über Thron und Bischofsstuhl, Schutz- und Prunkdach über Götterstatuen

Basilika Längsgerichteter christlicher Kirchenbau mit höherem Mittelschiff und flankierenden, niedrigeren Seitenschiffen

Betel Blatt des Betel-Baums, das um eine Areca-Nuß gewickelt und gekaut wird, auch → *pan* genannt

Bhagavadgita Gesang des Erhabenen, in das → »Mahabharata« eingeflochtenes Lehrgedicht, dessen Ursprünge auf das 2. Jh. v. Chr. zurückgehen sollen, aber in seiner heutigen Fassung in das 7. Jh. n. Chr. datiert

Brahma Oberster Gott der Hindu-Götterdreiheit → Brahma, → Vishnu → Shiva

Brahmane Mitglied der obersten Hindu-Kaste, oftmals Priester

Cantonment Ursprünglich militärische Bezirke der Briten in indischen Städten, Quartiere und Wohnbereiche von Militärpersonal und Beamten

Cashew Baum mit Frucht (Cashew-Apfel) und Samenkern (Cashew-Nuß)

Cella (lat. Kammer), fensterloser Raum, in dem das Götterbildnis steht

Chapati Auch *chupatty, chapatti* – runder, flacher Weizenfladen, der zu vielen nordindischen Gerichten gereicht wird; entweder ißt man sein Hauptgericht mit Brot (*chapati* oder → *nan*) oder mit Reis; beides zu kombinieren gehört nicht zum guten Ton

Chaukidar Auch *chokidar*; persischen Ursprungs: Wachmann, Nachtwächter, Dorfpolizist

Cruzado Portugiesische Münze im Wert von 400 Reis

Curry Gericht in einer scharfen Soße → *masala*

Dekkhan Von Sanskrit *dakshina*, der Süden, der südliche Teil des Tafellands auf dem indischen Subkontinent

Deepa stambha Lichtersäule, von Sanskrit *dipa* (Lampe), *stambha* (Säule)

Deva Männliche Gottheit

Devanagri Wörtlich ›der göttliche Buchstabe‹, aus dem Sanskrit *deva nagari*. Die Göttin der Weisheit und Künste, Sarasvati, die Gattin des → Brahma, gilt als Erfinderin des Sanskrit und der Devanagri-Schrift

Devi Weibliche Gottheit

Dharma Rechter Lebensweg, Befolgung der heiligen Gesetze

Dharmashala Pilgerherberge im Tempelgelände

Feni Schnaps aus Palmwein oder → Cashew-Äpfeln

Fidalgo Von port. *filho de algo*, Sohn von Stand

Ganesha Elefantenköpfiger Gott, Sohn des → Shiva und der → Parvati

Garbhagriha ›Schoß-Haus‹, Allerheiligstes, → Cella im Hindu-Tempel, in dem das Bild der Gottheit steht

Garuda Reittier des → Vishnu

Ghats Gebirgszüge entlang der südlichen Küste des Subkontinents

Gulal Rotes Pulver, das während des Holi-Shigmo-Festes in die Mengen geworfen wird. Von Hindi *lal*, rot

Hill Station, Sommererholungsort der englischen Kolonialherren in den Bergen, meist im Himalaya

Idalcao Palast des Adil Shah. Die Portugiesen nannten Adil Shah auch Adil Khan (*Khan,* türk.-pers. Ehrenbezeichnung für einen Prinzen). So wurde aus Adil Khan Hildalcao bzw. Idalcao, die Bezeichnung für seinen Sommerpalast in Panjim

Jama Masjid Von Arabisch *jama* – versammeln, bedeutet Gemeindemoschee

Jayos Jasminblüten-Girlanden

Karman Summe der guten und bösen Taten im Verlaufe eines Lebens

Kenotaph (griech. leeres Grab), Grabmal für einen an anderer Stelle bestatteten Toten

Kharif Die *kharif*-Saat wird mit Beginn der Regenzeit in den Boden gebracht und im Laufe der Trockenzeit geerntet. Der *rabi*-Feldbau wird nach dem Monsun ausgesät und in der kühleren Jahreszeit vom Feld geholt. Reis ist eine *kharif*-Saat, Weizen eine *rabi*-Frucht

Krishna Inkarnation des → Vishnu als Hirtengott, Held des → »Mahabharata« und Verkünder der → »Bhagavadgita«

Kumeri Auch *kumari,* vom Marathi-Wort *kumbari,* bedeutet so viel wie unfruchtbarer Berghang. Der Begriff ging auf den Brandrodungsfeldbau über, bei dem auch das letzte Stück kultivierbaren Bodens durch Abbrennen der Wälder nutzbar gemacht wird

Laterit (lat. *later,* Ziegel), dunkelroter, wenig fruchtbarer Boden in den Tropen; enthält viel Eisen und Aluminiumoxidhydrate, wenig Kieselerde. In Goa sind die Laterit-Eisenerze ein wichtiger Wirtschaftsfaktor

Linga Phallisches Symbol des → Shiva

Lusitanisch Abgeleitet von Lusitania, der römischen Kolonie im heutigen Portugal

Mahabharata Nationalepos der Hindus, entstand zwischen dem 4. Jh. v. Chr. und dem 4. Jh. n. Chr.

Mandapa Versammlungshalle, insbesondere im Hindu-Tempel

Mangrove Immergrünes Hartholzgewächs, dessen Rinde bis zu 40 % Gerbstoff enthält. Standort: tropische Flachküsten außerhalb des direkten Brandungsbereichs. Bei Flut ragen nur noch die Kronen aus dem Wasser, bei Ebbe auch die Stämme und Wurzeln

Manuelinischer Stil Portugiesischer Baustil, benannt nach Manuel I. (1495–1521)

Masala Auch *mussalla,* Zutaten, Mischung; in weiten Teilen des Subkontinents Bezeichnung für eine scharfe Gewürzmischung, auch → Curry genannt

Masjid Moschee

Math Religiöse Stiftung, Priesterschule

Meru Mythischer Weltenberg, Sitz der Götter

Mihrab Nach Mekka weisende Gebetsnische in Moscheen

Naga Schlangengottheit

Nagarkhana Trommelkammer, das Wort *khana* stammt vom persischen *khana* (Haus/Raum) ab. Naga bezeichnet urstämmige Einwohner in Assam. Es ist umstritten, ob *naga* auf die Bezeichnung *naga* (Schlange) zurückgeht oder auf das Sanskrit *nagna/*Hindi *nanga* (nackt)

Nama Buch, Chronik

Nan Nord-indisches Fladenbrot

Nandi Stier, Reittier des → Shiva

Narthex Vorhalle der frühchristlichen und byzantinischen Kirchen

Oratorium Katholisches Klosterwesen; Confoederatio Oratorii S. Philippi Neri, Verband des hl. Philipp Neri, 1575 in Rom gegründet als Zusammenschluß selbständiger Kongregationen und Gemeinschaftshäuser

Palkhi Englisch: *palanguin* – Sänfte, Tragsessel. Nach Europa kam dieser Begriff durch die Portugiesen und Engländer, die beobachteten, wie die Hindus ihre Götterbilder an Festtagen auf einer Sänfte, – Sanskrit *palyanka* –, in Prozessionen herumtrugen

Pan Blatt des Betel-Baums; *pan* (Hindi) leitet sich vom Sanskrit-Wort *parna* ab, das so viel wie Blatt bedeutet. *Pan* wird zusammen mit verschiedenen Gewürzmischungen um eine Areca-Nuß gewickelt und als leichtes Stimulanzmittel gekaut

Panchayat Aus dem Hindi *panch* (fünf) Dorfrat aus fünf Mitgliedern

Parvati Gattin des → Shiva

Praça Öffentlicher Platz, Marktplatz, auch Festung oder Stadt

Puja Zeremonie zur Verehrung einer Gottheit unter Darreichung von Blumen, geweihtem Wasser, Reis, Rauchopfer und Kerzen/Öllampen

Puranas Aus dem Sanskrit *purana* (alt), 18 Bücher, deren Ursprünge wahrscheinlich auf das 5. Jh. v. Chr. zurückgehen. Die im → »Mahabharata« erwähnten Schriften enthalten neben historischem Material viel Mythisches, Legenden von Königen und Berichte über die Weltschöpfung

Purnima Vollmond

Querhaus → Transept, zumeist einschiffiger Bauteil, der quer zum Langbau verläuft

Radha Geliebte des Hirtengotts → Krishna

Raja Von Sanskrit *raja* – König, auch Rai, Rao, Rana oder Rane

Rama Eine Inkarnation des → Vishnu als Königssohn des Herrschers von Ayodhya, der auf der Suche nach seiner entführten Frau Sita bis nach Lanka, Sri Lanka, zieht, um sie dort zu befreien

Ramayana Indisches Epos, welches die Legenden des → Rama erzählt

Ratha Tempelwagen, auf dem an Festtagen das Bildnis der Gottheit um den Tempelbezirk gefahren wird

Saalkirche Einschiffige Kirche

Sati Auch *suttee*, Verbrennung der Witwe mit dem verstorbenen Ehemann auf dem Beisetzungsfeuer; längst verboten (erstmals von den Portugiesen), aber manchmal hört und liest man von dem Brauch, benannt nach Satee/Sati, der Gattin des → Shiva

Satikal Witwenstein

Satyagraha Passiver Widerstand in der Tradition des Mahatma Gandi

Shiva Gottheit im Hindu-Pantheon; Symbol seiner Schaffenskraft ist der → *linga*

Shakti Die essentielle weibliche Kraft in Form der Gemahlin des Shiva. Die Göttin hat zwei gegensätzliche Aspekte: als Devi ist sie mütterlich gütig, als Durga oder Kali ist sie grausam-vernichtend

Shikara Tempelturm

Spolie Bauteil, das älteren Bauwerken entnommen und wiederverwendet wurde, häufig Säulen

Stambha Säule

Surya Sonnengott

Sé Bischofssitz und Kathedrale, von *sedis patriarchalis*

Tabernakel (lat. *tabernaculum* – Hütte, Zelt); Schrein auf dem Altar zur Aufbewahrung der Hostien

Talha dourada Vergoldetes Holzschnitzwerk

Taluka Von Arabisch *ta'aluk,* bezeichnet einen Distrikt, eine Ver-
waltungseinheit

Tempeltank Wasserreservoir,
künstlich angelegter Teich oder
Wasserbecken in der Nähe von
Hindu-Tempeln. Dient rituellen
Waschungen. Der Ursprung des
Worts *tank* kann sowohl aus dem
englischen *tank* (Zisterne) als
auch von Sanskrit *tadaga* (Teich)
abstammen

Toddy Verunglimpfung des Hin-
du-Worts *tari,* das den fermentierten Saft von Palmen bezeichnet. Toddy wird nach seiner Fermentierung zu Palmwein, der
auch zu Hochprozentigem gebrannt werden kann

Topiwala Auch *topeewala/to-
peewalla,* von Hindi *topi* (Hut),
portug. *topo*, Hindi *wala* (Mann),
also Mann mit Hut, Hutträger,
und letztlich Europäer. Heute
bezeichnet *topi/topee* im allgemeinen einen Tropenhelm

Transept → Querhaus

Trimurti Trinität der Gottheiten
→ Brahma, → Vishnu und →
Shiva als Schöpfer, Erhalter und
Zerstörer

Triumphbogen Zu Ehren von
Kaisern und Herrschern errichte-
tes, torartiges Bauwerk, ein- oder
mehrtorig

Tulasi vrindavan Aus dem Sanskrit *tulsi/tulasi*, heilige Basilikumpflanze der Hindus, die vor Tempeln oder Wohnhäusern auf einem Postament *(vrindavan)* steht

Vahana Reittier einer Gottheit

Veda ›das Wissen‹, früheste heilige Schriften Indiens

Viragal Heldengedenkstein

Vishnu Gottheit im Hindu-Pantheon, der Schützer und Erhalter

Abbildungs- und Quellennachweis

Archiv für Kunst und Geschichte, Berlin   S. 33, 35, 54, 76

Alexandra Ardeleanu-Jansen, Aachen   S. 13, 20, 39, 58, 67, 68, 72, 80, 81, 83, 85, 137, 146, 154, 155, 186, 194/195

Rainer Hackenberg, Köln   S. 2/3, 16, 42, 47, 48, 51, 53 o., 59, 87, 95, 101, 118, 123, 128, 131, 142/143, 159, 174/175, 183, Vordere Umschlagklappe

Günter Heil, Berlin   S. 188/189

Stefan Herpin, Köln   S. 150

Gernot Huber/laif, Köln   Titelbild, S. 1, 10/11, 22, 23, 26, 40/41, 42, 44/45, 46, 61, 62, 64, 71, 74, 79, 84, 96, 99, 107, 108/109, 112, 115, 117, 120/121, 122, 124/125, 126/127, 135, 148/149, 151, 158, 161, 162/163, 172, 177, 180/181, 191, 193, 196, 204, Hintere Umschlagklappe, Umschlagrückseite (beide)

Wilkin Spitta, Loham   S. 19, 53 u., 138, 171

Karten und Pläne

Berndtson & Berndtson, Fürstenfeldbruck

Das Zitat auf S. 17 wurde entnommen aus: Mansel Longworth Dames (Ed.): The Book of Duarte Barbosa. An Account of the Countries Bordering on the Indian Ocean and their Inhabitants, written by Duarte Barbosa and Completed about the year 1518 A.D. Translated from the Portugese text, first published 1812 in two volumes. Reprint New Delhi and Madras, 1989. Die Übersetzung aus dem Englischen stammt von der Autorin.

Das Zitat auf S. 92 f. wurde entnommen aus: Leopold Contzen: Goa im Wandel der Jahrhunderte. Berlin 1902.

Das Zitat auf S. 93 wurde entnommen aus: P. P. Shirodkar: Slavery in Coastal India (With Special Reference to Goa, Daman and Diu). In: Purabhilekh – Puratatva, Vol. III No. 1 January – June 1985, pp. 27–43. Die Übersetzung aus dem Englischen stammt von der Autorin.

Das Gedicht auf S. 97 wurde in der Übersetzung von W. Storck entnommen aus: Leopold Contzen: Goa im Wandel der Jahrhunderte, Berlin 1902.

Am Jeevottam Math-Tempel ▷

Tips und Adressen

Reisevorbereitungen

Informationsstelle	206
Diplomatische Vertretungen Indiens	206
Einreisebestimmungen	206
Devisenbestimmungen	206
Zollbestimmungen	207
Gesundheitsvorsorge	207
Reisegepäck	208
Karten und Reiseliteratur	208
Reisezeit	208
Reisen mit Kindern	209
Reisen für Behinderte	209
Rück- und Weiterreise	209

Anreise

... mit dem Flugzeug	210
... mit dem Schiff	210
... mit der Eisenbahn	210
... mit dem Bus	211
... mit dem Taxi	211
... mit dem Auto	211
Pauschalreisen	212

Reisen im Lande

... mit der Eisenbahn	212
... mit dem Bus	212
... mit dem Touristentaxi	212
Andere Verkehrsmittel	213
Reiserouten im Lande	213
Verkehrsvorschriften	214

Unterkunft und Essen

Hotels	214
Jugendherbergen und Privatunterkünfte	215
Camping	215
Landesübliche Speisen	216
Getränke	216

Urlaubsaktivitäten

Bademöglichkeiten	216
Surfen und Segeln	217
Radfahren	217

Informationen von A bis Z

Apotheken	217
Auskunft	217
Bettler	218
Delikte	218
Diplomatische Vertretungen	218
Drogen	219
Elektrizität	219
Feste und Feiertage	219
Frauen allein in Goa	220
Fremdenführer	220
Foto, Film und Video	220
Geld und Geldwechsel	220
Gesundheit	220
Gewichte und Maße	221
Handeln	221
Kirchen-, Moschee- und Tempelbesuch	221
Monatsbezeichnungen	221
Museen	221
Nachtleben	222
Nationalparks	222
Notruf	222
Öffnungszeiten	223
Post	223
Radio und Fernsehen	223
Schlangen	223
Souvenirs	223
Telefon	224
Trinkgeld	224
Verhalten im Alltag	224
Zeit	224
Zeitungen	224
Zigaretten	224

Reisevorbereitungen

Informationsstelle

Zuständig für Deutschland, Österreich und die Schweiz ist das Touristeninformationsbüro des indischen Fremdenverkehrsamtes, Baselerstraße 48
D-60329 Frankfurt/Main
✆ 0 69/24 29 49-0
Fax 0 69/24 29 49 77

Diplomatische Vertretungen Indiens

Visa erteilen in Deutschland
Indische Botschaft, Baunscheidtstr. 7, 53113 Bonn, ✆ 02 28/5 40 51 32, Fax 5 40 51 53, geöffnet: Mo–Fr 9.30–12.30 Uhr (meist kann man sich das Visum am Nachmittag des gleichen Tages abholen);
Indisches Generalkonsulat, Raboisen 6, 20095 Hamburg, ✆ 0 40/33 80 36, Fax 32 37 57, geöffnet: Mo–Fr 9.30–12.30 Uhr;
Indisches Generalkonsulat, Mittelweg 49, 60318 Frankfurt/Main, ✆ 0 69/15 30 05-0, 15 30 05 45, 15 30 05 13, Fax 55 41 25, geöffnet: Mo–Fr 9.30–12.30 Uhr;
Indisches Generalkonsulat, Majakowskiring 55, 13156 Berlin/Niederschönhausen, ✆ 0 30/4 80 01 78 oder 4 82 71 27, Fax 3 01 65 18, geöffnet: Mo–Fr 9.30–12.30 Uhr

... in Österreich
Indische Botschaft, Kärntnerring 2, 1015 Wien, ✆ 01/5 05 86 66-18, Fax 5 0 5 92 19, geöffnet: Mo–Fr 9–12 Uhr

... in der Schweiz
Indische Botschaft, Effingerstr. 45, 3008 Bern, ✆ 031/3 82 31 11, geöffnet: Mo–Fr 9.30–12.30 Uhr;
Indisches Generalkonsulat, 9 rue du Valais, 1202 Genf, ✆ 0 22/7 31 51 29, 7 32 08 59, geöffnet: Mo–Fr 9.15–12.15 Uhr

Einreisebestimmungen

Vor der Einreise nach Indien muß ein Visum beantragt werden. Die dazu erforderlichen Formulare kann man bei den oben genannten Stellen schriftlich anfordern. Die Kosten für das Visum hängen von seiner Gültigkeitsdauer ab und liegen zwischen 35 DM (für 3 Monate) und 170 DM (für 1–5 Jahre; Stand 1997) alle Visa erlauben die mehrmalige Einreise. Dem Visumantrag sind beizufügen: 2 Paßbilder, Originalpaß, Visagebühren, frankierter und adressierter Rückumschlag inklusive Gebühren für ein Einschreiben. Reisegruppen können ein Gruppenvisum beantragen.

Ein Antrag auf Verlängerung der Aufenthaltsgenehmigung in Indien kann nur bei den **Foreigners Regional Registration Offices** in Delhi, Bombay, Calcutta und Madras sowie beim **Superintendent Police** in den entsprechenden **District Headquarters** gestellt werden. In Panjim: Malaca Rd., Mo–Fr 9.30–13 Uhr, ✆ 08 32/4 65 45.

Devisenbestimmungen

Die indische Währung in Noten darf weder ein- noch ausgeführt werden. Zum Teil bestehen auch Beschränkungen oder Verbote für die Einfuhr von Währungen aus Pakistan, Myanmar oder Kuwait. In indischen Rupien ausgestellte Reiseschecks unterliegen zwar keiner Restriktion, indes lohnt sich dies aufgrund des schlechten Wechselkurses nicht. Bei der Ankunft mit dem Flugzeug kann man sich auf allen internationalen Flughäfen von Bombay oder Delhi auf den 24stündigen Service der autorisierten Wechselstuben verlassen, die einen fairen Kurs anbieten. Jedoch muß man sich mitunter etwas in Geduld üben.

Harte Devisen können in unbeschränkter Menge ein- und ausgeführt werden, aber es empfiehlt sich, die Devisendeklaration ab einem Gegenwert von 2500 US-$ genau auszufüllen. Reiseschecks, für die es zumeist bessere Kurse gibt, und Noten in DM und Schweizer Franken werden fast überall an den offiziellen Wechselstuben eingetauscht. Größere Geldscheine (z. B. 500 oder 1000 DM-Noten) werden oft aus Sicherheitsgründen zurückgewiesen. Die offiziellen Umtauschbescheinigungen sind aufzuheben, weil sie evtl. vorgezeigt werden müssen, wenn man Hotelrechnungen, Flugtickets etc. in Rupien bezahlen will. Auch für den Rücktausch von Indischen Rupien in Fremdwährungen ist eine Bescheinigung vorzulegen.

Zollbestimmungen

Gegenstände des persönlichen Bedarfs sind zollfrei. Dazu gehören: persönlicher Schmuck, Kleidung und Toilettenartikel, eine Fotokamera mit 25 Filmen, eine Kleinbild-Filmkamera mit zwei Filmen, ein Fernglas, eine Reiseschreibmaschine, ein Transistorradio, 1 Casettenrecorder, ein Zelt und Campingausrüstung, ein tragbares Musikinstrument, ein Fahrrad, zwei Tennisschläger, ein Kajak, eine Angel mit Zubehör sowie Geschenke im Wert von 600 Rupien und 200 Zigaretten, 50 Zigarren oder 250 g Tabak, 0,95 l Spirituosen sowie

25 ml Parfum. Die Einfuhr von Drogen, lebenden Pflanzen, Waffen, Gold und Silber ist verboten. Weitere Informationen sind über die Botschaften erhältlich.

Wer mehr als den üblichen Reisebedarf nach Indien einführen möchte, muß bei der Ankunft ein Formular *(Tourist Baggage Re-Export Form)* ausfüllen, durch das er sich zur Wiederausfuhr der betreffenden Artikel verpflichtet. Auf diese Weise kann man z.B. das Limit der zollfrei einführbaren Fotoartikel beträchtlich erhöhen, muß aber darauf gefaßt sein, daß die Ausfuhr der Importe streng kontrolliert wird, um dem Schwarzhandel im Lande vorzubeugen.

Gewöhnliche Souvenirs inklusive indischer Seide, kunstgewerblichen Artikeln und Schmuck im Werte von bis zu 10 000 Rupien können problemlos ausgeführt werden. Antiquitäten – dazu gehören alle Gegenstände, die älter als 80 Jahre sind – dürfen das Land nicht verlassen. Gleiches gilt für Tiertrophäen wie Elfenbein und Schlangenhäute.

Gesundheitsvorsorge

Zur Zeit gibt es keine zwingenden Impfvorschriften für Reisende aus europäischen Ländern, es sei denn, sie hätten innerhalb der letzten sechs Tage vor ihrer Einreise nach Indien ein Gelbfieberinfektionsgebiet besucht. Eine entsprechende Erklärung ist bei der Einreise auszufüllen. Die Gesundheitsämter empfehlen meist eine Thypus- und Cholera-Impfung sowie eine Hepatitis- und Malariaprophylaxe. Nicht vergessen werden sollte – unabhängig von einer Reise nach Indien – die regelmäßige Auffrischung von Impfungen gegen Kinderlähmung und Tetanus sowie Diphterie.

Brillenträger sollten eine Ersatzbrille mitnehmen. Des weiteren sollte man persönliche Medikamente sowie Sonnenschutz- und Mückenschutzmittel einpacken. Auch Arzneien gegen Erkältungskrankheiten, Rheuma oder Hexenschuß können hilfreich sein, da man sich durch Klimaanlagen, Ventilatoren und offene Fenster leichter erkältet als man denkt. Allzu aufwendig braucht die Reiseapotheke aber nicht zu sein, da es alle gängigen Präparate auch in Indien gibt, und dies oft rezeptfrei und viel preiswerter. Darunter fallen jedoch nicht: Kondome, Malariaprophylaxe (z. B. Lariam), Sportgeels und Tampons. Diese sind in Indien nicht von der bei uns gewohnten Qualität.

Im Falle einer ernsten Erkrankung wende man sich am besten an die von den internationalen Hotels angegebenen Vertrauensärzte oder an die von den Botschaften empfohlenen, oft Deutsch sprechenden Ärzte. Behandlungen in Privatkliniken und Praxen sind immer bar zu bezahlen. Ob die eigene Krankenversicherung die Kosten übernimmt, ist im Einzelfall vorher zu prüfen. Der Abschluß einer zusätzlichen Reisekrankenversicherung kann sich lohnen.

Reisegepäck

Man sollte nicht zu viel, vor allem aber handliches Gepäck mitnehmen, auch wenn sich in Indien fast immer ein hilfsbereiter Mensch findet, der das unnötige Zeug hinter Reisenden herschleppt. Die Kleidung sollte nur aus Naturfasern bestehen, für den Abend und klimatisierte Räume empfiehlt sich etwas aus Wolle.

In jedem Hotel kann man seine Kleidung für relativ wenig Geld waschen lassen. Um sich aber Kummer zu ersparen, gebe man nur Kleidungsstücke zum Wäscher (dhobi), die nicht allzu wertvoll sind. In den Luxushotels braucht

man abends zwar keinen dunklen Anzug, doch wird ein offenes oder kurzärmeliges Hemd in geschlossenen Restaurants mitunter als unangebracht empfunden. Shorts oder ein freier Männeroberkörper werden in den Städten fast immer amüsiert zur Kenntnis genommen, und auch Mitteleuropäer müßten inzwischen festgestellt haben, daß es einem nicht unbedingt kühler wird, wenn man sich auszieht.

Wegen möglicher kurzer Stromausfälle und sparsamer Straßenbeleuchtung ist in jedem Fall eine Taschenlampe sehr nützlich. Bei Unterkunft in einfachen Gasthäusern sollte man außerdem einpacken: Moskitonetz, Reisemehrfachstecker und Vorhängeschloß.

Empfehlenswert ist die Mitnahme einer Fotokopie des Passes (erleichtert bei Verlust die Beschaffung neuer Papiere) und evtl. eines Internationalen Führerscheins.

Karten und Reiseliteratur

Die beste Karte ist die aus der Reihe Bartholomew's World Travel Map »Indian Subcontinent«. Detailkarten von Goa gibt es am Ort – die beste der schlechten: Vzindia TT Maps.

Zur Einstimmung auf Goa empfehlen sich als Lektüre:

Basham, A. L.: The wonder that was India, Calcutta 1974

Berg, H. W.: Indien. Traum und Wirklichkeit, Hamburg 1995

Haubold, P. und G. Heil: Richtig reisen Süd-Indien, Köln 1996

Reisezeit

Die angenehmsten Reisemonate sind die zwischen Oktober und Anfang April. Von Juni bis September herrscht

Monsun. Baden im Meer ist dann ausgeschlossen (vgl. S. 216).

Hochsaison ist in Goa stets um die Weihnachts- und Osterzeit. Aufgrund der starken Nachfrage sowohl von Indern als auch von Europäern, sollte man eine individuelle, nicht pauschal gebuchte Reise zur Hochsaison weit im voraus planen und dies nicht nur hinsichtlich der Unterkunft, sondern auch der Hin- und Rückreise. Im Dezember sind die internationalen Flüge nach Bombay und Delhi fast immer überbucht, preiswerte Tickets vom Graumarkt gibt es zum Teil schon mehrere Monate zuvor nicht mehr. Hat man es bis nach Indien geschafft, entsteht das nächste Nadelöhr auf dem Weiterflug nach Dabolim. Die indischen Linienflüge sind trotz der in den letzten Jahren hinzugekommenen privaten Fluggesellschaften während der Hauptsaison eigentlich immer voll, und ein Sitz sollte sehr frühzeitig reserviert werden. Als Charterflugreisender ohne Hotelreservierung sollte man sich zu Weihnachten und Ostern auf eine lange Suche nach einer Unterkunft gefaßt machen.

Reisen mit Kindern

Goa ist ein kinderfreundliches Land. Das macht sich in den Restaurants und Hotels dadurch bemerkbar, daß man auf Kinderportionen oder die Unterbringung des Nachwuchses im Raum der Eltern eingestellt ist. Größere Hotels verfügen über einen Babysitter-Service, Kinder-Pools, gelegentlich auch Spiel- und Sportprogramme für Kinder.

Reisen für Behinderte

Auf spezielle Einrichtungen für Behinderte ist man in Indien im allgemeinen

noch wenig eingestellt. Zwar gibt es ›vorsintflutliche‹ Rollstühle, mit denen auf Flughäfen und Bahnhöfen hilfsbereites Personal auf behinderte oder ältere Reisende wartet, aber in öffentlichen Einrichtungen und Hotels wird man lange nach einer Toilette für Behinderte suchen müssen. In den meisten indischen Städten gestaltet sich ein Spaziergang auf den Gehsteigen und Straßen bereits für Nichtbehinderte zu einem Hindernislauf: Offene Kanaldeckel und Baugruben oder Schlaglöcher sind kaum oder gar nicht abgesichert, und als ›Hans guck in die Luft‹ wird man sich bald in der Ambulanz wiederfinden. Man hat die 30–40 cm anstehenden Trottoirs so hoch angelegt, damit in Monsunzeiten die Sturzbäche, die in die Straßengullies fließen, die Fußwege nicht überschwemmen.

Rück- und Weiterreise

Die meisten internationalen Flüge müssen in Indien 72 Stunden vor Abflug rückbestätigt *(reconfirmed)* werden, auch wenn ein ok im Ticket steht. Das gilt ebenfalls für innerindische Flüge. Die Rückbestätigung übernehmen gegen Gebühr (ca. 200 Rupien) die lokalen Reiseagenturen oder Hotels. Sie selbst vorzunehmen, ist oft sehr zeitaufwendig, da sich die meisten Vertretungen der Fluglinien in Panjim befinden. Auch auf eine telefonische Rückbestätigung ist nicht unbedingt Verlaß (in jedem Fall die Computernummer notieren). Bei der 72-Stunden-Frist sind Sonn- und Feiertage einzukalkulieren.

Vor dem Weiterflug ins Ausland werden an allen indischen internationalen Flughäfen vor dem Einchecken 300 Rupien Flughafengebühren *(airport tax)* erhoben. Wegen der langwierigen Sicherheitskontrollen bestehen viele Airlines darauf, daß ihre Passagiere drei Stunden vor Abflug am Flughafen sind.

Weiterflug und Heimreise via Bombay
Ankunft von Goa am innerindischen Flughafen Santa Cruz (Terminal I). Ein gebührenfreier Busservice besteht zwischen Terminal I *(domestic)* und Terminal II *(international)* stündlich von 7 bis 23 Uhr. Halbstündlich verkehrt ein Bus vom Terminal I in die City zum Air India House (Nähe Nariman Point/Hotel Oberoi Towers) zwischen 6.30 und 23.30 Uhr. Wer mit dem Taxi fährt, sollte den Preis vorher aushandeln, andernfalls nach Taxameter und Umrechnungstabelle bezahlen. Die Fahrzeit vom Flughafen in die City beträgt ungefähr eine Stunde.

Viele der internationalen Flugverbindungen starten nachts vom Bombay Sahar Airport (Terminal II), so daß es zu längeren Wartezeiten zwischen der Ankunft aus Goa und dem Weiterflug nach Hause kommen kann. Wer diese Stunden in Bombay verbringen möchte, muß die relativ langen Transferzeiten in die Stadt und zurück sowie die drei Stunden *reporting time* einkalkulieren.

Anreise

... mit dem Flugzeug

Entweder bucht man über einen Pauschalveranstalter, der direkt nach Goa fliegt, oder man erreicht mit internationalen Fluglinien zunächst Bombay. Von dort geht es dann mit einer indischen Linie (Damania Airways, East-West Airlines, Indian Airlines, Jet Airways, Modi Luft, NEPC Airlines, Sahara) nach Goa –

Airport Dabolim. Von Bombay fliegen täglich mehrere Gesellschaften nach Dabolim (6 Flüge). Weitere Flugverbindungen bestehen zwischen Bangalore, Calcutta, Cochin, Delhi, Hyderabad sowie Trivandrum und Goa.

... mit dem Schiff

Zwischen Bombay und Goa gibt es seit 1994 wieder eine regelmäßige Schiffsverbindung, allerdings nur außerhalb des Monsuns. In dem hermetisch abgeschlossenen, klimatisierten Katamaran, der 400 Gästen Platz bietet, sitzt man wie in einem Flugzeug. Die einfache Fahrt in der Economy-Klasse kostet 40 US-$ und in der Business-Klasse 50 US-$ inklusive Snack und einer Mahlzeit. Das Schiff verläßt Bombay 3 × wöchentlich von der New Ferry Warf um 9 Uhr und erreicht Panjim um 16.30 Uhr. Die Rückreise erfolgt 4 × wöchentlich ab Panjim um 9 Uhr, an Bombay 16.30 Uhr. Es sind zwei Stunden Eincheckzeit einzukalkulieren.

Reservierungen in Bombay: Damania Shipping, Ready Money Terrace, Dr. Annie Besant Road, Worli Bombay-400 018, ✆ 0 22/4 92 44 55/58. **Reservierungen in Goa:** Damania Shipping, Live In-Apartments, Bernard Guedes Road, Panjim-403 001, ✆ 08 32/22 61 96, 22 37 30, 22 55 31, Margao-403 601, ✆ 08 34/22 19 66.

... mit der Eisenbahn

Per Bahn ist Goa von Bombay, Delhi sowie Bangalore, Madras, Cochin und anderen Städten in Indien zu erreichen. Ab Miraj wechselt die Breitspur der Expresszüge der **South Central Railway** auf eine Meterspur über, die das Zugfahren zwar noch romantischer und langsamer, aber auch weniger bequem werden läßt. Vom Bahnhof Margao sind die Ziele an den Stränden des Südens nicht mehr weit. Nach Majorda oder Colva sind es weniger als 10 km. Selbst die 33 km von Margoa nach Panajim werden Reisenden, die die 24stündige Fahrt von Bombay oder Bangalore bzw. die 2tägige Fahrt von Delhi überstanden haben, nicht mehr viel ausmachen.

Sollte die Konkan-Railway, eine von Umweltschützern zu Recht heftig kritisierte Schnellzugtrasse, von Bombay über Goa nach Mangalore und weiter nach Kanya Kumari noch in den 90er Jahren fertiggestellt werden, wird die Passage nach Goa mit dem Zug nur noch 8 Stunden dauern.

Reservierung in Bombay: Western Railway Booking Office, opp. Churchgate Station, Bombay-400 001, ✆ 0 22/2 03 80 16, Mo–Fr 9.30–16.30 Uhr. Central Railway Reservation Counter, Victoria Terminus, Bombay-400 103, ✆ 0 22/2 04 35 35, Mo–Fr 9–13, 13.30–16 Uhr. **Reservierungen in Goa:** Railway Reservation Office South Western Railway, Vasco da Gama oder über die Kadamba Transport Corporation KTC, Bus Terminal, Panjim-403 001, ✆ 08 32/4 56 20; Indian Railways Bahnhof Margao-403 601, ✆ 08 34/2 22 52

... mit dem Bus

Nach einer 14stündigen Nachtfahrt von Bombay erreicht man Goa (Panjim, Margao, Mapusa). Die ca. 600 km lange Reise ist anstrengend, auch wenn viele der Privatunternehmen klimatisierte Luxusbusse anbieten (Kosten ca. 500 Rupien). In manchen der Busse *(Video coaches)* werden unterwegs beliebte Videos gezeigt, mehrstündige ›Seifenopern‹ in Hindi mit Musikeinlagen. Die Lautstärke macht das Schlafen fast un-

möglich. Mitunter kann es auch beruhigender sein, sich auf die seichte Handlung zu konzentrieren, als den unkonventionellen Fahrstil des Busfahrers zu beobachten.

... mit dem Taxi

Das Mieten eines Touristentaxis mit *all India permit* ist die luxuriöseste, teuerste, aber auch angenehmste Art des Überlandtransports nach Goa. In allen größeren Städten Indiens kann man sich einen Wagen mit Fahrer mieten. Zu zahlen ist ein Kilometerpreis von 5 bis 6 Rupien für einen unklimatisierten Kleinwagen indischer Produktion. Größere Autos oder gar ausländische Wagen sind teurer. Hinzu kommt eine tägliche Übernachtungs- und Verpflegungspauschale von ca. 100 bis 150 Rupien für den Fahrer. Die Fahrer fungieren zumeist auch als Fremdenführer und können Restaurant- und Hotelempfehlungen geben. Nachtfahrten vermeiden!

... mit dem Auto

Um mit dem eigenen Wagen nach Indien einzureisen, benötigt man ein *carnet de passage* sowie die grüne Versicherungskarte. Über die Routenmöglichkeiten erkundige man sich wegen der instabilen politischen Lage in Afghanistan, dem Iran und Irak sowie der immer wieder aufflackernden Zwistigkeiten zwischen Pakistan und Indien am besten bei den Traveller-Zentralen, die es mittlerweile in fast allen europäischen Großstädten gibt. Hier bekommt man auch nützliche Tips für Ausrüstung und Reiseroute.

Grundsätzlich zu beachten ist, daß in Indien Linksverkehr herrscht und die engen, sehr bevölkerten Landstraßen (herumstreunende Tiere, Ochsen- und Kamelgespanne, Radfahrer und Fußgänger) große Konzentration erfordern. Im Straßenverkehr gilt im allgemeinen das Recht des Stärkeren. Nachtfahrten sollte man möglichst vermeiden. Von Pakistan führt immer noch der einzige Landweg über Lahore (Wagha). In der Regel muß man das Auto spätestens nach sechs Monaten wieder ausführen, es darf prinzipiell nicht in Indien verkauft werden.

Pauschalreisen

Pauschalreisen nach Goa bieten mittlerweile alle großen internationalen Veranstalter an. Oft ist das Ziel Goa nur mit Rundreisen kombinierbar. Besonders preiswerte Angebote gibt es in England; die britischen Veranstalter haben sich auf eine untere Mittelklasseklientel spezialisiert, die die in den letzten Jahren entstandenen Betonburgen auslastet.

In Indien versuchen speziell in der Vor- und Nachsaison Luxushotels durch preiswertere Arrangements mit Halb- oder Vollpension und kinderfreundliche Familientarife *(packages)* ihre Häuser auszulasten. Aber selbst diese Preise können oft nicht mit den von den internationalen Pauschalveranstaltern ausgehandelten Tarifen konkurrieren.

Reisen im Lande

... mit der Eisenbahn

Die einzige, 82 km lange Bahnstrecke von Goa geht auf portugiesisch-britische Anstrengungen im 19. Jh. zurück. Sie führt in West-Ost-Richtung über 14 Stationen (Mormugao, Vasco da Gama, Dabolim, Cansaulim, Majorda, Margao, Chandor, Sanvordem, Calem/Kale, Colem/Kulem, Sonauli, Dudhsagar Water Falls, Caranzol) nach Londa. Ein Ausflug per Bahn zu den Wasserfällen von Dudhsagar oder zum Mahadeva-Tempel in Sanguem (Station Sanvordem-Curchorem) sowie zum Wildreservat Bhagwan Mahaveer (Station Colem) lohnt sich nicht nur für Eisenbahn-Fans.

... mit dem Bus

Goa verfügt über ein weitgestrecktes öffentliches Busnetz (KTC = Kadamba Transport Corporation), das auch Verbindungen zu den entlegensten Orten schafft. Die Einheimischen sind darauf angewiesen, und entsprechend voll sind die mitunter recht alten Gefährte. Eine Fahrt mit dem Bus in die nächste größere Stadt ist die billigste Sightseeing-Tour, die man unternehmen kann. Sie ist für all jene empfehlenswert, die das Land von seiner alltäglichen Seite kennenlernen wollen. Man muß aber auf Komfort verzichten und Geduld mitbringen. Alle 15–30 Minuten fahren die Panjim, Mapusa, Margao und Vasco da Gama verbindenden Busse ab. Der regelmäßige Busverkehr wird in Goa auf den meisten Strecken zwischen den einzelnen Orten gegen 20 Uhr eingestellt.

Touristentaxis

Die Touristentaxis (Mietwagen mit Chauffeur) können über die Rezeption aller Mehrsterne-Hotels bestellt werden. Oftmals stehen sie auch an touristisch frequentierten Punkten und bieten ihre Dienste an. Die Modalitäten entsprechen jenen bei der Anreise mit dem Taxi (vgl. S. 211).

Andere Verkehrsmittel

Öffentliche Taxis
Die meisten öffentlichen Taxis in Goa haben ein gelbes Dach. Auch wenn sie mit einem Taxameter ausgestattet sind, wird dieser nie eingeschaltet – selbst wenn man darauf bestehen sollte. Das geht auch indischen Touristen so. Der Preis sollte also vorher ausgehandelt werden. Die Rückfahrt wird immer mitberechnet. Das ist Usus und ganz legal.

Außerhalb der Städte ist es in der Regel schwierig, ein Taxi zu bestellen. Nachts ist es so gut wie aussichtslos, ein öffentliches Taxi zu finden. Man ist zumeist auf die teureren Touristentaxis angewiesen (s.o.), die wie die anderen Taxis einen Nachtzuschlag erheben. Es ist am besten, den Taxifahrer zu fragen, ob er zu warten bereit ist und welche Wartegebühren er berechnet (Richtschnur: 15 Rupien für 1 Stunde plus 50 % Aufschlag in der Zeit von 21 bis 6 Uhr).

Bei größeren Exkursionen ins Hinterland sollte man die Wagen zuvor auf abgefahrene Reifen und die Bequemlichkeit der Sitze inspizieren. Kleinbusse der Marke Maruti-Suzuki haben sehr niedrige Sitze, die selbst Japanern Schwierigkeiten bereiten dürften. Außerdem lassen sich ihre Fenster nur beschränkt öffnen, was nicht nur die Aussicht, sondern auch das Fotografieren behindert.

Auto-Rickshaws
Dreirädrige Scooter, die zwei bis drei Fahrgäste befördern können. Sie haben zumeist einen Taxameter, der bei längeren Strecken auch eingeschaltet wird. Auch hier können Vorabsprachen nützlich sein.

Motorradtaxis
Ein bis zwei Passagiere können auf den Motorrädern mit den gelb gestrichenen Schutzblechen hinten aufsteigen. Im Hinterland sind sie neben den Bussen das beinahe alleinige öffentliche Verkehrsmittel.

Fähren
Zahlreiche Flüsse und Flußmündungen kann man nur mit der Fähre überqueren. Die Fähren stellen abends ihren Betrieb ein. Man erkundige sich vorher, wann die letzte Fähre wieder zurückgeht.

Folgende Fährverbindungen transportieren in Goa sowohl Fußgänger als auch Autos/Motorräder:
Aldona – Corjuem; Amona – Candola; Carona – Calvim; Colvale – Macasana; Durbhat – Rachol; Querim (Keri) – Terekhol; Narve – Divar/Piedade; Alt-Goa – Divar/Piedade; Panjim – Betim; Panjim (Patto) – Malim; Pomburpa – Chorao; Ribander – Chorao Siolim – Chopdem.

Reiserouten im Lande

Pauschalangebote für Ausflüge
Von der Goa Tourism Development Corporation werden Pauschalarrangements für Ausflüge angeboten. Die Führungen sind zumeist nur englischsprachig. Informationsbroschüren gibt es schon am Flughafen. Es werden Nord-Goa und Süd-Goa-Touren angeboten, die Tempel und Strände einschließen. Ferner gibt es eine Alt-Goa-Tour, eine Tour zum Tambdi Surla-Tempel inklusive Bondla-Nationalpark und eine Fahrt zu den Dudhsagar-Fällen. Abends kann man unter verschiedensten Schiffahrten (MS »Santa Monica«, »Radhika«, »Malvika«) auf dem Mandovi wählen. Eine *sunset cruise* findet täglich um 18 Uhr statt, eine weitere folgt um 19.15 Uhr. Zu Vollmondzeiten wird eine *full moon cruise* von 20.30 bis 22.30 Uhr inklusive Abendessen an Bord angeboten. Auskunft: Goa Tourism Development

Corporation Ltd. Trionora Apartments, Dr. Alvares Costa Rd., Panjim-403 001, ✆ 22 65 15, 22 41 32, 22 67 28.

Ähnliche Exkursionsprogramme – zum Teil mit deutschsprachiger Begleitung – werden von fast allen internationalen Reiseveranstaltern und ihren Hotelpartnern angeboten. Auskunft an der Rezeption der Hotels oder bei der Reiseleitung.

Reisen auf eigene Faust
Ganz unproblematisch, wenn man sich ein Touristentaxi mit englischsprachigem Fahrer mietet und eine gute Karte mitnimmt, sind private Erkundungstouren. Etwas langwieriger, aber sehr volksnah sind Fahrten mit Bussen und Bahnen. Man erkundige sich mehrmals bei verschiedenen Stellen nach den korrekten Abfahrtszeiten.

Ausflüge in andere Bundesstaaten
Nicht nur aus kunsthistorischem Interesse sehr zu empfehlen ist ein Ausflug nach Vijayanagar (Panjim–Vijayanagar 340 km), einer der großartigsten Hindu-Königsstädte des 14.–16. Jh. auf dem Dekkhan. Die Fahrt führt durch die sehr pittoresken Gebiete der Ghats, durch Teakwälder und Dschungel. Anreise: Mit einem Touristentaxi oder mit dem Bus von Panjim; mit der Bahn von Vasco da Gama (Zug-Nummer 7830 um 7.15 Uhr, Zug-Nummer 6202 um 10.10 Uhr) oder von Margao nach Hubli (185 km) in Karnataka. Von dort umsteigen in den Bus oder Zug nach Hospet via Gadag Junction. In Gadag sind Tempel der Hoysala-Dynastie (11.–12. Jh.) zu besichtigen. In Hospet mit dem lokalen Bustransport oder Taxi nach Hampi/Vijayanagar (Hospet – Hampi 15 km). Unterkunft in Hospet: einige einfache Hotels, etwa Hotel Malagi.

Der Grenzübertritt ist problemlos, mit dem Taxi aber nur mit einem mit *all India permit* oder mit einem *Goa, Maharashtra and Karnataka permit* ausgestatteten Wagen möglich.

Verkehrsvorschriften

Wie in ganz Indien herrscht in Goa Linksverkehr. Auch als Fußgänger oder Radfahrer sollte man darauf achten. Falls man ein Motorrad zu mieten gedenkt, muß man sich darüber im klaren sein, daß dies offiziell verboten ist, auch wenn man überall Ausländer auf Motorrädern sieht. Ein internationaler Führerschein ist Voraussetzung für dieses Kavaliersdelikt. Außerdem sollte man eine sehr gute Ausrede für den Fall parat haben, daß man in Polizeikontrollen gerät – die Chancen hierfür stehen gut. Im Zweifelsfall geht es mit einigen 100 Rupien Strafe ab, die bei den bescheidenen Gehältern der Polizisten aber gut angelegt sind. Die von den privaten und inoffiziellen Verleihern mitgelieferten Helme taugen nichts. Seltsamerweise ist auch nur für den Fahrer das Tragen eines Helms Vorschrift. Für das Fahren von Motorrollern ist ebenfalls eine anerkannte Fahrerlaubnis nötig.

Unterkunft und Essen

Hotels

In Indien gibt es sogenannte Government Approved Hotels, die nach Hotelkategorien mit unterschiedlicher Sternenzahl bewertet werden. Vom Fünf-Sterne-Deluxe-Zimmer bis zur einfachen Privatunterkunft ist, je nach Geldbeutel und Ansprüchen, in Goa alles zu haben. In Fünf-Sterne-Hotels entsprechen

die Übernachtungs- und Verpflegungs-
kosten den Preisen mitteleuropäischer
Nobelherbergen. So kostet ein Doppel-
zimmer ohne Frühstück in der Haupt-
reisezeit um die 375 DM im Taj Village
in Sinquerim und 490 DM im Leela
Beach in Mobor. Wenn man bedenkt,
daß die Kellner in den gleichen Hotels
mindestens 6 Monate arbeiten müssen,
um das Geld einer Übernachtung zu
verdienen, kann man für die Phantasie-
preise der indischen Hotelkonzerne
kaum Verständnis aufbringen. Es macht
zumindest überhaupt keinen Sinn, sich
in einen Fünf-Sterne-Komplex als Indi-
vidualreisender einzubuchen, denn nur
den Pauschalreiseveranstaltern werden
annehmbare Konditionen eingeräumt.

Die Doppelzimmerpreise in Vier-
Sterne-Hotels liegen zwischen 100 und
150 DM. Je nach Lage und Beliebtheits-
grad sind Zimmer in Drei-Sterne-Hotels
für 65 bis 100 DM zu haben. Die Preise
schwanken zwischen der Haupt- und
Nebensaison beträchtlich. Zwei- und
Ein-Sterne-Hotels sind hinsichtlich Qualität und Preisniveau sehr unterschiedlich.
Es werden dort zwischen 25 und 80 DM
für eine Übernachtung/DZ verlangt.
Häuser ohne Stern sind nicht unbedingt
schlechter. Auch hier zahlt man für ak-
zeptable Zimmer bis zu 35 DM. Dop-
pelzimmer bis zu 25 DM sind in der Regel sehr einfach ausgestattet.

Bereits am Flughafen Dabolim kann
man sich eine vom Ministerium für Tourismus herausgegebene Broschüre aus-
händigen oder sich beraten lassen. Darüber hinaus wird man von Vertretern
verschiedener Hotels ›umworben‹. Viele
Unterkünfte haben einen eigenen Bustransport.

Auch die Goa Tourism Development
Corporation Ltd., ein staatliches Unternehmen, verfügt über eigene Häuser.
Diese Tourist Hostels sind in der Regel
sehr einfach, aber sauber und preiswert.

Je nach Motivation der betreffenden
Manager, kann es aber hin und wieder
zu Mängeln im Service kommen. Wenn
sie auch selten dem international üblichen Standard des gehobenen Pauschaltourismus entsprechen und ver-
wöhnteren Ansprüchen nicht genügen
mögen, gibt es durchaus empfehlens-
werte Häuser darunter. Die im Orts-
und Routenbeschreibungsteil genannten Hotels und Restaurants sind ihren
Kategorien entsprechend empfehlenswert. Indes können insbesondere bei
den einfacheren Hotels von Jahr zu Jahr
Qualitätsschwankungen vorkommen.

Jugendherbergen und Privatunterkünfte

Jugendherbergen entsprechen den einfachsten indischen Standards. Man darf
an Hygiene und Ausstattung keine Ansprüche stellen, aber dafür zahlt man
auch nur einige Rupien für die Unterbringung in Gemeinschaftsschlafsälen.
Es gibt eine Jugendherberge in Miramar,
Panjim, ☏ 08 32/22 54 33.

In den ehemaligen Hippie-Hochbur-
gen um Anjuna und Baga ist es noch
heute üblich, in Privatunterkünften bei
Goanern zu wohnen. Man kann ebenfalls ganze Häuser anmieten. Sie werden nur ungern für kurze Zeit abgege-
ben – Mietzeit mindestens ein Monat –
und haben zumeist kein fließendes
Wasser oder WC. Man achte auf Hin-
weisschilder *(rooms to let)* oder frage
die Fischer, Früchteverkäuferinnen und
Restaurantbesitzer.

Camping

Die Plätze, auf denen Camping gestattet
ist, entsprechen nicht westlichen Standards; Duschen und Toiletten sind nicht

vorhanden. Auskunft: Government of India Tourist Office, Comunidade Building, Church Square, Panjim-403 001, ✆ 08 32/22 34 12.

Landesübliche Speisen

Über die traditionelle Küche Goas hinaus bieten die Speisekarten der Restaurants und Hotels in den touristisch erschlossenen Gebieten fast alles, was zu den Klassikern der indischen bzw. asiatischen sowie der europäischen Cuisine zählt. Vom rein vegetarischen *tali,* einem Tablett mit Reis und verschiedenen Gemüsen in pikanten und scharfen Soßen sowie Joghurt und Süßspeise über Gerichte der nicht-vegetarischen Mughlai-Küche (mit *pullaows* und *kebabs*) bis hin zu Reistafeln, mediterranen Pasta- und Pizza-Varianten und den international unvermeidlichen ›Burgern‹. Neben der reichen Auswahl an Fischgerichten und Meeresfrüchten – u.a. Austern, Miesmuscheln, Tintenfisch – sind alle gängigen Fleischsorten auf den Speisekarten vertreten.

Liebhaber von exotischen Früchten sollten zum Frühstück eine mit etwas Limettensaft beträufelte Papaya bestellen oder Fruchtsalat mit Joghurt. Es gibt Mangos und Melonen, Ananas, Bananen, Chickoo, Brotfrüchte *(jackfruit),* Zimtäpfel *(custard apple),* Guaven, Limetten, Apfelsinen.

Getränke

Mineralwasser, das leider immer noch in Einweg-Plastikflaschen abgefüllt wird, ist vergleichsweise teuer (um die 20 Rupien). Eine Alternative sind die vielen preiswerten Soda-Marken, die durchaus trinkbar sind. Sehr zu empfehlen ist *fresh lime soda,* Soda mit frischem Limettensaft. Ferner das Joghurt-Getränk *lassi,* das gesüßt *(sweet),* gesalzen *(salted)* oder naturbelassen *(plain)* serviert wird. In kleineren Restaurants und Strandhütten sollte man den Kaffee oder Tee *black* bestellen, andernfalls erhält man ihn nach guter indischer Sitte mit viel Milch und Zucker vermischt.

Unter den indischen Bieren gilt Kingfisher als das beste. Aber auch das goanische Arlem löscht durchaus den Durst ebenso wie das London Pilsener, Sandpiper oder Kings. Mittlerweile gibt es auch hier alkoholfreies Bier, ›Goa dry‹.

Die goanischen Weine gleichen eher einem Sherry oder Port. Zu den wenigen indischen Tischweinen, die als trinkbar zu bezeichnen sind, gehört der Riviera. Der Golconda ist zumeist ungenießbar und hat auch wohl nie eine Traube gesehen. Die Bars der internationalen Hotels bieten auch ausländische Weine und Spirituosen an. Sie sind, obwohl Alkoholika nirgendwo in Indien so billig wie in Goa angeboten werden, vergleichsweise teuer, weil sie einer hohen Besteuerung unterliegen.

Urlaubsaktivitäten

Bademöglichkeiten

Die Hauptattraktion von Goa ist das tropisch warme und noch saubere Arabische Meer. Die See ist außerhalb der Monsunzeiten, während der man wegen der gefährlichen Unterströmungen nicht schwimmen kann, im allgemeinen ruhig. Die Gezeitenunterschiede sind nicht sehr groß und die Wellen nur in seltenen Ausnahmefällen bis zu 3 m hoch. Die Strände des Südens gelten als etwas feinsandiger und flacher als die des Nordens. Badeschuhe sind im allgemeinen nirgendwo nötig.

Am Colva-Strand kann es mitunter zu Geruchsbelästigungen durch das Trocknen von Fisch kommen. Wenn auch an den meisten Stränden, bis auf die für die Luxushotels reservierten Gebiete, die Fischer noch ihrem traditionellen Handwerk nachgehen, ist das Trocknen von Fisch allerdings die Ausnahme.

Nacktbaden ist verboten. Wer sich außerhalb der geschützten Hotelstrände zu sehr entblößt (auch *topless*) muß damit rechnen, von der lokalen Polizei verwarnt oder aufgegriffen zu werden – auch wenn die Goaner bei weitem nicht so prüde sind wie andere Inder.

Surfen und Segeln

Diejenigen, die in Goa surfen oder segeln wollen, sind auf die sportlichen Einrichtungen der Mehr-Sterne-Hotels angewiesen. Auch Tennis-, Squash- und Golfmöglichkeiten werden nur in den Luxushotels angeboten.

Radfahren

Der Vorliebe ausländischer Touristen, mit dem Rad die Gegend zu erkunden, wurde in den letzten Jahren fast überall Rechnung getragen. Räder indischer Produktion kann man für etwa 40 Rupien am Tag oder 200 Rupien die Woche mieten. Bei Ebbe – bei Flut etwas mehr Wadentraining, da die meisten Räder keine Gangschaltung haben – sind kilometerlange Touren am Strand möglich. Fährt man ins Hinterland, sollte man nicht vergessen, den Kindern auf ihr fröhliches *hello* zu antworten. Auch Mofas sind bei verschiedenen Stellen erhältlich.

Informationen von A–Z

Apotheken

In jeder Stadt und in jedem mittleren Ort von Goa gibt es Apotheken (*Chemist,* auch *Pharmacy*). Sie verfügen über ein – im Normalfall – durchaus ausreichendes Angebot an Arzneien, die fast ausnahmslos auch ohne Rezept zu haben sind. Von den Apothekern kann man sich in leichten Fällen auch beraten lassen. Wenn man ihnen ein mitgebrachtes und zur Neige gehendes Mittel zeigt, werden sie aus dem indischen Angebot ein entsprechendes Medikament heraussuchen. Die Arzneien sind sehr viel preiswerter als bei uns.

Auskunft

Directorate of Tourism, Government of Goa, Patto Bridge, Panjim-403 001, ✆ 08 32/22 55 83, 22 47 57, Fax 22 88 19, geöffnet: Mo–Fr 9.30–17.45 Uhr
Goa Tourism Development Corporation Ltd., Trionora Apartments, Dr. Alvares Costa Rd., Panjim-403 001, ✆ 08 32/22 65 15, 22 41 32, 22 67 28, Fax 22 39 26
Tourist-Hostel, Panjim-403 001, ✆ 08 32/22 33 96, 22 71 03, Fax 22 88 19
Tourist Information Centre, Dabolim Airport, ✆ 08 32/51 26 44
Government of India Tourist Office, Comunidade Building, Church Square, Panjim-403 001, ✆ 08 32/4 34 12, geöffnet Mo–Fr 9–17, Sa 9–13 Uhr
Railway Booking Office/Tourist Information Counter, Interstate Bus Terminus, Panjim-403 001, ✆ 08 32/4 56 20, Mo–Fr 8–18 Uhr, Sa–So 9–13 Uhr und 14–17 Uhr

Directorate of Tourism, Tourist Shopping Complex, Mapusa-400-507, ✆ 08 32/26 23 90

Tourist Information Counter, Tourist Hostel, Margao-403 601, ✆ 08 34/22 25 13, 22 19 66, 22 04 70, Mo–Fr 9.30–17.30 Uhr

Tourist Information Centre, Tourist Hostel, Vasco da Gama-401 802, ✆ 08 34/51 31 19, 51 26 73, Mo–Fr 9.30–17 Uhr

Maharashtra Tourism Development Corporation Ltd., Tourist Hostel, Panjim-403 001, ✆ 08 32/4 35 72

Karnataka Tourist Development Corporation, Velho Filhos Building, Municipal Garden Square, Panjim-403 001, ✆ 08 32/22 41 10

Tourist Information Centre, Government of Andhra Pradesh, Rua de Ourem, nahe Hotel Sona, Panjim-403 001

Bettler

Zunehmend sind Kinder in den touristischen Ausflugszielen, etwa bei den Tempeln im Gebiet um Ponda, zu beobachten, die sich aus dem Betteln einen Sport machen Das ist nicht nur deswegen schade, weil es lästig wird, sondern auch weil es in den ländlichen Gebieten bisher weder üblich noch nötig war.

Wer ein wenig durch Indien gereist ist, wird seine ganz persönlichen Erfahrungen mit Bettlern gemacht haben. In vielen Teilen des Subkontinents ist das Betteln zum Teil ein Beruf wie manch anderer auch. Man sollte sich Mühe geben, die feinen Unterschiede herauszufinden und nicht grundsätzlich jeden Bettler übergehen. Schroffe Abweisung verdienen im Notfall nur diejenigen, die zudringlich werden. Nichts ist peinlicher, als einen Bettler vor einem Tempel zu übergehen, während Einheimische, die auch nicht gerade einen wohlhabenden Eindruck machen, einige Paise in den Blechnapf werfen.

Delikte

Auch wenn die Statistiken beschönigt werden, ist die Zunahme krimineller Delikte in Goa nicht von der Hand zu weisen. Kritiker des Tourismus sind davon überzeugt, daß der Fremdenverkehr daran schuld ist. Sicherlich sind die Probleme komplexer, aber es ist durchaus naheliegend, daß der Tourismus auch dubiose Gestalten ins Land lockt. Daher sollte man seine Wertsachen immer sorgfältig aufbewahren und von den in vielen Hotels angebotenen Safes Gebrauch machen. Äußerste Vorsicht ist geboten bei Angeboten von Schwarzgeldtausch und Drogen.

Diplomatische Vertretungen

… für Deutschland

Honorarkonsulat der Bundesrepublik Deutschland, Cosme Matias Menezes Ltd., Herr David Lopes de Menezes (Honorarkonsul), Rua de Ourem, Panjim-403 001, ✆ 08 32/22 32 61–4, Fax 22 32 65

Botschaft der Bundesrepublik Deutschland, 6 Shantipath, Chanakyapuri, New Delhi-110021, ✆ 00 91/11/6 87 18 31, Fax 6 87 31 17

Generalkonsulat der Bundesrepublik Deutschland, Hoechsthaus 10th Floor, Nariman Point, 193 Backbay Reclamation, Bombay-400 021, ✆ 00 91/22/2 83 24 22, Fax 2 02 54 93

… für Österreich

Botschaft der Republik Österreich, EP-13 Chandragupta Marg, Chanakyapuri, New Delhi-110 021, ✆ 00 91/11/60 12 38, 60 16 07, 60 15 55, Fax 6 88 69 29

Generalkonsulat der Republik Österreich, 206-210 Balarama Building 2nd Floor, Bandra Kurla Commercial Complex, Bandra (East), Bombay-400 051, ✆ 00 91/22/6 44 22 91, Fax 2 85 01 70
Honorarkonsulat der Republik Österreich, c/o Kothari Buildings 114, Nungambakkam Highroad, Madra-600 034, ✆ 00 91/44/8 27 60 36, 8 27 87 39, Fax 8 27 22 63

... für die Schweiz
Schweizer Botschaft, Nyaya Marg, Chanakyapuri, New Delhi-110 021, ✆ 00 91/11/6 87 91 32, 6 87 83 72, Fax 6 87 30 93, 6 11 22 20
Generalkonsulat der Schweiz, 102 Maker Chambers IV 10th Floor, 222 Jamnalal Bajaj Marg, Nariman Point, Bombay-400 021, ✆ 00 91/22/2 88 45 63–5, 2 83 17 38, Fax 2 85 65 66

Drogen

Der Besitz und Konsum von Drogen ist gesetzlich verboten und wird inzwischen hart bekämpft. Galt es vor einigen Jahren noch als *in,* in aller Öffentlichkeit einen Joint zu rauchen, ist heute davon strikt abzuraten, will man keine Bekanntschaft mit indischen Gefängnissen machen. Auch Designerdrogen sind im Umlauf. Während der Rave-Nächte machen Händler rasante Umsätze mit Acid und Speed. Anstatt die Hersteller und Händler aufzuspüren, konzentriert sich die Polizei auf die Konsumenten und Touristen, die auf den Revieren nicht selten in sehr unangenehme Situationen kommen.

Elektrizität

In Goa gelten 220 Volt; es kann zu Stromschwankungen und Ausfällen kommen.

In indische Steckdosen passen flache Euro-, nicht jedoch Schuko-Stecker.

Feste und Feiertage

Offizieller Feiertag ist der Sonntag. Regierungseinrichtungen sind auch samstags geschlossen.
Nationale Feiertage in ganz Indien:
Tag der Republik 26.1.
Maifeiertag 1.5.
Unabhängigkeitstag 15.8.
Geburtstag Gandhis 2.10.
Christliche Feste und Feiertage in Goa:
Dreikönigstag 6. 1., Prozessionen in Reis Magos, Cansaulim und Chandor
Fest Unserer Lieben Frau von Candelaria 2.2. in Pomburpa, Distrikt Bardez
Große Heiligenprozession in Goa Velha, Tiswadi, fünfter Montag in der Fastenzeit
Fest des Jesus von Nazareth in Siridao, Tiswadi, am ersten Sonntag nach Ostern
Fest Unserer Wundertätigen Frau in Mapusa, Bardez, 16 Tage nach Ostern
Fest Johannes des Täufers am 24.6.
Novidades (Erntedankfest) am 24.8. in ganz Goa
Fama de Menino Jesus Mitte Oktober in Colva
Fest Unserer Lieben Frau vom Rosenkranz am dritten Mittwoch im November in Navelim, Distrikt Salcete
Fest des Francisco Xavier in Alt-Goa am 3.12.
Fest Unserer Lieben Frau der Unbefleckten Empfängnis in Panjim und Margao am 8.12.
Weihnachten am 24. und 25.12. überall in Goa
Neujahrsfest am 31.12.
Hindu-Feste und Feiertage:
Holi-Shigmo in ganz Goa, insbesondere in Zambaulim (Sanguem) im März zum Vollmond im Hindu-Monat *phalguna*
Ganesh Chaturthi in ganz Goa im September

Dussera im Sept./Okt. überall in Goa Diwali im Okt./Nov. ebenfalls in ganz Goa. Daneben individuelle Tempelfeste **Muslimische Feiertage:** Id-uz Zilha im Februar in Ponda

Frauen allein unterwegs

Obwohl durch die lange portugiesische Herrschaft westlich geprägt, ist man in Goa Traditionen verhaftet. Weibliche Reisende sollten darauf Rücksicht nehmen und sich außerhalb der Strände (speziell in Tempeln, Kirchen, in Städten und bei Ausflügen ins Hinterland) nicht allzu freizügig kleiden. In öffentlichen Verkehrsmitteln gibt es eigens für Frauen reservierte Sitze, von denen man ruhig Gebrauch machen sollte. Als alleinreisende Frau wird man sich in den touristischen Zentren nicht mehr als anderswo auf Annäherungsversuche von einheimischen ›Seelentröstern‹ gefaßt machen müssen.

Fremdenführer

Englischsprachige Fremdenführer können über das Directorate of Tourism, Government of Goa, Tourist Home, Patto, Panjim, ✆ 08 32/22 55 83, 22 47 57 oder das Tourist Office, Comunidade Building, Church Square, Panjim-403 001, ✆ 08 32/4 34 12 bestellt werden. In Alt-Goa bieten viele ›freiberufliche‹ *guides* ihre Dienste an. Sie erweitern das kulturhistorische Wissen des Besuchers aber nicht unbedingt.

Foto, Film und Video

Farbnegativfilme und Kamerabatterien sind in den touristischen Zentren erhältlich. Etwas schwieriger gestaltet sich der Nachkauf von Diafilmen. Für Videokameras muß bei der Einreise ein Formblatt ausgefüllt werden. Monumente und Denkmäler, die dem Directorate of Archives, Archaeology and Museums, Goa, unterstehen, dürfen nur nach vorheriger Genehmigung des Antikendienstes fotografiert werden. Das gilt besonders für Aufnahmen mit Stativ und Blitz. Auskunft: Directorate of Archives, Archaeology and Museums, Rua de Ourem, Panjim-403 001, ✆ 08 32/22 66 92.

Geld und Geldwechsel

Euroschecks werden nicht akzeptiert. Kreditkarten nehmen alle größeren Hotels und Geschäfte entgegen. DM und Schweizer Franken – bar oder Reiseschecks – können in allen Banken, Wechselstuben und Hotels gewechselt werden. Österreichische Schilling sind besser in DM oder US-Dollars zu konvertieren. Öffnungszeiten der Wechselschalter in den Banken: Mo–Fr 10–14, Sa 10–12 Uhr.

Zum Geldwechsel ist stets der Paß vorzulegen. Die Prozedur kann in Banken recht lange dauern. Eine indische Rupie **(Rupia)** hat 100 Paise (sing. **Paisa**). Es gibt 1, 2, 5, 10, 20, 50, 100 und 500 Rupienscheine. Münzen zu 5, 10, 20, 25 (25 **Paise = 1 Anna**), 50 Paise und 1, 2 und 5 Rupien. Kleingeld ist oft Mangelware (Umtauschkurs, Stand Ende 1996: 24 Rupien = 1 DM).

Gesundheit

Die meisten Hotels können einen Arzt ihres Vertrauens vermitteln. **Ärztliche Notdienste: Goa Medical College,** Dr. D. Bandodkar Marg, Campal, Panjim-403 001, ✆ 08 32/22 45 66; **Bambolim Medical College,** Bambolim,

✆ 08 32/22 57 27; **Hospicio Hospital,** Casualty Ward, Margao-403 601, ✆ 08 34/73 40 66; Notdienst bei Knochenbrüchen und Verletzungen: **Dr. Bhale's Orthopaedic Hospital,** Wadakade, Alto de Povorim, Panjim-403 001, ✆ 08 32/21 70 53, 21 77 09; **Salgonkar Medical Research Centre,** Vasco da Gama-403 802, ✆ 08 34/51 25 24

Gewichte und Maße

In Indien gilt das metrische System. Entfernungen werden in Kilometern angegeben. Maße und Gewichte in Metern, Litern, Gramm und Kilogramm. Temperaturen können in Cesius oder Fahrenheit gemessen werden. Umgangssprachlich hört man Begriffe wie *lakh* oder *crore*. Beide kommen aus dem Hindi bzw. Sanskrit. 1 *lakh* entspricht 100 000, 1 *crore* entspricht 10 Mio.

Handeln

Handeln ist allgemein üblich. Insbesondere auf Märkten, bei fliegenden Händlern und privaten Souvenirläden. In vielen Geschäften sind die Waren auch mit Festpreisen ausgezeichnet. Industriell hergestellte Waren tragen oft Auszeichnungen wie *max. retail price, local tax extra*. Hieran kann man erkennen, was ein Produkt ungefähr kosten darf.

Kirchen-, Moschee- und Tempelbesuch

Alle Gotteshäuser sollte man nicht in zu legerer Bekleidung aufsuchen. Moscheen und Tempel dürfen nicht mit Schuhen betreten werden. Dies gilt auch für aufgegebene Gotteshäuser und Ruinen. Socken oder Überschuhe sind gestattet, manchmal aber lächerlich. In einigen Tempeln, Kirchen und Moscheen ist das Fotografieren untersagt.

Monatsbezeichnungen des Hindu-Kalenders

Magha	Januar/Februar
Phalguna	Februar/März
Chaitra	März/April
Vaishakha	April/Mai
Jyeshtha	Mai/Juni
Aushadha	Juni/Juli
Sravana	Juli/August
Bhadra	AugustSeptember
Ashvina	September/Oktober
Kartika	Oktober/November
Margasirsha	November/Dezember
Pausha	Dezember/Januar

Museen

Das **State Museum of Goa,** Ashirvad Building, erster Stock, St. Inez, Panjim, besitzt Exponate zur Anthropologie, Ethnographie, Archäologie, Geschichte, modernen Kunst und Naturkunde (geöffnet: Di–Fr 9.30–13 und 14–17 Uhr, Sa, So sowie an öffentlichen Feiertagen geschlossen).

Das **Archäologische Museum** im Konvent der Franziskaner neben der St. Francis of Assisi-Kirche in Alt-Goa beherbergt unter anderem eine Gemäldegalerie aus portugiesischer Zeit sowie Skulpturen aus verschiedenen inzwischen zerstörten Hindu-Tempeln (✆ 59 41, geöffnet: Sa–Do 10–17 Uhr, Fr geschlossen, Eintritt frei).

Das **Museum of Christian Art** in Rachol zeigt Indoportugiesische Kunst aus dem 17.–18. Jh., geöffnet: Di–Sa 9.30 bis 17 Uhr, Eintritt: 5 Rupien.

Im Museum des **Pilar Seminars** sind archäologische Funde aus Goas Kadamba-Zeit ausgestellt, geöffnet: Di–Sa 10–17 Uhr.

Die Emporen der Sé-Kathedrale und der Bom Jesus-Kirche sind Mo–So 10 bis 12.30 und 15 bis 18.30 Uhr zugänglich.

Nachtleben

Das Nachtleben entspricht nicht jenem in europäischen Urlaubsregionen. Außerhalb der Luxushotels findet man nur selten Tanzmöglichkeiten. Bars oder Kabarets im landläufigen Sinne kennt man in Goa nicht. Ab und zu werden in der Hauptsaison Raves unter offenem Himmel veranstaltet. Händler und Souvenirverkäufer aus ganz Goa sorgen dann für eine Jahrmarktatmosphäre wie zu Zeiten der großen Strandparties in den 70er Jahren. Junge Touristen finden sich hier genauso ein wie die goanische Jugend und die ›Szene‹ aus Bombay. Laute Techno-Musik erfüllt die Nacht bis in die frühen Morgen. Die größten Parties finden zu Weihnachten und Silvester oder bei Vollmond in Anjuna-Vagator statt.

Ein Abendprogramm mit folkloristischen Liedern und Tänzen inklusive Abendessen findet während der Hauptsaison jeden Freitagabend im **Haystack,** Arpora, Distrikt Bardez, statt. Daneben veranstalten viele Hotels und Restaurants sowie manche Besitzer alter Villen (z. B. Cotta-Haus in Agassim an der NH 17) Lieder- und Tanzabende.

Nationalparks

Es gibt vier Naturschutzparks in Goa. Der mit 8 km² kleinste, der Bondla Park, (von Panjim ca. 55 km), liegt im Distrikt Ponda (Do geschlossen). Er verfügt über einen kleinen Zoo und einen botanischen Garten.

Das Bhagwan Mahaveer Life Sanctuary in Molem (Sanguem) ist mit 240 km² das größte Naturschutzgebiet von Goa. Flora und Fauna lohnen einen Abstecher dorthin, zumal der Chalukya-Tempel von Tambdi Surla und der ›Milchwasserfall‹ Dudhsagar nicht weit entfernt liegen. Das staatliche Tourist Resort bietet sich als preiswerte Übernachtungsmöglichkeit hier an (Molem Tourist Resort, ✆ Colem 08 34/60 02 38.

Das 105 km² große Cortigao Wildlife Sanctuary (Canacona) ist hauptsächlich ein Vogelparadies, bietet aber auch wilden Affenherden und anderen Tieren Schutz. Innerhalb des Naturschutzgebietes leben vereinzelte Dorfgemeinschaften goanischer Ureinwohner – Kunbis, Velips und Dhangar. Außer einem Waldgasthaus mit zwei Zimmern – vorherige Reservierung in Panjim beim Deputy Conservator of Forests, 3. Stock, Junta House, ✆ 08 32/4 59 26 – gibt es dort keine Unterkunft.

In den Mangrovensümpfen des 250 ha großen Chorao Bird Sanctuary (auch Salim Ali Bird Sanctuary), bei Panjim leben über 200 verschiedene Vogelarten. Das Gebiet wurde 1987 unter Naturschutz gestellt. Es ist nur gegen vorherige Anfrage beim Deputy Conservator of Forests (Adresse s. o.) zu besichtigen.

Notruf

Panjim: Polizei ✆ 100; Feuerwehr ✆ 101; Ambulanz ✆ 22 30 26
Mapusa: Polizei ✆ 100; Feuerwehr ✆ 101; Ambulanz ✆ 102
Margao: Polizei ✆ 100; Feuerwehr ✆ 22 01 68; Ambulanz ✆ 100
Vasco da Gama: Polizei ✆ 100 Feuerwehr ✆ 101; Ambulanz ✆ 102
Falls etwas Ernstes passieren sollte, verlasse man sich nicht auf den Notruf, sondern setze sich mit dem nach den

Regeln der Ersten Hilfe versorgten und transportfähigen Kranken in ein Taxi und fahre zum Notdienst der betreffenden Einrichtungen.

Öffnungszeiten

Büros von Behörden sind im allgemeinen zwischen 9.30 und 17 Uhr geöffnet. Für Geschäfte gibt es keine gesetzlichen Ladenschlußzeiten, sie öffnen von 9–13 und 15–20 Uhr. Kleinere (Straßen-)Händler richten sich nach der ›Konjunktur‹ und bieten zum Teil bis spät in den Abend ihre Waren feil.

Post

Ein Brief oder eine Postkarte braucht etwa sieben bis zehn Tage nach Europa. Es kann vorkommen, daß man zuerst an einem Postschalter anstehen muß, um das Porto eines Briefs auswiegen zu lassen und danach an einem anderen, um die benötigten Briefmarken zu kaufen. Um sicher zu gehen, daß die Post auch ankommt, sollte man auf das Abstempeln der Briefmarken achten. Es wurden schon Briefmarken wieder abgelöst und ein zweites Mal verkauft.

Radio und Fernsehen

Neben dem **All India Radio** (AIR) und dem staatlichen Fernsehprogramm von **Doordarshan** sind inzwischen viele Satellitensender aus Hongkong, USA und Europa (Star-TV, BBC, CNN, Zee-TV) in Goa zu empfangen. Ein goanisches Lokalprogramm wird von Doordarshan Mo–Fr von 19–19.30 Uhr ausgestrahlt. Nachrichten in englischer Sprache sendet das staatliche Fernsehen täglich um 15 und 21.30 Uhr.

Schlangen

Von den ca. 30 in Goa anzutreffenden Schlangenarten nannte der »Gazetteer of Goa« im Jahre 1979 noch zehn giftige. Zu ihnen zählt die Königskobra, die in den Dschungeln der Ghats anzutreffen ist. Darüber hinaus gibt es Vipern und giftige Seeschlangen. Insbesondere in der Regenzeit ist daher Vorsicht geboten, wenn man durch abgelegenes Gelände streift. Die meisten Seeschlangen leben in tiefen Wassern und brauchen Badende nicht zu beunruhigen. Die toten Schlangen, die man gelegentlich am Strand findet, wurden von den Fischern aus den Netzen sortiert.

Souvenirs

Goa bietet nicht die Vielfalt an traditionellen Handwerksprodukten für die Indien sonst bekannt ist. Statt dessen werden aber genug Kashmiris, Rajasthanis und Händler anderer Volksgruppen ihre aus dem Heimatland mitgebrachten Waren feilbieten.

Goas Regierung hat in den letzten Jahren versucht, die *Cottage Industry* wiederzubeleben. Die in kleinen Manufakturen auf dem Lande hergestellten Produkte können neben anderen Artikeln, die zum Teil aus den Nachbarstaaten kommen, zu Festpreisen in den unter staatlicher Regie stehenden *Government Emporia* erworben werden.

Bekannt ist Goa für Messingarbeiten wie Ölleuchter und Glocken – ursprünglich im Tempelgottesdienst gebrauchte Requisiten. Sie werden in Familienbetrieben in Corlim und Bicholim gefertigt. Darüber hinaus werden in Goa Lackarbeiten hergestellt, Stickereien, Bambusmatten, Schnitzereien aus Kokosnußschalen und Keramikarbeiten.

Telefon

Seit 1992 ist Goa an das internationale Satellitennetz angeschlossen. Unter der Bezeichnung STD/ISD – *standard trunk dialing/international subscriber dialing* – machen private Telefon- und Fax-Büros auf sich aufmerksam, die es mittlerweile fast an jeder Straßenecke gibt. Die meisten sind mit elektronischen Gebührenzählern und automatischen Quittungsdruckern ausgestattet. Gezahlt wird nachher, nur für Faxe wird eine Vorauszahlung erhoben (innerindisch 200 Rupien, international 500 Rupien pro Seite). Ein dreiminütiges Gespräch nach Europa kostet ca. 15 DM. Nach 23 Uhr sind die Gebühren um etwa 14,5 % preiswerter, aber nicht jedes Telefonbüro gibt diesen Rabatt an seine Kunden weiter.

Trinkgeld

Im Prinzip ist in allen Restaurant- und Hotelrechnungen der Service eingeschlossen, aber ein Trinkgeld wird trotzdem erwartet. Als Faustregel können 5–10 % der Endstumme gelten. Auch angesichts der bescheidenen Gehälter empfiehlt es sich, Dienstleistungen (Zimmerpersonal etc.) zu honorieren.

Verhalten im Alltag

Durch seine ›westliche‹ Prägung ist Goa Europäern näher als manch anderer Staat Indiens. Die Verhaltensregeln entsprechen vielfach unseren Höflichkeitsformen. Indes sollte man einer hinduistischen Goanerin nicht die Hand zum Gruße reichen. Zu Gast bei Hindu-Familien, ißt man nur mit der rechten Hand und nimmt angebotene Speisen auch nur mit dieser entgegen, weil die linke Hand ›unrein‹ ist. Es empfiehlt

sich immer, sich den Gastgebern anzupassen und beim Betreten des Hauses die Schuhe auszuziehen. In christlichen Haushalten ist dies eher selten.

Zeit

Der Zeitunterschied zwischen der Greenwich Mean Time und der Indian Standard Time beträgt $5^1/_2$ Stunden. Während unserer Sommerzeitrechnung ist es in Goa $3^1/_2$ Stunden später als in Deutschland. Im Winter beträgt der Zeitunterschied $4^1/_2$ Stunden.

Zeitungen

Deutschsprachige Zeitungen gibt es bisher noch nicht. Unter den vielen englischsprachigen Tageszeitungen aus indischen Redaktionen empfehlen sich: »Times of India« (Ausgabe Bombay oder Bangalore), »Indian Express« (Ausgabe Bombay oder Bangalore), »Navahind Times« (Ausgabe Goa). Das englischsprachige Blatt mit der ältesten Tradition in Goa ist der **»O Heraldo«**. 14tägig erscheint das Magazin **»India Today«**. Der ›kleine Bruder‹ **»Goa Today«** erscheint monatlich und gibt einen guten Einblick in den goanischen Alltag. An besser ausgestatteten Zeitungsständen lassen sich Exemplare der internationalen Ausgabe von **»Time«** und **»Newsweek«** entdecken.

Zigaretten

In Indien sind **auf** dem Ladentisch nur einheimische Zigarettenmarken erhältlich, auf dem Schwarzmarkt hingegen – z.T. viel billiger als daheim – alle erdenklichen ausländischen Marken (z.B. auf dem Flohmarkt in Anjuna).

Register

Personen

Abu'l-Fazl   151
Adil Shah, Bahmani-Sultan   36, 68
Akbar, Moghul-Kaiser   151
Ala-ud-din Hasan, Bahmani-
   (Gulburga-)Herrscher   30, 32
Ala-ud-din Khalji, Sultan von Delhi
   29, 31
Albuquerque, Alfonso de   30, 33, 34,
   36, 69, 78, 92, 95, 104, 114
Alorna, Marquês de, Vizekönig   127,
   140
Alvar, Francisco de Tavora, Conde de
   93
Annayya   136
Ashoka, Maurya-Herrscher   28

Bandodkar, Dayanand B.   24, 85
Barbosa, Duarte   17, 92, 150
Bento Ferreira, Pater   176
Bragança, Constantino de, Vizekönig
   102
Bragança, Luis de Menezes   182,
   183 f.
Bragança Pereira, Antonio-Elzeario de
   182

Camões, Luís Vaz de   36, **97 f.,** 99
Chatrapati Shahu, Fürst von Satari
   152
Cosmas III. Medici, Herzog   55
Coutinho, Miguel Vaz   54
Cunha, Francisco Vicente de   128

Dada Rane Advaikar   141
Devaraja I., Vijayanagar-Herrscher
   152
Dias, Bartholomeus   32
Dipaji Rane   140, 141
Dom Manuel de Portugal e Castro   84

Dom Pedro Miguel de Almeida e Por-
   tugal, Vizekönig   140
Dom Sebasteão, König   186
Dumas, Alexandre   83

Faria, José Custodio de, Abbé   **82 f.,**
   113

Gama, D'Estevo da, Vizekönig   89
Gama, Vasco da   32 f., 89, 98, 150,
   151
Gandhi, Mahatma   25
Gregor XV., Papst   55

Harihar, Vijayanagar-König   32
Humboldt, Alexander von   98

Ibrahim Adil Shah   36, 146
Ignatius von Loyola, Ordensgründer
   54, 185, 187

Jayakeshi I., Kadamba-Herrscher
   31, 92, 136
Jayakeshi II., Kadamba-Herrscher
   31
João III., König   54, 55, 97
João VI., König   103
Johannes Paul II., Papst   39
José I., König   103
Julius III., Papst   54

Kamal Khan   33
Kantakacharya   s. Shastadeva I.
Kelekar, Ravindra   25
Kolumbus, Christoph   150, 151
Krishna Deva Raja   30, 33
Krishna I., Rashtrakuta-Herrscher   28

Linhares, Graf von   s. Miguel de
   Noronha

Madhav Raja   92
Madhav, Vijayanagar-Minister   32
Mahmud Gawan, Bahmani-Minister
   30, 32, 67, 92
Mahmud Shah Bahmani I., Bahmani-
   (Gulburga-)Herrscher   32

Mahmud von Ghazni, Sultan von Delhi 29
Malik Kafur, General 29, 31
Manuel Rodrigues, Priester 105
Maria I. 37, 103
Mesmer, Franz Anton 82
Muhammad-ibn-Tughluq, Sultan von Delhi 29, 32, 67, 182

Napoleon Bonaparte 38, 89
Nizam Shah, Bahmani-Sultan 36
Noronha, Miguel de, Graf von Linhares 112

Oliveira Salazar, António de s. Salazar

Paul IV., Papst 92
Philip II. von Kastilien 171
Pius XII., Papst 99
Pombal, Marquês de 37, 103
Pyrard, François 92, 93, 102

Rodrigues, Diego 185

Sá, Catarina de 104
Sá, Garcia de 104
Salazar, António de Oliveira 38, 184
Sambhaji 37
Shamba Desai 141
Shashtadeva I., Kadamba-Herrscher 29, 31
Shashtadeva II., Kadamba-Herrscher 31
Shashtadeva III., Kadamba-Herrscher 31
Shivaji 37, 134, 144
Simon, Jules 91
Sinda Permadi I., Chalukya-Herrscher 31
Soares, Mario 39

Tavernier, J. B. 92
Timmaya 30, 33
Tipu Sultan 38, 39
Tribhuvanalla, Kadamba-Herrscher 31

Viravarmadeva, Kadamba-Herrscher 31

Xavier, Francisco 36, **54 f.,** 100, 104, 182

Yusuf Adil Shah, Bijapur-Herrscher 30, 32, 33, 78, 79, 92, 103, 114, 123, 144, 146

Orte

Agonda Beach 190
Alt-Goa (Old Goa, Velha Goa, Ela) 32, 33, 34, 36, 37, 50, 54, 55, 69, 78, **91 ff.,** 136, 185
– Augustinerkirche Our Lady of Grace 84, 100, 106, 171
– Bom Jesus-Kirche 55, 69, 99 f.
– Kapelle des hl. Francisco Xavier 100
– Karmeliterkirche 105
– Kirche des Wundertätigen Kreuzes 105
– Kirche Our Lady of Mount 105
– Kirche Our Lady of the Rosary 69, 104
– Konvent der hl. Monika 104
– Konvent St. John of God 100
– Museum des Antikendienstes 66, 98 f.
– Prangerplatz 104
– Sé-Kathedrale 69, 92, 93, 95 f., 105
– St. Andreas-Kirche 105
– St. Anthony-Kapelle 104
– St. Cajetan-Kirche 69, 91 ff.
– St. Francis-Kirche 69, 96 ff.
– St. Paul's-Kirche 100
– St. Paulus-Kollegium 54, 55, 100
– Tor des Adil Shah-Palastes 95
– Triumphbogen der Vizekönige 91, 93
Anjuna (Beach) **119 ff.**
Arambol (Harmal) 126, 130
Arambol Beach **130**
Arvalem 66, 134, **135 ff.**

Baga (Beach) 116, 119
Bambolim (Bambolin, Bamboli) 39, 46, 61
Bandora (Bendode) **148 ff.,** 149, 152
Bardez (Distrikt) 36, 37, 66, 110, **124 ff.,** 144
Benaulim (Benavli) **177 f.**
Betul Beach 187
Bhagwan Mahaveer-Naturschutzgebiet 14, 157, **159**
Bicholim (Dicholi) **133 ff.**
Bicholim (Distrikt) 38, 62, **131 ff.**
Bogmalo Beach 167, 168
Bondla-Naturschutzgebiet 14, **147 f.**
Borim 156

Cabo de Rama (Cape Rama) 180, **190 f.**
Cabo Raj Niwas (Cabo Raj Bhawan) 38, **89,** 110
Calangute (Beach) 110, **114 ff.,** 119, 179
Canacona (Distrikt) 38, 180, **189 ff.**
Candepar (Khandepar) 66, **147**
Candolim (Beach) 82, 110, **112 f.,** 116
Cansaulim (Kansavlim) 50
Carambolim (Karambali) 141 f.
Cavelossim (Kavlesi, Kalshi) 178, **179 f.**
Chandor (Chandar, Chandrapur) 28, 29, 31, 32, 50, 59, 66, 67, 71, 180, **182 ff.,** 185
Chandranath Hill 185
Chapora 124
– Fort Chapora 123 f.
Chauri (Chaudi) 190
Colem (Collem, Kulem, Kulamb) 159
Colva (Kolva) 149, **175 f.**
Colva Beach 175
Cotigao-Naturschutzgebiet 14, 19, **195 f.**
Cuncolim (Kunkalli) 187

Dona Paula (Beach) 90
Dudhsagar 158

Fatorpa (Fatarpa) 61, 187
Fort Aguada 38, **110 ff.,** 114, 116, 141
Fort Nanus 140, 141
Fort Reis Magos 110, **114**
Fort Terekhol 126, **127 f.**

Goa Velha (Vodlem Goem, Govapuri, Gopaka, Gove, Gopakpurana) 31, 50, 92, **105 f.**

Lamgao (Lamgaon) 66, 134

Majorda **173 f.**
Mapusa (Mapuca, Mhapsa) 50, **124 f.,** 141
Mardol 153 f.
Margao (Madgaon) 37, 61, 63, 106, **168 ff.,** 184
– Aga Khan Garden 169 f.
– Busbahnhof 170
– Damodar-Tempel 170
– Hari Mandir-Tempel 170
– Hauptpost 170
– Heiliggeistkirche 171
– Mercado Afonso de Albuquerque 170
– Mercado Vasco da Gama 170
– State Bank of India 170
- Touristeninformation 170
– Villa Dr. Armando Alvares 172
– Villa Fenoloa Rebello 173
– Villa Figueiredou de Albuquerque/Dr. Eurico-Silva 172
– Vitthal Mandir-Tempel 170
Mayem-See (Maem) 15, **133 f.**
Miramar 90
Mobor Beach 175, **179 f.**
Molem 14, 19, 157, 159
Mormugao (Distrikt) 43, 93, 155, **166 ff.**
Mormugao (Marmagao, Murgaon) 38, 42, 80, 166

Nagorem 194
Narve (Naroa, Narvem) 134 f.

Palolem (Paradise Beach)   **191 ff.**
Panjim (Panaji)   33, 37, 38, 60, 61,
   78 ff., 91, 141, 169, 184
– Altinho-Viertel   80, 81
– Bischofspalast   80, 86
– Dempo House   85
– Directorate of Archives, Archaeo-
   logy and Museums   84, 173
– Fontainhas-Viertel   84
– Goa Medical College
   and Hospital   85
– Hotel Mandovi   85
– Jami Masjid   84
– Kala Academy   85
– Kirche Our Lady of Immaculate
   Conception   60, 81 ff.
– Mahalakshmi-Tempel   86
– Municipal Market   85
– Sekretariat (Verwaltung)   82, 85
– St. Sebastian-Kapelle   84
– State Museum of Goa   85 f.
– Zentralbibliothek   86
Partagal   197
Pernem (Distrikt)   38, 124, **126 ff.,**
   140
Pernem (Perne)   **130 f.**
Pilar-Seminar   106
Ponda   69, **146 f.**
– Safa Shahouri Masjid   68, 146
Ponda (Distrikt)   38, **144 ff.**
Priol   152 f.

Quelossim   155
Quepem (Distrikt)   38, 180, **187 f.**
Queula (Kavle, Kevlan, Kavalim)
   155 f.

Rachol-Seminar   183, **185 ff.**
Reis Magos   50
Rivona (Rivon)   66, **163**

Salcete (Distrikt)   36, 37, 66, 144,
   168 ff., 185
Sanguem (Distrikt)   38, 62, **157 ff.**
Sanquelim (Sankli, Sankhali)   **139**
Satari (Distrikt)   38, **139 ff.**
Shristhal   197
Siddhanath Hill   146, **156**
Sinquerim Beach   116
Siroda (Shiroda)   50, 156 f.

Talauli (Talaulim, Talavli)   69, **106 f.**
Tambdi Surla   159, 161, 162
– Mahadeva-Tempel   66, 159,
   161 f.
Tiswadi (Distrikt, auch Ilhas)   66,
   78 ff., 144

Utorda   173

Vagator Beach   123
Valpoi (Valpoy)   **140**
Varca (Varka, Beach)   61, **178 f.**
Vasco da Gama   **166 f.**
Velinga (Veling)   155
Verem   50

West-Ghats   12, 13, 15, 66, 158, 166,
   182

Zambaulim   50, 163, 170